Burgen und Wohntürme des deutschen Mittelalters

Friedrich-Wilhelm Krahe

Burgen und Wohntürme des deutschen Mittelalters

Band 1 **Burgen**

Jan Thorbecke Verlag Stuttgart

Frontispiz:
Cadolzburg Kr. Fürth, Bayern
Diese Burg ist eine der schönsten in Mittelfranken. Ihre 3 m starke Ringmauer stammt aus dem frühen 13. Jahrhundert. Die Burg kam trotz der wenig geschützten Lage auch ohne einen Bergfried aus. Sie wurde Ende des 20. Jahrhunderts renoviert.

Umschlagabbildung:
Wartburg Wartburgkreis, Thüringen

Die Deutsche Bibliothek – CIP-Einheitsaufnahme
Krahe, Friedrich W.: Burgen und Wohntürme des deutschen Mittelalters / Friedrich Wilhelm Krahe. – Stuttgart: Thorbecke
Bd. 1. Burgen. – 2002
ISBN 3-7995-0104-5

http://www.thorbecke.de
e-mail: info@thorbecke.de

Gestaltung: Finken & Bumiller, Stuttgart
Druck und Verarbeitung: Alföldi Nyomda, Ungarn
ISBN 3-7995-0104-5

Inhaltsverzeichnis

Einleitung

Dieses Buch ist ein neuer Versuch, Kenntnisse über die Burgen des deutschen Mittelalters an interessierte Laien weiterzugeben, die keine oder nur geringe Vorkenntnisse über die Burgen in Mitteleuropa besitzen. Es soll in angemessener Kürze alle wichtigen Punkte der Burgenkunde abhandeln, ohne allzu sehr ins Detail zu gehen. Dies ist darum kein Buch für Burgenkundler, denen es vermutlich wenig Neues vermitteln kann, sondern lediglich eine Einführung für Laien.
Ich habe einen solchen Versuch schon einmal unternommen, nämlich im Textvorspann meines Buches »Burgen des deutschen Mittelalters – Grundrißlexikon« (3. ergänzte Auflage Würzburg 2000). Doch der 750 Seiten umfassende Band mit seinen circa 4650 Grundrissen ist für jemand, der sich nur über die Burgen allgemein, nicht jedoch über einzelne Burgen informieren möchte, viel zu umfangreich. Daher dieser erneute Versuch einer kurz gefaßten und erschwinglichen Burgenkunde. Sie erscheint in zwei Bänden: »Burgen« und »Wohntürme«. Die Wohntürme werden als bedeutendes Kapitel der Burgenkunde gesondert und ausführlich behandelt. Das Thema Wohntürme ist daher in diesem Band weitgehend ausgeklammert und dem zweiten Band vorbehalten.

Deutsches Mittelalter

Ich beschränke mich absichtlich auf das deutsche Mittelalter. Der Begriff deutsch bedarf in diesem Zusammenhang heute leider einer Erläuterung. Ich behandle das deutsche Reich des Mittelalters, dessen Grenzen im Verlauf dieser Zeit sich zwar verschoben haben, aber wesentlich weiter gesteckt waren als die Grenzen der Bundesrepublik Deutschland, die das Ergebnis zweier verlorener schrecklicher Weltkriege sind. Daß das mittelalterliche deutsche Reich andere Grenzen besaß als heute die Bundesrepublik Deutschland, ist unbestritten. Dies nicht zu berücksichtigen, wäre unsinnig und würde ein falsches Bild erzeugen. Mit dieser klärenden Vorbemerkung hoffe ich, alle denkbaren Mißdeutungen aus der Welt geschafft zu haben.

Definition der Burg

Der Begriff Burg ist für das Mittelalter identisch mit dem, was – nicht zu Unrecht – auch als *Ritterburg* bezeichnet wird, nämlich eine aus Steinen, nicht aus Holz oder Erdwerk, errichtete, zur Verteidigung geeignete Anlage als Wohnsitz eines oder mehrerer Ritter und deren Anhang. Die Burg und mit ihr die Burgruine stehen für uns im allgemeinen Verständnis stets im Zusammenhang mit den Repräsentanten mittelalterlicher Macht, den Rittern. Eine Burg besteht eigentlich immer aus mehreren Elementen, also mindestens aus einem Gebäude und einem Turm oder der Ringmauer, einem Gebäude und dem Burghof. Aber auch *Wohntürme* und *feste Häuser*, also Einzelgebäude, werden den Burgen zugerechnet. Sie stellen gewissermaßen den kleinsten Nenner für den standesgemäßen Wohnsitz eines Adligen dar. Insbesondere Wohntürme waren in der frühen Burgenzeit weit verbreitet. Die Zeit des Burgenbaues läßt sich einigermaßen genau auf die ersten fünf Jahrhunderte des zweiten nachchristlichen Jahrtausends festlegen, also die Zeit von 1000 bis 1500.

Burgen bestehen oft aus mehreren, in der Regel nacheinander entstandenen Teilen: der *Kernburg*, also der ursprünglichen Burg ohne Zubauten, der *Vorburg* oder mehreren Vorburgen und sogenannten *Zwingern*, die einer Burg vorgelagert waren, meistens als spätere Zubauten.

Ursprung

Der Ursprung unseres Wortes Burg ist bis heute nicht überzeugend geklärt worden. Es gibt mindestens zwei Theorien, die ich hier aufzeigen möchte:

1. Das griechische Wort πυργοσ, das einen mehr oder weniger festen Turm bezeichnet, und das vermutlich von ihm abgeleitete lateinische *burgus*, mit dem Wachtürme am germanischen Limes bezeichnet wurden, sollen die Väter unseres Wortes Burg gewesen sein. Die phonetische Übereinstimmung ist in der Tat nicht zu übersehen.
2. Andere glauben, daß Burg germanischer Herkunft sei und vom Verbum bergen, barg, geborgen abgeleitet wurde, was die Funktion des Beschützens unterstreichen würde.

Für beide Ansätze gibt es Begründungen. Tatsächlich waren die frühen Burgen in unseren Breiten Fluchtburgen, die im Notfall die Bevölkerung eines Dorfes oder mehrerer Weiler geborgen haben, allerdings stets nur für eine sehr begrenzte Dauer.

Die römischen *burgi* waren Wohntürme, die den germanischen Limes in etwa gleichen Abständen begleiten und ständigen Wachen bis zu deren Ablösung als Aufenthalt dienten. Doch zwischen den letzten *burgi* und der Burgenzeit klafft eine Lücke von etwa fünfhundert Jahren, die für die Überlieferung eines Wortes wohl zu lang gewesen sein dürfte. Zu denken gibt freilich, daß vor allem in der frühen Burgenzeit in Urkunden das lateinische Wort für Turm, *turris*, oft als Kürzel für eine ganze Burg auftritt. Auch die deutschen Wörter *Thurn* und *Thun* waren gebräuchlich. Die Waagschale scheint sich eher zugunsten von *burgus* zu senken, zumal in der frühen Burgenzeit der einzelne Wohnturm als Adelswohnsitz eine große Rolle gespielt hat.

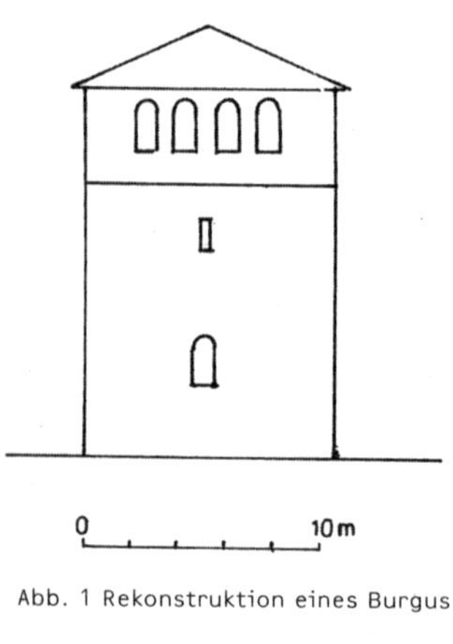

Abb. 1 Rekonstruktion eines Burgus

Mehrere Vorstufen unserer Burgen

Vorstufen unserer mitteleuropäischen Burgen waren mit einiger Sicherheit:

1. Die *Turmhügel*, meist künstlich errichtete Hügel, die man *Motten* nennt, mit einem Wohnturm, zunächst aus Holz, später aus Steinen erbaut, die vor allem im flachen Land gefunden werden.
2. Die zum Daueraufenthalt von Rittern und deren Anhang weiter entwickelten früheren *Fluchtburgen*, die ursprünglich nur in Notzeiten benutzt wurden.
3. Befestigte kleine Siedlungen, die mit einer steinernen Mauer umgeben wurden, in denen sich dann eine Burg entwickelte.

Man darf nicht vergessen, daß seit dem 10. Jahrhundert, vor allem seit der Zeit König Heinrichs I., Städte mit einer Befestigung zunächst in Form eines Holz-Erde- oder Stein-Walles als Burgen bezeichnet wurden, was heute noch im Stadtnamen vieler deutscher Städte zu erkennen ist, wie bei Magdeburg, Augsburg, Regensburg, Merseburg, Hamburg usw. Die Bezeichnung *Bürger* für den Bewohner einer Stadt ist von Burg abgeleitet und wird heute im Deutschen für alle erwachsenen Bewohner eines Landes verwendet.

Andere Ursprünge?

Lange vor dem Mittelalter, nämlich etwa 1000 v.Chr., gab es auf der Insel Sardinien die sogenannten *Nuraghi*, burgähnliche Bauten, deren Erbauer man nicht kennt und in deren Zentrum meist eine Art Wohnturm mit mehreren Etagen aus Kraggewölben stand. Die Ähnlichkeit mit mittelalterlichen Burgen ist im Grundriß nicht übersehbar, aber zweitausend Jahre Zeitdifferenz und eine auf einer Insel eher abgelegene Kultur, machen Verbindungen von Nuraghen zu den Burgen des deutschen Mittelalters nicht sehr wahrscheinlich.

Auch die sogenannten *Broches* auf den schottischen Inseln aus den ersten Jahrhunderten nach Christi Geburt, runde Wohntürme mit einem oben offenen Innenhof, lassen sich nicht als Vorbilder für europäische Wohntürme bezeichnen. Ein direkter Vorläufer der Burg ist vermutlich trotz eifrigen Suchens nicht zu finden. Die Burg des deutschen Mittelalters ist das Ergebnis einer europaweiten Entwicklung, die noch vor der ersten Jahrtausendwende in Westeuropa begann und sich langsam nach Osten ausbreitete.

Einzelne Regionen haben für sie typische Formen entwickelt, deren Verbreitung allerdings nicht klar abgegrenzt ist. So sind zum Beispiel sehr große und im Grundriß differenzierte Wohntürme in England und Frankreich recht häufig zu finden, hier *keep* respektive *donjon* genannt. In Deutschland hingegen kommen sie kaum und im Osten fast gar nicht vor. Auch sind Burgen mit vielen Türmen in der Ringmauer im Westen viel zahlreicher als in Mittel- und Osteuropa, um nur zwei signifikante Sonderentwicklungen zu nennen.

Entwicklung

Unsicherheit und Gefahren hat es auf der Welt zu allen Zeiten gegeben. Und immer hat man sich vor ihnen zu schützen versucht. Befestigungen kennen wir aus allen Kulturen aller Himmelsrichtungen. Aber eine derartige Häufung von individuellen, aus Stein errichteten Festungen aller Größen wie im Mittelalter in Mitteleuropa hat es vorher nicht gegeben. Wie es dazu kam, ist schwer zu erklären. Vermutlich haben die Einfälle der räuberischen *Normannen* oder *Wikinger*, die bereits im 6. Jahrhundert begannen, und die jährlich wiederkehrenden Raubzüge der *Ungarn* seit dem 9. Jahrhundert, die große Teile Europas bedrohten, das Sicherheitsbedürfnis enorm gesteigert. Auch das Vorrücken des Islam in Westeuropa und an den Küsten des Mittelmeeres haben gewiß dazu beigetragen. Aber der entscheidende Anstoß war wohl die Ausbildung des *Feudalismus*, der feudalen Gesellschaft, die sich seit der Zeit der Karolinger zu bilden begann und erst mit dem Ende des 11. Jahrhunderts endgültig ausgeformt war, abgeleitet von *feudum* = Lehen.

Unter *feudal* versteht man die Teilung der Bevölkerung in eine relativ kleine Oberschicht, den Adel, und in das überwiegend unfreie Volk. Eine dritte Säule dieser Gesellschaft war der Klerus, der sich freilich bis zum Ende des Mittelalters, jedenfalls in den höheren Rängen, fast nur aus dem Adel rekrutierte. Eine wesentliche Rolle spielte das Volk in jener Zeit zunächst nicht. Erst die Emanzipierung der Städte seit dem 13. Jahrhundert ließ einen weiteren Stand entstehen, den der Bürger. Adel, Klerus, Bürger und Bauern sind von da an die vier Schichten der flachen Gesellschaftspyramide.

Der Adel lebte zu Beginn des Mittelalters noch nicht in Burgen. Seine Wohnsitze wurden *curtis* oder *villa* genannt, beides aus dem Lateinischen abgeleitet. Diese Herrensitze waren zunächst unbefestigt, wie auch die Pfalzen, auf denen Könige und Herzöge wohnten.

Im 10. Jahrhundert »erfand« König Heinrich I. schwere Reiter, also gepanzerte Krieger zu Pferde. Die Kombination aus Kriegern und Pferden war erst möglich geworden, seit man Steigbügel kannte, die beim Kampf einen sicheren Sitz auf dem Pferd garantierten. Schnell bürgerte sich für diese Reiter der uns noch heute geläufige Begriff *Ritter* ein, der ja nichts anderes bedeutet als eben Reiter. Lateinisch wurde er als *miles*, also Soldat, bezeichnet. Die übliche Rüstung war der Kettenpanzer. (Abb. 2) Plattenpanzer fanden erst ab dem 14. Jahrhundert weite Verbreitung. Die Kriegerkaste der Ritter entwickelte sich im Verlaufe eines Jahrhunderts

Abb. 2 Ritter aus dem 10. Jahrhundert

zum Niederadel, dem sich im 12. Jahrhundert die sogenannten *Ministerialen* zugesellten, womit Dienstleute des hohen Adels bezeichnet wurden. Viele solcher Adelsfamilien existieren noch heute.

Von einer Kriegerkaste darf man wohl friedliches Verhalten kaum erwarten; die Ritter waren jedenfalls eine unruhige Gesellschaft, die Kampf mit Fremden und Fehden mit anderen Rittern über alles liebte. Ohne Kampferprobung konnte ein junger Adliger nicht Ritter werden. Die Söhne der Oberschicht waren faktisch auf den Kampf angewiesen. Die Ritter lebten von ihrem *Lehen*, worunter man ein Stück Land einschließlich der *Hörigen* verstand, das ein Ritter an seine Söhne vererben durfte. Die Größe des Lehens und damit dessen Ergiebigkeit entschied über die ökonomische Potenz eines Ritters. Rüstung und Schlachtroß waren extrem teuer und mußten vom Ertrag des Lehens beschafft werden.

Nahezu alle Adligen, welchen Ranges auch immer, waren bestrebt, ihren Besitz zu vergrößern. Man kann fast von einer Sucht sprechen, die man besonders gut am Verhalten des späteren deutschen Königs Rudolf von Habsburg erkennen kann. Man brauchte Kampf, man brauchte Land, folglich suchte man Händel. Kein Wunder also, wenn die Ritter für sich und die Familie Sicherheit suchten. Für diese Sicherheit begann man ab 1000 n.Chr. die einst ungesicherten Herrensitze zu befestigen oder an ihrer Stelle das zu errichten, was von nun an Burg genannt wurde.

Anfangs war für diese Sicherheit der Wohnturm auf einem künstlichen Hügel, der *Motte*, in den meisten Fällen ausreichend. Ein Hügel entstand fast von selbst, wenn man den umlaufenden Graben aushob und die Erde in der Mitte aufschichtete. Wie das geschah, kann man auf einer Darstellung auf dem *Teppich von Bayeux* kennenlernen, der nach 1066 entstand und die Eroberung Englands durch die Normannen sowie

Abb. 3 Darstellung auf dem Teppich von Bayeux, Umzeichnung

deren Vorgeschichte darstellt. Man darf annehmen, daß in der 2. Hälfte des 11. Jahrhunderts, aus dem diese Darstellung stammt, *Turmhügel* in Europa üblich waren, denn man hat Reste solcher Hügel und aus dieser Zeit überall gefunden. Die zunächst hölzernen Türme wurden später durch solche aus Stein ersetzt.

Von den frühen Turmhügel-Burgen sind nur wenige Reste erhalten geblieben. In Deutschland hat erst die Ausgrabung der durch den Abbau von Braunkohle freigelegten Motte im Kreis Neuss mit dem Namen *Husterknop* in den Jahren 1949–1951 Klarheit über Existenz und Gestalt der Turmhügel gebracht. Diese Anlage besaß nicht nur den Turmhügel, sondern auch eine Unterburg, ein damals nicht seltener Burgentyp, der in England sogar bei Steinburgen beibehalten wurde. Seine Bezeichnung im Englischen ist *motte and baily*. Der Wohnturm auf einem Hügel ist einer, vielleicht der wichtigste, der Anfänge des Burgenbaues in Mitteleuropa gewesen.

Einzelne Wohntürme waren der kleinste Nenner für eine Adelsburg, auch solche ohne Hügel, die vor allem in kleinen Orten erbaut wurden. Am Rande sei erwähnt, daß man steinerne Türme nachträglich »eingemottet« hat. Das ist leicht zu erklären: Ein künstlich aufgeworfener Hügel hätte einen schweren steinernen Turm vielleicht nicht tragen können. Der nachträglich angebrachte Hügel erschwerte jedoch die Annäherung an den Turm, etwa mit einem steinbrechenden Gerät, von denen es im Verlaufe der Burgenzeit immer wirkungsvollere Ausführungen gab.

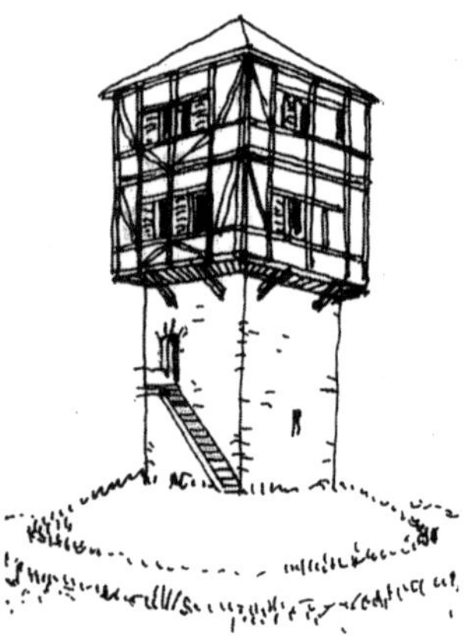

Abb. 4 Turmhügel

Der auf Abb. 4 dargestellte Turmhügel ist mein Versuch der Rekonstruktion eines einfachen Wohnturmes mit einem Fachwerk-Aufsatz auf einem Hügel, wie er vermutlich in großer Zahl als simpelste Form für einen ritterlichen Wohnsitz entstanden ist. Es gibt gute Gründe für die Annahme, viele Wohntürme hätten einst einen solchen Aufsatz besessen. Hierzu ist mehr in Band 2 zu erfahren.

Burgen als Machtsymbole

Ein steinerner Turm, und sei er noch so bescheiden, war im Vergleich mit den meist einstöckigen, aus Fachwerk und Lehm errichteten Hütten der Untertanen ein buchstäblich herausragendes Gebäude und grenzte dessen Bewohner unübersehbar von der Masse der bescheidenen Behausungen des Volkes ab. Ein solcher Turm bot nicht nur Sicherheit vor unerwarteten Überfällen und höheren Wohnkomfort, sondern war, wie wir heute vermuten, auch ein bewußtes Signal der Macht, die der Adel über den Rest der Bevölkerung ausübte.

War schon der einzelne Turm eine Demonstration adliger Macht, so gilt dies um so mehr für sämtliche Formen der Burg. Die Wirkung solcher Baulichkeiten auf die Umgebung kann man sich heute in unserer steinernen Umwelt nicht mehr vorstellen. Aber sie muß tatsächlich einschüchternd gewesen sein, eine Demonstration der nach damaliger Ansicht von Gott gewollten Ordnung aus Herrschern und Beherrschten. Die Burgenromantik des 19. Jahrhunderts hat diesen Aspekt gern übersehen, denn er paßte selbstverständlich nicht in das geschönte Bild der Ritterromane vom Mittelalter.

Burgenbau als Königsrecht

Mit Sicherheit gehörte im deutschen Reich die Genehmigung zum Bau einer Burg durch einen Adligen, welchen Ranges auch immer, anfangs zu den königlichen Rechten, den sogenannten *Regalien*, die zu Beginn des Mittelalters auch tatsächlich von den Königen wahrgenommen wurden. Ab wann dieses Recht auch von Fürsten und hohen Klerikern ausgeübt wurde, ist heute nicht mehr exakt zu bestimmen. Nachweislich hat es zur Zeit der Staufer eine Übertragung der Regalien an den Hochadel gegeben. Kaiser Friedrich II. hat die Regalien offiziell auf die kirchlichen und weltlichen Landesherren übertragen. Ich vermute jedoch, daß schon vor der Zeit Kaiser Barbarossas, vielleicht sogar noch wesentlich früher, Regalien nicht nur durch die Könige wahrgenommen wurden, sondern auch vom Hochadel. Jedenfalls läßt die ungeheure Anzahl von vielen tausend neuen Burgen im 12. und 13. Jahrhundert, die unmöglich jede einzelne vom König genehmigt worden sein kann, die Vermutung zu, daß die Könige die Regalien schon Ende des 11. oder Anfang des 12. Jahrhunderts an andere delegiert haben müssen, lange bevor sie offiziell übertragen wurden. Das feudale System hätte ohne eine bis zu den mächtigen Freiherren hinabreichende Kompetenz zur Genehmigung des Burgenbaues nicht funktioniert. Denn seit dem Ende des 11. Jahrhunderts wurde es üblich, daß jeder Adlige jeden Ranges sich wenigstens ein festes Haus oder einen Wohnturm, noch lieber eine Burg erbauen ließ. Der Burgenbau war so etwas wie eine »Mode« der Feudalherren geworden.

Im 11. Jahrhundert entwickelte sich eine flache Lehnspyramide, die, sich auf den niedrigsten Rängen des Adels aufbauend, an ihrer Spitze Herzöge und den König zeigte. Die höheren Adligen vergaben Lehen an die niedrigeren. So könnte man sich, bildlich gesprochen, in der zweiten Reihe der Pyramide die Reichsfürsten, in der dritten Reihe die Grafen, darunter die Freiherren und schließlich die Niederadligen, also Ritter und Ministerialen, vorstellen. Leider ist das Bild so einfach nicht, denn Lehen wurden vererbt, entzogen oder verändert. Gab es keine legitimen Erben mehr, verfielen Lehen und konnten neu vergeben werden. Am Ende des Mittelalters war das Lehnsgeflecht nahezu unübersehbar geworden.

Diese kurze Andeutung mag hier genügen. In dieser Lehnspyramide versuchte jeder Adlige hohen Ranges so viele Lehen zu vergeben, wie es möglich war. Grob vereinfacht: Viele adlige Lehnsleute vergrößerten das Ansehen des Oberlehnsherrn. Wer mit vielen Lehnsleuten, also Rittern, auftreten konnte, hinterließ Eindruck, wurde beachtet und spielte im Machtkampf eine Rolle. Denn, wie gesagt, friedlich waren die feudalen Herren keineswegs. Auch Kirchenfürsten waren Krieger, wie zum Beispiel Bischof Ulrich von Augsburg, der 956 seine Stadt gegen die Ungarn verteidigte, bis Kaiser Otto I. mit seinem Heer zur Hilfe kam. Aber auch viel später, nämlich in der 1. Hälfte des 14. Jahrhunderts, der Erzbischof von Trier, Balduin aus dem Hause Luxemburg, ein Feudalherr, der viele Burgen errichteten ließ, unter anderem für sich persönlich die Burg *Trutzeltz* für die Belagerung der Burg Eltz im Kreis Mayen-Koblenz.

Burgenbau von 1000 bis 1500

Zwar kann man vereinfacht sagen, daß Burgen zur Behausung von Rittern dienten, doch gab es unterschiedliche Gründe, Burgen zu errichten, die über die reine Behausung eines Ritters hinausgingen. Solche Gründe waren unter anderem:

1. **Schutz** einer wichtigen Furt, einer Grenze gegen mögliche Angreifer, einer bedeutenden Handelsverbindung, eines neu erworbenen Gebietes gegen den Neid der Nachbarn oder vor der Rückeroberung durch ehemalige Besitzer.
2. **Sicherung** der Herrschaft über einen Ort oder eine Stadt. Solche Burgen lagen stets am Rande der gesicherten Stadt, um einen Ausgang ins freie Land zu besitzen als Fluchtmöglichkeit im Falle einer erfolgreichen Belagerung oder eines Aufstandes der Bürger gegen die feudale Herrschaft. Damit war vor allem seit dem 13. Jahrhundert zu rechnen, als sich viele Städte zu emanzipieren versuchten.
3. **Herrschaftsymbol** für einen mächtigen Landesherrn oder Standesherrn und seiner Dynastie oder einen zu Macht gelangten Adligen von unbedeutender Herkunft, etwa einen zu Einfluß gekommenen Ministerialen.
4. **Zollwache** an einer Furt, einer Brücke, einem wichtigen, weil ergiebigen Handelsweg, der häufig genug auch ein Fluß gewesen ist, weil Flüsse damals bequemere und vor allem sichere Handelswege waren als die atemberaubend schlechten Wege.

Welche Gründe im Einzelfall ausschlaggebend gewesen sein mögen, läßt sich heute in den meisten Fällen nicht mehr sagen. Man ist oft genug auf Vermutungen angewiesen, die nicht in jedem Fall überzeugend wirken. Mit Sicherheit waren aber immer Ritter die Bewohner einer Burg, meistens dauerhaft, manchmal auch nur für den Ernstfall, sogenannte *Burgmannen*, die lediglich verpflichtet waren, zu bestimmten Gelegenheiten ihre *Burghut* durch persönliche Präsenz wahrzunehmen.

Der Beginn des Burgenbaues im 11. Jahrhundert, zeitgleich mit der Dynastie der Salier (1024–1125), war zunächst äußerst bescheiden. Größere Anlagen besaßen durchaus noch keinen Mauerring, sondern einen mächtigen Wall, in dessen Inneren dann die ersten Steinbauten auftauchten, wie wir von den ausgegrabenen Resten der Burg Wiprechts von Groitzsch im Kreis Borna in Sachsen wissen, die im 11. Jahrhundert entstand.

Frühe Datierungen von Burgen sind stets etwas fragwürdig, weil Gründungsdaten, vor allem aus dem 11. Jahrhundert, in vielen Fällen die Gründung einer Burg belegen, nicht notwendigerweise jedoch die der steinernen Burg, die erst viele Jahrzehnte später aus einer zunächst hölzernen entstanden sein kann.

Mit allergrößter Wahrscheinlichkeit waren im 11. Jahrhundert Turmhügel am weitesten verbreitet, denn beinahe überall, in Franken wie in Mecklenburg, lassen sich Rudimente erkennen, meist ohne Spuren des Turmes, oft nur noch als flacher Hügel oder als Rest eines fast kreisrunden Grabens. Auch rechteckige Turmhügel hat es gegeben, jedoch relativ selten. Wie die Türme ausgesehen haben, wissen wir in den wenigsten Fällen. Doch müssen es keineswegs immer runde Türme gewesen sein, weil man auch runde Turmhügel mit rechteckigen Türmen kennt. (Siehe Abb. 4)

Burgen im Sinne unserer Definition wurden vielleicht bereits am Ende des 11. Jahrhunderts erbaut, in größerer Zahl jedoch ab dem 12. Jahrhundert, an dessen Beginn man sich die Umwandlung älterer Burgen in steinerne Anlagen denken muß. Der Höhepunkt des Burgenbaues, der rechnerisch nach meinen Untersuchungen etwa um 1225 zu lokalisieren ist, fällt etwa mit der Zeit der Staufer (1125–1254) zusammen. Bis zu diesem Zeitpunkt hatte der Burgenbau im deutschen Reich explosionsartig zugenommen.

Die Kreuzzüge, die 1098 begannen, erbrachten neue Erkenntnisse für den Bau von Burgen aus dem Orient, der dem Okzident in dieser Hinsicht offensichtlich überlegen war. In Deutschland sind aber die nachweisbaren Einflüsse der Kreuzzüge geringer als in den westeuropäischen Staaten.

Mit dem 14. Jahrhundert nimmt der Bau neuer Burgen deutlich ab. Nun überwiegen Ausbau und Verstärkung der vorhandenen Anlagen, die verbesserte Belagerungstechniken und seit dem Beginn des 15. Jahrhunderts die Wirkung der neu erfundenen Kanonen berücksichtigen mußten. Diese Kanonen bedeuteten faktisch das Ende der mittelalterlichen Burgen, die nur durch Umbau in eine Festung weiterhin Sicherheit garantierten. Viele Burgen hat man in Festungen verwandelt, die meisten jedoch nicht. Sie wurden aufgegeben oder in ein Schloß umgebaut, denn die Ansprüche an den Wohnkomfort waren mit den Jahren enorm gestiegen. Viele Burgen erfüllten sie längst nicht mehr. Wenn dann die gewünschte Sicherheit nicht mehr garantiert war, gab man die Burgen am Ende des Mittelalters leichten Herzens auf. Doch schon während des ganzen Mittelalters sind Burgen aufgegeben worden, wofür es verschiedene Gründe gab: Eine Burg war nach ihrer Zerstörung durch kriegerische Einwirkung oder durch Feuersbrunst verlassen worden und verfiel danach; eine Burg wurde aufgelassen, weil man sich an einem günstigeren Standort eine modernere Anlage erbaut hatte; eine Burg verlor an Bedeutung und wurde bäurisch genutzt, bis sie verfiel.

Besonders schöne Beispiele für die Umwandlung zu einer Festung sind unter anderem die Festen *Hohensalzburg*, *Coburg* und *Marienburg* in Würzburg.

Solche ehemaligen Burgen dienten sehr häufig auch weiterhin als Verwaltungsschwerpunkt, also Amtssitz. Und so ist es kein Zufall, daß viele solche Zentren noch heute als Sitz eines Landkreises fungieren, also seit dem Mittelalter ununterbrochen hoheitliche Funktionen beherbergen, wie *Kronach*, *Kulmbach* und *Pirna*, um nur einige zu nennen.

Im 19. Jahrhundert setzte, beflügelt von Dichtern wie Walter Scott, Adalbert von Chamisso und Wilhelm Hauff, die bekannte Burgenromantik ein. Das Mittelalter wurde zu einer Art Mode und manche Burgruinen, wie etwa *Stolzenfels* in Koblenz oder die Ruine *Lichtenstein* bei Reutlingen wurden historisierend wiederaufgebaut. Sie waren Vorbild für viele weitere Ausbauten von Burgen, die nach heutiger Ansicht selten in historisch korrekter Weise erfolgten.

Noch an der Wende zum 20. Jahrhundert hat der Architekt *Bodo Ebhardt*, der verdienstvolle Gründer der Deutschen Burgenvereinigung, Burgen in einer Art wiederhergestellt, deren geschichtlicher Wert noch jetzt umstritten ist. Doch die von Ebhardt rekonstruierten Burgen *Marksburg* bei Braubach am Rhein, Sitz der Deutschen Burgenvereinigung, *Feste Coburg* in Nordbayern (ehemals Thüringen) und die *Hohkönigsburg* im Elsaß sind, wenn auch historisch nicht immer vollständig belegt, eindrucksvolle Anlagen, die den Denkmalschutz durchaus verdienen. Heute verfährt man mit diesen Zeugen der Vergangenheit behutsamer – manchmal vielleicht sogar zu ängstlich.

Burgendichte

Die Frage danach, wie viele Burgen es im Mittelalter im deutschen Reich gegeben hat, ist schwer zu beantworten. Denn wir wissen nicht, wie viele Burgen bereits damals spurlos wieder verschwunden sind. Man kann hier nur Schätzungen vornehmen. Was könnte als Basis dafür dienen? Curt Tillmann hat in seinem vierbändigen Werk »Lexikon der deutschen

Burgen und Schlösser« alle ihm damals bekannten Burgen und ehemaligen Burgen erfaßt. Er kommt hochgerechnet auf rund 14.500 für den von mir untersuchten Bereich. Gemeint sind Burgen, die verschwunden, aber bekannt sind, Burgruinen, erhaltene Burgen und Schlösser, in denen Reste von Burgen stecken.

Schwierig ist die Zahl der nicht mehr existierenden Burgen zu ermitteln. Bei der Akribie Tillmanns kann die Quote der von ihm aus der damals zugänglichen Literatur nicht erfaßten Burgen nur sehr klein gewesen sein. Allerdings gibt es seit dem Erscheinen seines Lexikons im Jahr 1956 wesentlich mehr Literatur über die deutschen Burgen und mit Sicherheit bessere Kenntnisse über verschwundene Burgen. Das kann man leicht feststellen, wenn man neuere, eine Region, einen Landkreis oder ein ganzes Bundesland behandelnde Burgenbücher daraufhin untersucht, ob Tillmann alle dort verzeichneten Burgen in seinem Lexikon erwähnt hat. Hierfür eignen sich zwei umfassende Werke besonders, nämlich Rudolf Knappe, »Mittelalterliche Burgen in Hessen«, Gudensberg 1994, und Josef Weingartner / Magdalena Hörmann-Weingartner, »Die Burgen Tirols«, Innsbruck 1981. In beiden Fällen ist rund ein Drittel der dort erwähnten Burgen bei Tillmann nicht verzeichnet; bei anderen Autoren ist eine ähnliche Feststellung extrem schwierig. Man muß also den 14.500 Burgen noch einen Prozentsatz für die nicht erfaßten Burgen hinzufügen, ich schätze eher vorsichtig etwa 25 Prozent und komme so auf insgesamt rund 18.000. Hierbei sind Burgstandorte, von denen man heute nichts mehr weiß, nicht berücksichtigt. Ihre Zahl kann nicht geschätzt werden. Selbst bei bescheidenen 2.000 völlig vergessenen Burgen kommt man auf insgesamt 20.000 Burgen, vermutlich waren es sogar noch wesentlich mehr.

In meinem Werk »Burgen des deutschen Mittelalters« habe ich die Intensität des Burgenbaues vom 11. bis zum 15. Jahrhundert dargestellt. Danach gab es im 13. Jahrhundert die meisten neu errichteten Burgen. Der Burgenbau ging ab dem 14. Jahrhundert erst langsam, dann rasch und unübersehbar zurück. Korreliert man die Prozentzahlen mit den angenommenen etwa 20.000 Burgen, ergeben sich die in Tabelle 1 dargestellten erstaunlichen Bauleistungen vor allem des 13. Jahrhunderts, also im wesentlichen in der Stauferzeit.

Jahrhundert	11.	12.	13.	14.	15.
Anteil	2 %	27 %	45 %	19 %	5 %
Anzahl der Burgen	1000	5400	9000	3800	800

Tab. 1 Anteil des Burgenbaues in Jahrhunderten

Ungleichmäßige Verteilung im Reich

Die Burgen verteilen sich auf die verschiedenen Regionen recht unterschiedlich, jedenfalls, wenn man die bekannten Burgen und Burgruinen berücksichtigt. Für diese Tatsache gibt es verschiedene Gründe, so etwa die Bevölkerungsdichte, die in Richtung Osten abnahm. Der Osten des deutschen Reiches war ja zunächst nicht sehr dicht von Slawen bewohnt, ehe deutsche Siedler dorthin geholt wurden und mit ihnen die Bevölkerungsdichte ab dem 13. Jahrhundert zunahm. Da die in einer Region lebenden Menschen die Lebensbasis des Adels darstellten, konnten nur bei vergleichsweise dichter Besiedlung viele Burgen entstehen. So ist es also kein Wunder, daß im Westen die Burgendichte stets größer gewesen ist als im Osten.

Ich hatte bereits erwähnt, daß der Bau steinerner Burgen sich zusammen mit der feudalen Entwicklung von Westen nach Osten durchsetzte. Die ersten Burgen in unserem Sinne entstanden also im Westen des Reiches, der durch die vorangegangene Römerzeit ohnehin kulturell weitaus entwickelter war als die Gebiete östlich der Elbe. Grob vereinfacht kann man sagen, daß während des gesamten Mittelalters die Burgendichte im Westen stets größer war als im Osten.

Auffallend ist auch, daß es in Bezug auf die Burgendichte ein Nord-Süd-Gefälle gegeben hat. Dies jedenfalls hat meine Untersuchung hierzu ergeben. In der norddeutschen Tiefebene lebten offensichtlich weniger Ritter, vielleicht weil es dort mehr freie Bauern gab, von denen die *Stedinger Bauern* durch ihren Widerstand gegen klerikale und fürstliche Unterdrückung im 13. Jahrhundert berühmt geworden sind.

Dichte Waldgebiete, die es ja bis ins hohe Mittelalter hinein reichlich gegeben hat und die nur schwer zugänglich waren, wurden erst im Verlauf des Mittelalters von ihrem Rand aus durch Rodung für die Besiedelung erschlossen. Das geschah im Reich – im Gegensatz zu anderen Siedlungsgebieten wie Siebenbürgen – meist unter der Aufsicht Adliger, die sich dann *Rodungsburgen* erbauten.

Eine Rolle spielte auch das jeweils geltende *Erbrecht*. Im Südwesten des Reiches erbten fast überall sämtliche männlichen Nachkommen eines Ritters anteilig, wodurch große Lehen immer kleiner und analog dazu Burgen immer zahlreicher wurden, vorausgesetzt allerdings, es blieb mehr als ein Erbe am Leben, was bei der allgemein hohen Sterblichkeit und dem gefährlichen Lebenswandel der Ritter keineswegs sicher war.

In den Gebieten des Deutschen Ordens, also Westpreußen, Ostpreußen und den heutigen baltischen Staaten, war die Entwicklung völlig anders, weil der Orden mit seinen mönchischen Rittern zwar Burgen baute, aber diese klosterähnlichen Anlagen nicht vererben konnte. Zwar gab es im Baltikum einzelne Ritter, die nicht Mönche, sondern Vasallen des Ordens waren, aber sie stellten nicht die Regel dar.

Auch wirkte es sich gewiß auf die Burgendichte aus, wenn in einem Gau oder Gebiet die Macht des Königs oder gegebenenfalls eines Herzogs an Gewicht verlor. Dann wurden mehr Burgen erbaut, als den Herrschern lieb gewesen sein mag. In Graubünden, das damals zum Herzogtum Schwaben gehörte, sind im 13. Jahrhundert in einer Schwächeperiode der zentralen Macht auffallend viele Wohntürme erbaut worden.

Es gab also verschiedene Gründe für die heute erkennbaren, eklatanten Unterschiede in der Burgendichte der einzelnen Landesteile des Reiches. Das muß nicht immer so gewesen sein. Als Beweis sei Westfalen angeführt. Hier hat es aufgrund der überwiegend flachen Landschaft immer besonders viele *Wasserburgen* gegeben, die wegen ihrer bequemen Zugänglichkeit entweder abgebrochen wurden, also spurlos verschwunden sind, oder nach dem Mittelalter durch ein Wasserschloß ersetzt wurden. Genau lässt sich das heute nicht mehr feststellen, aber die Vermutung ist berechtigt, daß die Burgendichte dort früher erheblich größer gewesen ist, als man heute erkennen kann.

Bis zu zwei Drittel Burgstellen

In Curt Tillmanns »Lexikon der deutschen Burgen und Schlösser« sind nach meiner Untersuchung rund zwei Drittel aller registrierten Burgen lediglich Burgstellen, auf denen man außer Gräben und Wällen bestenfalls noch Schuttreste findet, 23 Prozent sind mehr oder weniger umfangreiche Ruinen und lediglich 11 Prozent sind erhaltene Burgen oder Schlösser mit verbauten Burgresten.

Da Tillmann nahezu die gesamte damals bekannte Literatur durchgearbeitet hat, darf man annehmen, daß seine Zahlen der Realität am nächsten kommen. Leider stimmt diese Aussage nicht mit den Zahlen in Darstellungen einzelner Länder oder Landschaften überein, die von 35 bis 85 Prozent variieren. Es mag durchaus möglich sein, daß in verschiedenen Regionen des Reiches unterschiedlich viele Burgen erhalten geblieben sind, aber die Abweichungen sind entschieden zu groß. Daher vermute ich, daß nur wenige Autoren so wie Rudolf Knappe alle Burgstellen des untersuchten Gebietes erfaßt haben. Eine exakte Angabe über die Anteile von Burgstellen, Ruinen und Burgen in einem Gebiet ist jedenfalls nicht möglich. Ich schätze, daß die total vergessenen oder nur noch als Burgstellen erkennbaren Burgen zusammen circa 50 Prozent aller einst vorhandenen, vermutlich weit über 20.000 Burgen im ehemaligen deutschen Reich ausmachen.

Lage im Gelände

Die Wohnsitze des Adels waren, wie bereits erwähnt, bis ins 9. Jahrhundert hinein unbefestigt. Man darf vermuten, daß diese unbefestigten Wohnsitze inmitten des Besitzes dort lagen, wo sie für alle, also Herren, Untertanen und Besucher, bequem erreichbar waren, im Prinzip in ungeschützter Lage. Doch mit dem Beginn der Burgenzeit hat man auf der Suche nach Sicherheit von der Natur geschützte Standorte vorgezogen, wenn sie denn innerhalb der Grenzen des Lehens existierten, was im Flachland nicht die Regel war. Was die Natur nicht bieten konnte, mußte hier künstlich hergestellt werden.

Flachlandburgen

Im Flachland, eine Landschaft, die sich in der gesamten norddeutschen Tiefebene und in den heutigen Niederlanden findet, aber auch für viele andere, beinahe ebene Gebiete im deutschen Reich typisch war, lagen nach meiner Feststellung mehr als 31 Prozent aller Burgen, also ein knappes Drittel. Ich vermute, daß der Anteil an Flachlandburgen zu Beginn der Burgenzeit, also im 11. und 12. Jahrhundert, wesentlich größer gewesen ist. Hierfür gibt es drei Gründe: Burgen im Flachland ließen sich leichter erobern und zerstören als solche in sichereren Lagen. Flachlandburgen eigneten sich wesentlich besser zur Umwandlung in ein bequem bewohnbares Schloß, und in der frühen Burgenzeit war der Drang

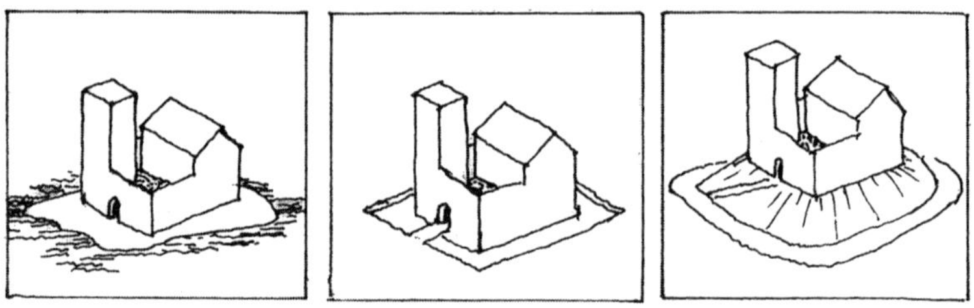

Abb. 5 Flachlandburgen
von links: Insel, Flachland, Hügel

nach sicheren Lagen noch nicht so groß wie in späteren Zeiten.

Insellage Diese Situation kommt angesichts der topographischen Gegebenheiten im deutschen Reich nur äußerst selten vor. Natürliche Inseln gibt es nur wenige. Kein Wunder also, wenn diese Lage bei den erhaltenen Burgen oder Ruinen mit knapp 0,3 Prozent verschwindend selten ist. In *Lauf an der Pegnitz* nördlich von Nürnberg wurde im 14. Jahrhundert durch Kaiser Karl IV. aus dem Hause Luxemburg auf einer Insel in der Pegnitz die noch heute gut erhaltene Burg erbaut, deren Wappensaal zu besonderer Berühmtheit gelangt ist. (Abb. 6)

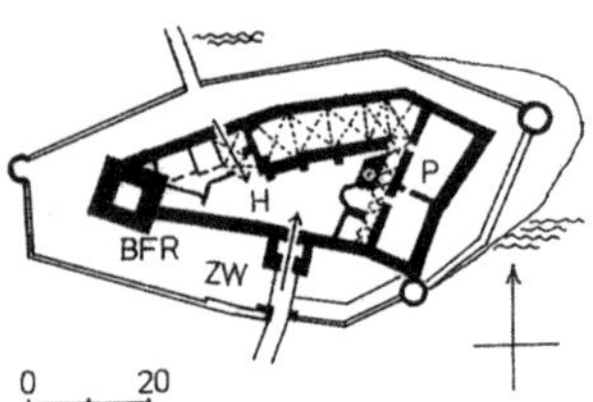

Abb. 6 Inselburg Lauf a. d. Pegnitz, Bayern

Wasserburg Den Vorteil, den eine Insel bot, jedenfalls solange das umgebende Wasser nicht zugefroren war, hat man durch Wassergräben oder Teiche nachzuahmen versucht. Die so entstehenden Burgen werden landläufig als Wasserburgen bezeichnet. Da es, wie gesagt, in Deutschland viele Ebenen gab, verwundert es sicher nicht, daß der Anteil der von einem Wassergraben geschützten Burgen nach meiner Erkenntnis etwa drei Viertel aller Flachlandburgen ausmacht. Als Beispiel

zeige ich die Burg *Burgsinn* im bayrischen Main-Spessart-Kreis, die vermutlich noch im 13. Jahrhundert begonnen wurde und noch heute bewohnt wird. (Abb. 7)
Feste Häuser oder Wohntürme, die in einem natürlichen oder angestauten Teich lagen, werden auch als *Weiherhaus* bezeichnet. Im Einzelfall kann ein solches Weiherhaus selbstverständlich auch auf einer natürlichen Insel liegen.

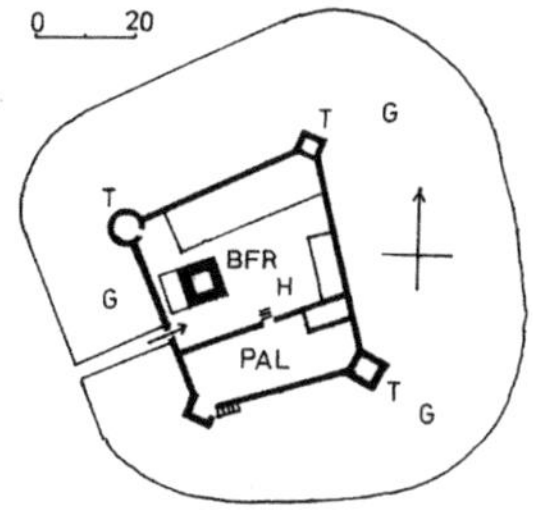

Abb. 7 Wasserburg Burgsinn

Flachlandburg ohne Graben Nicht alle Flachlandburgen waren von Wasser umgeben. Es gab Burgen oder burgähnliche Anlagen, die von vornherein keinen Graben besaßen. Wohntürme oder feste Häuser wurden oft ohne einen Wassergraben errichtet, etwa wenn sie in einer Ortschaft oder auch an deren Rand lagen.

Hügellage Den Turmhügel habe ich als einen vermuteten Ursprung unserer Burgen bereits erwähnt. Er war besonders am Anfang der Burgenzeit im 11. Jahrhundert sehr häufig und im Osten des Reiches auch noch bis weit ins 13. Jahrhundert hinein. Seltener gab es auch natürliche Hügel, die sich zum Bau einer Burg anboten. Ein Hügel war keine ideale Lage, jedoch offensichtlich allemal besser als flaches Land.
Ob man am Fuße des Hügels einen Graben anlegte, hing wohl von seiner Höhe ab. Bei flachen Hügeln darf man einen Graben wohl vermuten. *Alt Regensberg* im Bezirk Dielsdorf im Kanton Zürich aus dem 11. Jahrhundert ist ein frühes Beispiel für die Benutzung eines Hügels nicht nur für die Errichtung eines einzelnen Wohnturmes, sondern für die einer kompletten, wenn auch nicht allzu großen Burg. (Abb. 8)

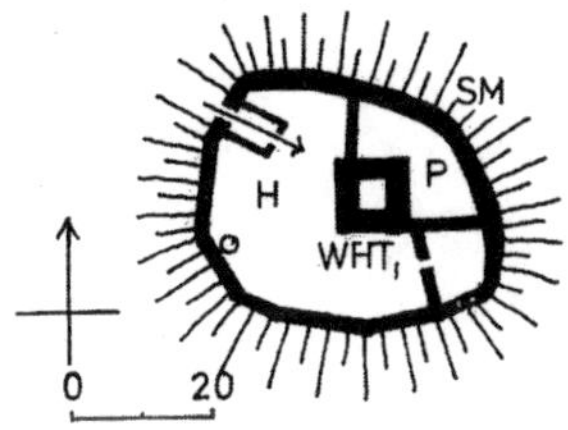

Abb. 8 Alt Regensberg

Höhenburgen

Die Lage im Flachland oder auf einem Hügel erwies sich als nicht besonders sicher. Trotz aufwendiger Erdarbeiten für Wälle und Gräben blieb die Burg im Flachland angreifbar, ja unsicher. Daher wurde schon

Abb. 9 Lagen von Höhenburgen
oben von links: Berg, Sporn, Hang
unten von links: Ecke, Rand, Kamm

in der frühen Burgenzeit, etwa ab 1100, von den Rittern die Höhenlage bevorzugt. Fast 66 Prozent aller noch bekannten Burgen liegen auf der Höhe, wobei es allerdings starke Unterschiede hinsichtlich der Verteidigungsmöglichkeiten gab.
In den zahlreichen Lehen fanden sich Höhenlagen für Burgen von sehr unterschiedlichem Wert. Man mußte mit dem zufrieden sein, was die Topographie hergab.

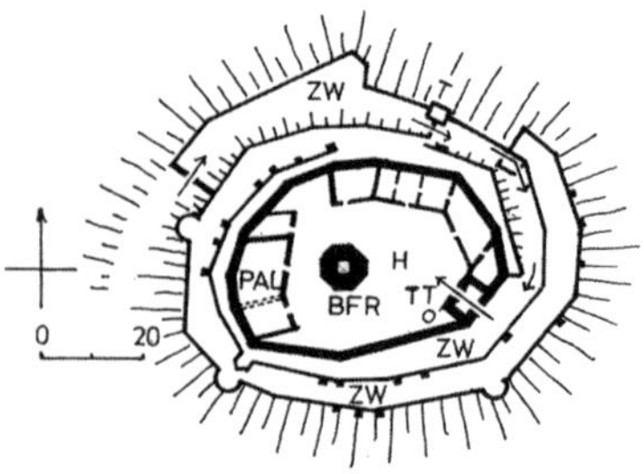

Abb. 10 Steinsberg/Baden

Berglage Die günstigste unter den Höhenlagen war ohne Zweifel ein rundherum steiler Berg, der allseits die feindliche Annäherung erschwerte, jedoch einen halbwegs bequemen Zugang für die Bewohner ermöglichte. Ziemlich genau 30 Prozent aller Burgen findet man in dieser topographischen Situation. Im günstigsten Fall benötigte man bei der Lage auf einem steilen Berg, wie hier bei der Burg *Steinsberg* im Rhein-Neckar-Kreis aus dem frühen 13. Jahrhundert, nicht einmal einen Graben. (Abb. 10)

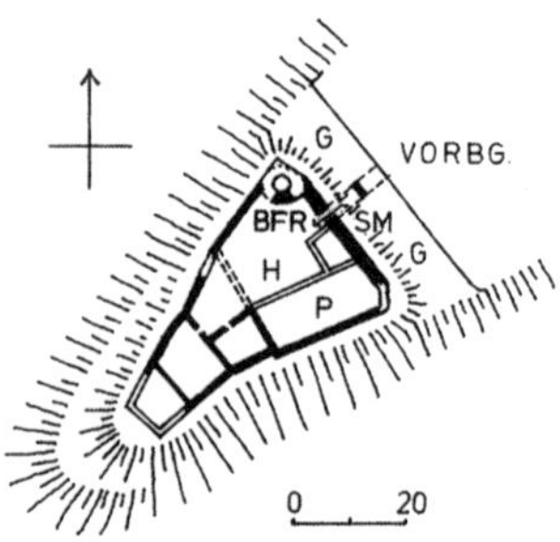

Abb. 11 Freudenburg

Spornlage Als zweitbeste Lage darf man wohl die Spornlage ansehen, die nur auf einer Seite eines besonderen Schutzes bedurfte. Normalerweise trennte ein steiler Halsgraben die Spornburg vom Gelände, zuweilen gab es noch weitere Maßnahmen zur Sicherung des Burgplatzes. Diese Lage findet man bei fast genau 25 Prozent aller heute erhaltenen Burgen. Eine typische Spornlage zeigt die Burgruine *Freudenburg* im Kreis Trier-Saarburg, die 1337 von König Johann von Böhmen aus dem Hause Luxemburg erbaut wurde. (Abb. 11)
Die übrigen vier Höhenlagen machen zusammen nicht viel mehr als 5 Prozent aller Burgen aus, sind also marginal. Der Vollständigkeit halber will ich sie hier jedoch zeigen. Sie werden von oben nach unten immer ungünstiger, weil der Aufwand an Gräben recht groß gewesen ist.

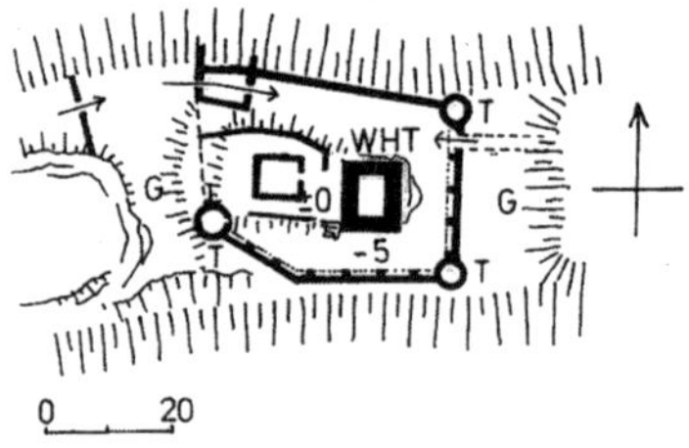

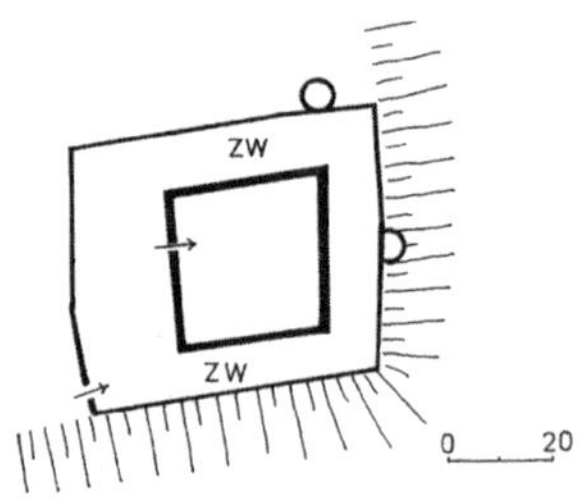

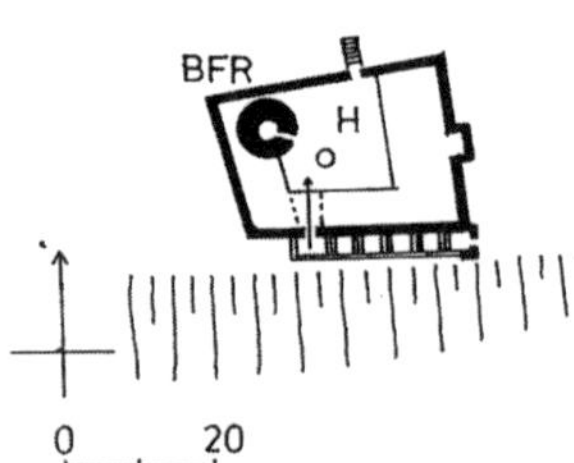

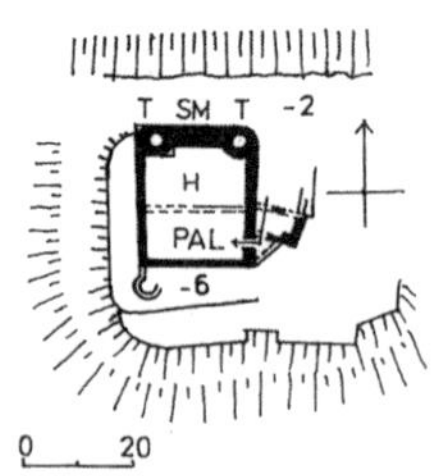

Kammlage
Abb. 12 Wernerseck, Kr. Mayen-Koblenz, Rheinland-Pfalz, um 1400, 2 Prozent

Ecklage
Abb. 13 Neuenbürg, Kr. Pforzheim, Baden-Württemberg, wohl um 1275, 2 Prozent

Randlage
Abb. 14 Nordeck, Kr. Gießen, Hessen, spätgotisch, 1 Prozent

Hanglage
Abb. 15 Ehrenfels, Rheingaukreis, Hessen, 1215 begonnen, 0,5 Prozent

Vermutlich haben ritterliche Bauherren solche Lagen nur dann in Kauf genommen, wenn ihr Lehnsgebiet absolut nichts Besseres hergab. Lagen wie *Neuenbürg*, *Nordeck* und *Ehrenfels* sind so selten, weil sie extrem ungünstig waren. Am ehesten war noch die Kammlage zu akzeptieren, wie bei *Wernerseck*, insbesondere als Standort für mehrere Burgen, wie man sie bei der mehrteiligen Ruine *Diepoldsburg* im Kreis Esslingen in Baden-Württemberg findet. Auch die drei Burgen in *Neckarsteinach* im hessischen Kreis Bergstraße besetzen einen Kamm. Von ihnen sind die Mittel- und die Vorderburg heute noch bewohnt.

Felsenburgen

Die sicherste Position bot ein steiler Felsen, der aus seiner Umgebung wie ein Turm herausragte. Ihn findet man jedoch nur in wenigen Gebieten des ehemaligen deutschen Reiches. Die Felsenburgen werden in einem gesonderten Kapitel behandelt.

In Tabelle 2 findet sich noch einmal eine Übersicht über die Verteilung der Burgen auf die oben geschilderten unterschiedlichen Standorte. Von Gewicht sind eigentlich nur die Standorte im Flachland mit oder ohne Wassergraben mit rund 36 Prozent Anteil und der Sporn mit 25 Prozent Anteil. Die restlichen 6 Prozent sind quantitativ ohne große Bedeutung, wenn auch im einzelnen interessant.

Flachland:	Insel	Ebene	Wasserburg	Hügel		
	0,3 %	9 %	27 %	2 %		
Höhe:	Berg	Sporn	Kamm	Ecke	Rand	Hang
	33,5 %	25 %	2 %	2 %	1 %	0,5 %
Fels:	Felsturm	Höhle	Band			
	4,5 %	0,4 %	0,1 %			

Tab. 2: Anteil der verschiedenen Lagen von Burgen

Für die Lage einer Burg war also ausschlaggebend, was das betreffende Lehen innerhalb seiner Grenzen bot. Erst in zweiter Linie rangierte die Vorstellung eines Bauherrn über die ideale Lage und damit der größtmöglichen Sicherheit, die sich allemal den topographischen Gegebenheiten des ritterlichen Lehens unterordnen mußte.

Die Teile einer Burg

Ich hatte eingangs bereits angedeutet, daß eine Burg in aller Regel aus mehreren Teilen besteht. Man könnte auch von Bausteinen sprechen, denn trotz der Individualität aller Burgen kann man leicht verschiedene, bei den Burgen immer wieder verwendete Teile erkennen.

Die Ringmauer

Diese wegen der Verwendung des Begriffes Ring etwas irritierende Bezeichnung steht für die äußere Umgrenzung einer Burg, also die Burgmauer. Man könnte vermuten, daß eine Ringmauer ringförmig angelegt war, aber das ist keineswegs der Fall. Die wenigsten Burgen weisen eine runde Ringmauer auf.

Im 11. Jahrhundert bestanden die Ringmauern noch aus Holz oder einem Erdwall, aber im Verlauf dieses Jahrhunderts nahm die Anzahl von Bauten aus Stein zu oder es wurden die provisorischen Bauteile gegebenenfalls durch eine Mauer aus Steinen ersetzt, wenn der alte Standort einer Burg beibehalten werden sollte, was durchaus nicht immer der Fall gewesen ist.

Für die steinernen Ringmauern gab es verschiedene Arten der Ausführung, die sich danach richtete, ob geeignetes Material in Burgnähe zu finden war, ob brauchbare Transportmöglichkeiten existierten und ob der ritterliche Bauherr wohlhabend genug war, um sich ein besonderes, ihm zusagendes Mauerwerk leisten zu können. Welche verschiedenen Möglichkeiten es zur Ausführung von Mauerwerk gegeben hat, zeigt Abb. 16.

Überwiegend wurde örtlicher Naturstein verwendet, wie man ihn gefunden beziehungsweise gebrochen hatte. Aber auch intensiv bearbeitete Steine wurden verbaut. Das war nicht zuletzt eine Kostenfrage. Die Bearbeitung der Steine war wegen des hohen Zeitaufwandes wesentlich teurer, als wenn man kaum oder gar nicht behauene Natursteine vermauerte. Alle Mauern wurden nach Möglichkeit so errichtet, daß immer horizontal durchgehende Fugen entstanden, die für die Standfestigkeit unerlässlich sind, besonders wenn das Steinmaterial unregelmäßig gewesen ist. Senkrecht durchgehende Fugen galt es hingegen zu vermeiden.

Das sogenannte *Fischgrätenmuster*, auch *opus spicatum* genannt, findet man überwiegend in der frühen Burgenzeit, also im 11. und 12. Jahrhundert, später eigentlich nicht mehr. Allerdings gibt es immer wieder Ausnahmen, was für den Burgenbau insgesamt typisch ist.

Sorgfältig behauene Quader konnten sich nur die wohlhabenden Ritter leisten, also vor allem die Mitglieder des hohen Adels, an deren Burgen man diese Steine daher besonders oft findet. Die Verwendung von Quadersteinen war die Voraussetzung für den Schmuck von Mauern mit Bögen. Sogenannte Buckelquader, also behauene Quader, die auf ihrer Sichtseite nur an ihrem Rand geglättet waren, wurden insbesondere in der Zeit der Stauferkaiser verwendet. Sie können geradezu als ein Erkennungszeichen des 12. und 13. Jahrhunderts angesehen werden. Warum gerade diese Steine seinerzeit so gern verwendet wurden, ist heute nicht mehr schlüssig zu erklären. Buckelquader sollen als Hindernis ge-

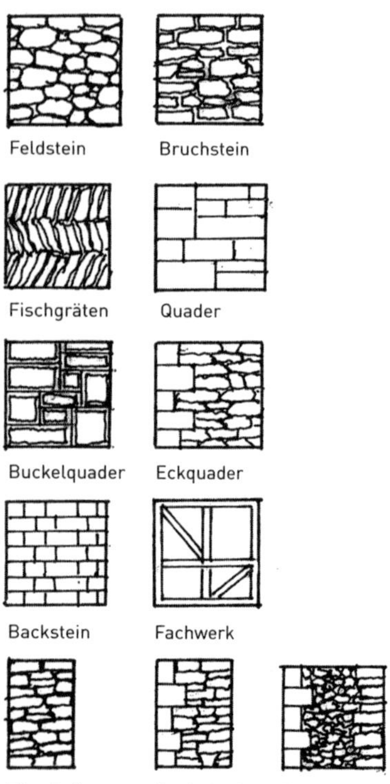

Abb. 16 Mauerwerk im Burgenbau

gen das Anlegen von Leitern eingebaut worden sein, die an der unruhigen Oberfläche einer solchen Mauer keinen Halt finden konnten. Bewiesen ist diese Vermutung allerdings keinesfalls. Mit Sicherheit verliehen sie Mauern ein martialisches Aussehen, das vermutlich erwünscht war. Quadersteine wurden seit dem 12. Jahrhundert besonders gern an den Ecken von Türmen und Gebäuden verbaut, was bei unregelmäßigen Steinen des Mauerwerkes wie zum Beispiel Feldsteinen die Festigkeit verstärkte. Im späten Mittelalter hat man solche Eckquader gern durch Farben nachgeahmt, also die Quader nur noch angedeutet.

Die bei den Römern perfektionierte Bauweise mit Backsteinen war nach dem Verfall des Römischen Reiches in Mitteleuropa weitgehend in Vergessenheit geraten. Sie taucht erst zu Beginn des 13. Jahrhunderts wieder auf. Doch Backsteine waren im Burgenbau eher selten, wenn sie auch im Flachland häufiger vorkamen, wie in *Putlitz* im Kreis Pritzwalk in Brandenburg oder in *Tangermünde* in Sachsen-Anhalt. Sie sind seit dem 13. Jahrhundert bei vielen Burgen des Deutschen Ordens verwendet worden, die schöne Beispiele der Backsteingotik wurden, wie die *Marienburg* (Malbork) im ehemaligen Westpreußen. Backsteine eigneten sich besonders gut für Schmuck am Mauerwerk, für den man auch besonders geformte Steine verwandte.

Fachwerk wurde im Burgenbau vor allem für den inneren Ausbau, also für Trennwände und für aufgesetzte oder auskragende Obergeschosse benutzt. Auch untergeordnete Gebäude von Burgen wurden aus Fachwerk hergestellt. Selbst im Hochmittelalter war Fachwerk aber in der Regel mit Flechtwerk und Lehm ausgefacht, nur selten mit Mauerwerk. Dieses Fachwerk war kurzlebig und hat daher das Mittelalter kaum überlebt, von wenigen Ausnahmen abgesehen, die uns zeigen, wie dieses Flechtwerk ausgesehen hat. Wir wissen aus den Zeichnungen von *Dürer* und *Altdorfer*, die ja Zeugen des ausgehenden Mittelalters waren, daß Fachwerk auf Burgen durchaus verwendet wurde.

Schwache Mauern bis etwa 1,0 m Stärke waren auf Burgen üblicherweise einschalig ausgeführt. Bei stärkeren Mauern bevorzugte man mehrschalige Konstruktionen. Zweischalig bedeutete, daß man auf der Sichtseite besseres Mauerwerk benutzte, das innen mit einfachem Material hintermauert war; man spricht hier auch von einer Vorsatzschale. Dicke Mauern wurden fast immer, schon aus Kostengründen, aus drei Schalen hergestellt, nämlich innen und außen regelmäßig gemauerte Schalen, dazwischen eine betonähnliche Füllung aus Zementmörtel und Feldsteinen oder Grobkies. Wichtig für die Standfestigkeit war bei allen mehrschaligen Mauern, daß die Schalen in möglichst vielen Schichten miteinander verzahnt waren.

Nach meinen Untersuchungen lag die durchschnittliche Stärke einer Ringmauer bei circa 1,5 m. Ringmauern mit 1,0 m oder geringerer Mau-

erstärke kommen nur bei 15 Prozent aller Burgen vor, Dicken über 2,0 m findet man nur bei etwa 8 Prozent aller Burgen. Extrem starke Ringmauern waren demnach im Burgenbau eher selten.
Die Höhe der Ringmauern richtete sich nach Größe und Lage der Burg sowie den Möglichkeiten für einen mechanischen Angriff auf die Mauer. Unter 5,0 m Höhe wäre eine Ringmauer nicht sehr nützlich gewesen; man hätte sie zu leicht überwinden können. Die maximale Höhe liegt nach meiner Erkenntnis bei circa 14 m. Hier sind wohl Stützpfeiler nötig gewesen, wenn die Mauer nicht sonderlich dick ausgeführt war.
Ringmauern waren im Regelfall nicht überall gleich hoch, weil nicht alle Seiten gleich stark durch mögliche feindliche Angriffe bedroht waren. Eine auf allen Seiten gleich starke und recht hohe Mauer wird auch als *Mantelmauer* bezeichnet, die man zum Beispiel bei der Kernburg der *Leuchtenburg* in Kaltern im unteren Etschtal in Südtirol finden kann, die um 1200 entstanden ist. (Abb. 17)

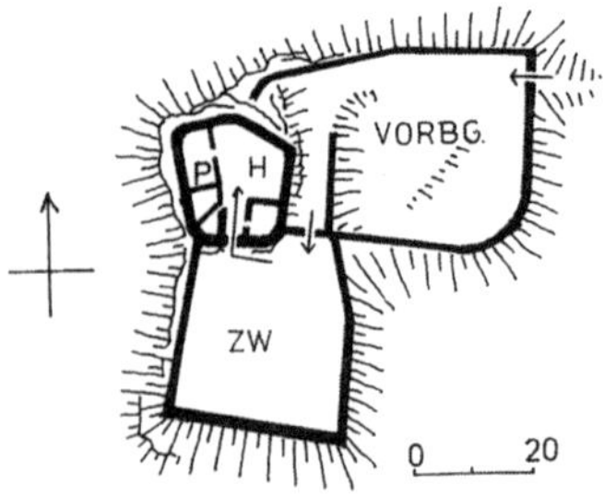

Abb. 17 Leuchtenburg

Mantelmauern sind im Burgenbau insgesamt eher selten und kommen in aller Regel nur bei kleinen Burgen vor. Aber beim Burgenbau gibt es immer Ausnahmen, wie *Eisenberg* im Kreis Füssen. Hier ist die nur 1,1 m starke Ringmauer rundherum 12 m hoch, man kann also von einer Mantelmauer sprechen. Bei manchen Burgen kann man eine Mantelmauer nur noch vermuten, weil die volle Höhe der die Kernburg umgebenden Mauer nicht mehr erhalten oder nicht mehr bekannt ist.

Wehrgänge

Natürlich gesicherte Seiten von Burgen benötigten zur Abwehr feindlicher Annäherung keine besonderen Einrichtungen. Oft besaßen solche Mauern nicht einmal Schießscharten. An den Angriffsseiten hingegen, die von der Natur wenig geschützt waren, war es notwendig, für die Verteidiger Wehrgänge auf der Innenseite und unterhalb der Mauerkrone

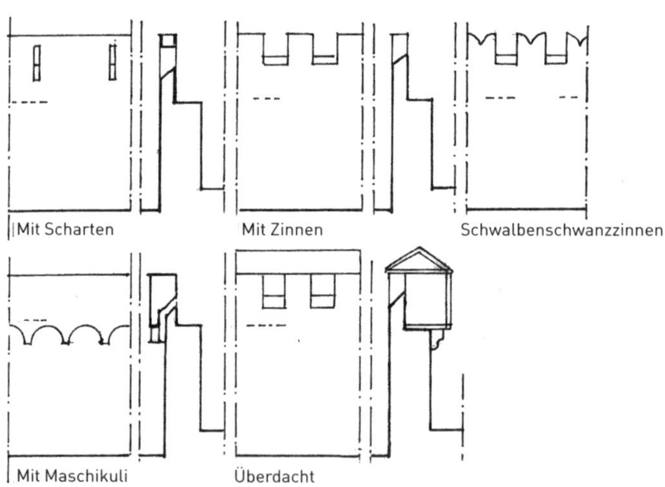

Abb. 18 Wehrgänge an Ringmauern

anzulegen. Über die Angriffsseiten entschied die oben geschilderte Lage einer Burg.
Für Wehrgänge gab es verschiedene Ausführungen, von denen die wichtigsten auf Abb. 18 dargestellt sind. Für die weitgehend sichere Verteidigung standen *Schießscharten* oder *Zinnen* zur Verfügung. Die sogenannten *Maschikulis* sorgten dafür, daß man an besonders gefährdeten Stellen heißes Blei oder Unrat auf die am Mauerfuß sich versammelnden Gegner gießen konnte.
Wehrgänge bestanden auf der Innenseite nahezu immer aus einer Holzkonstruktion, die bei schmalen Mauern nach innen auskragte. Selbstverständlich gab es bei vielen Burgen, insbesondere kleinen, keine Wehrgänge, weil dieser Aufwand dort aus unterschiedlichen Gründen überflüssig gewesen wäre und weil schwache Mauern kaum Platz für einen Wehrgang boten.

Burgtor

Die schwächste Stelle in einer Ringmauer war stets das Burgtor. Seine Notwendigkeit war unbestritten, seine Sicherung meistens schwierig. Da Tore notgedrungen immer aus Holz hergestellt wurden, waren sie leicht zu zerstören, zum Beispiel mit einem Rammbock oder durch Feuer. Eisenblech auf der Außenseite des Tores mochte die Brandgefahr verringern, war jedoch teuer und daher vermutlich selten. Auf den folgenden Abbildungen habe ich die verschiedenen Möglichkeiten der Sicherung vereinfacht dargestellt. Dabei war es schon von Bedeutung, ob ein Tor als einflügeliges, also enges, oder zweiflügeliges breites Tor gesichert werden mußte.

Balkensperre Die simpelste Sicherung war eine einfache Balkensperre auf der Innenseite, die sich leicht aktivieren ließ. Die dargestellte doppelte Balkensperre, schon eine Verbesserung gegenüber der einfachen Sperre, zeigt zwei Arten der Sicherung: **a.** Der Balken läuft in einer Nut im Mauerwerk, steht immer etwas über die Kante vor und kann im Falle der Gefahr leicht zu einem entsprechenden Balkenloch auf der Gegenseite gezogen werden. Diese Vorrichtung war weit verbreitet. Bei der Lösung **b.** wurde der Balken über eine beiderseitige Nut gehoben und dort fallen gelassen. (Abb. 19)

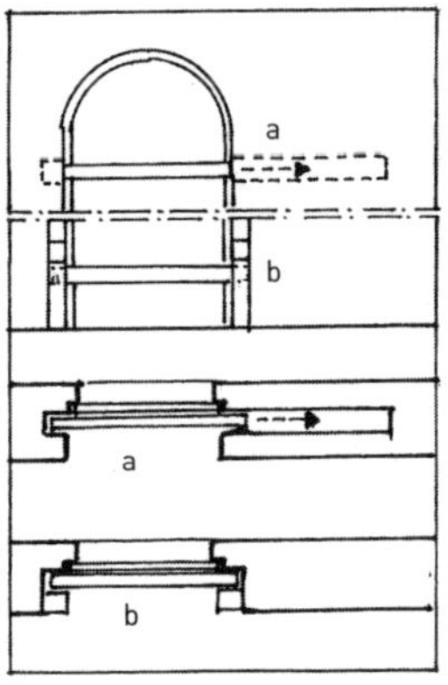

Abb. 19 Tor mit Balkensperre

Mannloch Da Burgtore zum Einlassen von Wagen häufig zweiflüglig angelegt wurden, benötigte man ein sogenanntes Mannloch, um zu verhindern, daß zum Einlaß eines einzelnen Menschen ein großer Flügel geöffnet werden mußte. Das Mannloch war aus einem Flügel ausgeschnitten und besaß eine hohe Schwelle, die man in der Marine Süll zu nennen pflegt.

Abb. 20 Tor mit Mannloch

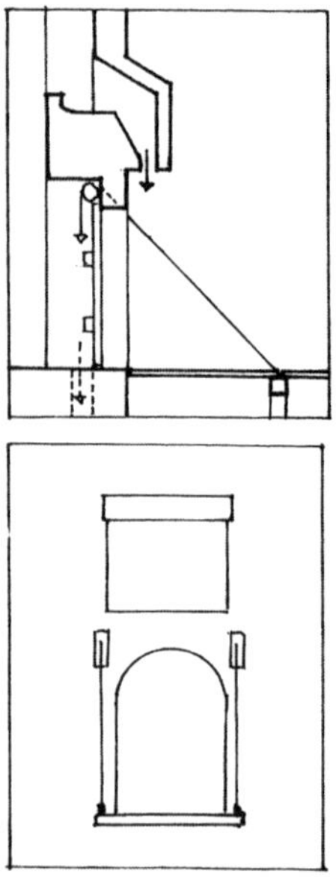

Abb. 21 Tor mit Zugbrücke und Gußerker

Abb. 22 Burgtor mit separatem Fußgängertor

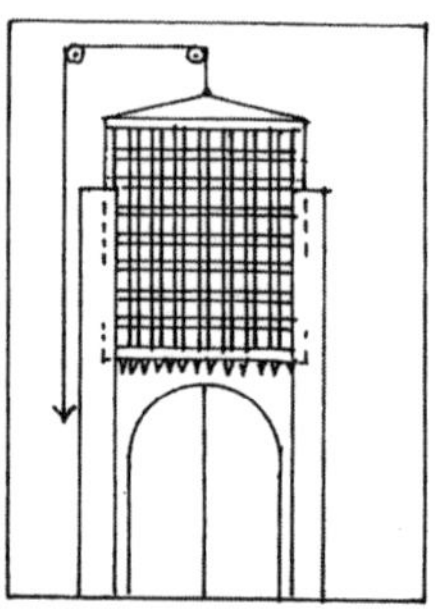

Abb. 23 Tor mit Fallgitter

Gußerker Über Toren hat man, allerdings erst seit dem 13. Jahrhundert, in vielen Fällen Gußerker angelegt, die es ermöglichten, einen bis dorthin vorgedrungenen Angreifer mit heißem Pech oder Unrat zu überschütten, um ihn davon abzuhalten, das Tor von außen mit einem Rammbock anzugreifen. Einen solchen Gußerker habe ich vereinfacht auf Abb. 21 dargestellt.

Die hier ebenfalls dargestellte Zugbrücke sollte eigentlich die Annäherung an das Burgtor verhindern. Man mußte jedoch damit rechnen, daß feindliche Einwirkung die Zugbrücke zerstörte und der Graben zugeschüttet wurde. Für diesen Fall war der Gußerker eine weitere Chance, den Angriff auf das Tor zu verhindern.

Fußgängertor Ähnlich dem Mannloch in einem Doppeltor wurde auch neben dem eigentlichen Burgtor mit zwei Flügeln ein weiteres schmales Tor für Fußgänger in die Ringmauer eingebracht und mit einer eigenen Zugbrücke versehen, wie auf Abb. 22 zu sehen ist.

Eine derartig aufwendige Maßnahme lohnte sich jedoch nur bei größeren Burgen mit lebhaftem Kommen und Gehen. Bei kleinen Burgen begnügte man sich daher in aller Regel mit dem simplen Tor mit Balkensperre.

Nischen in der Wand sorgten an vielen Burgtoren dafür, daß die Zugbrücke dort hineingezogen werden konnte und dadurch vor dem Herunterhebeln durch Angreifer geschützt blieb, so auch bei dem hier gezeigten Beispiel. Nach meiner Erkenntnis wurden diese Nischen vor allem im späten Mittelalter verwendet, während man in der frühen Burgenzeit an derartige Einrichtungen zunächst nicht dachte.

Fallgitter Eine beliebte Sicherung, die schnell herabgelassen werden konnte, war das Fallgitter auf der Innenseite eines Tores. Es stellte aber auch eine zusätzliche Sicherung dar für den Fall, daß das Burgtor bei einem Angriff durchbrochen wurde.

Ein Fallgitter aus mit Eisen beschlagenen Holzbalken lief in einer eigenen Nut im Mauerwerk oder, wie auf Abb. 23 dargestellt, in einer im Burginneren vorgesetzten Nut, die allerdings sehr massiv sein mußte, um jedem mechanischen Versuch, das Gatter nach innen einzudrücken, widerstehen zu können. Aber diese Sicherung war nur sinnvoll, wenn die betreffende Burg entsprechend viel Publikums- und Frachtverkehr aufwies, wie etwa bei Burgen, die Verwaltungssitze waren, bei denen Pächter und Untertanen häufig vorsprachen und zu denen Naturalabgaben aller Art gebracht werden mußten, das Tor also lange offen blieb.

Torturm Nur etwa 5 Prozent, also eine verhältnismäßig geringe Zahl aller relevanten Burgen, weisen einen Torturm auf. Ein Torturm bedeutete stets, daß es zwei Tore als Sicherung gab und zwischen ihnen einen Raum, in dem man die Feinde von oben beschießen konnte, wenn sie das erste Tor durchbrochen hatten. In diesem Zwischenraum ließ sich auch ein Fallgitter installieren. Ganz offensichtlich kamen die meisten Burgen aber ohne einen Torturm aus. Nicht selten stand der Torturm nicht in der Ringmauer der Kernburg, sondern in der Außenmauer der Vorburg, war also vermutlich eine spätere Zutat, denn Vorburgen wurden meist nicht zusammen mit der Kernburg errichtet. Aber mehr als die Hälfte aller Tortürme wurde in die Ringmauer der Kernburg einbezogen, entstand also zugleich mit der Ringmauer. Daß man für den Einbau eines Torturmes nachträglich die Ringmauer durchbrochen hätte, klingt eher unwahrscheinlich. Zum Torturm habe ich im Zusammenhang mit den Wehrtürmen hinten weitere Informationen zusammengestellt, die andere Aspekte dieser Einrichtung beleuchten. (Abb. 24)

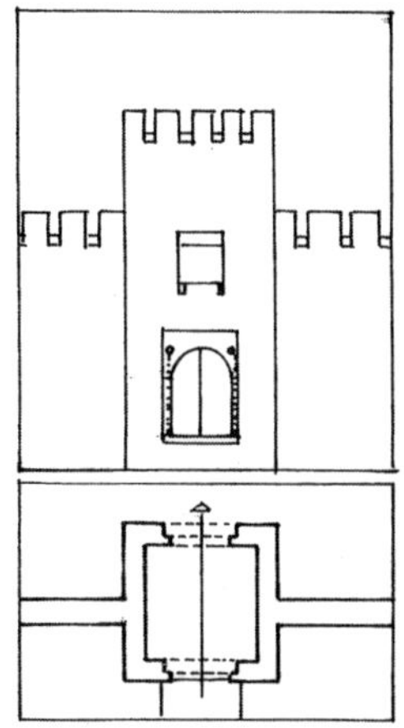

Abb. 24 Torturm

Nur in ganz wenigen Fällen wird der Weg durch den Torturm über Eck geführt. Diese Führung bot den Vorteil, daß ein direkter Angriff auf das innere Tor unmöglich war, es sei denn, der Gegner würde eine ganze Wand abreißen und den Einsturz des Torturmes und damit die Blockierung des Tores durch Trümmer in Kauf nehmen. Eine solche Situation findet man bei der Ruine *Wiedersberg* im Sächsischen Vogtland; der Torturm könnte aus dem 14. Jahrhundert stammen. (Abb. 25)

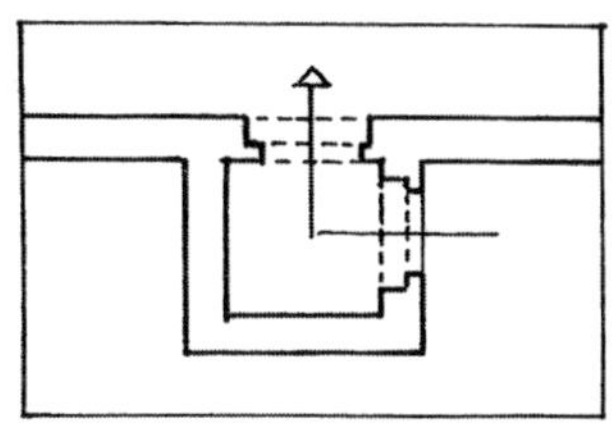

Abb. 25 Torturm mit Toren über Eck

Torhaus Unter diesem Begriff versteht man ein einzelnes Gebäude, keinen Turm (!), durch das der Torweg hindurchführt. Oft steigt der Weg in einem solchen Torhaus steil bergan, was bei einem Torturm wegen des meist geringen Abstandes zwischen den beiden Toren selten vorkommt.

Ein Torhaus bot neben dem Tor meist einen Raum für die Torwache und besaß fast immer ein Obergeschoß, wie auf Abb. 26 dargestellt ist, das die gleichen Vorteile bot, wie ich sie für den Torturm genannt habe. Torhäuser sind bei deutschen Burgen keineswegs häufiger als Tortürme und überwiegend bei großen Burgen zu finden.

Nicht dargestellt habe ich den Eingang zu einer Burg durch ein anderes Gebäude, ein Nebengebäude oder ein Wohnhaus, der recht oft vorkommt, aber meist erst durch spätere Zubauten entstand.

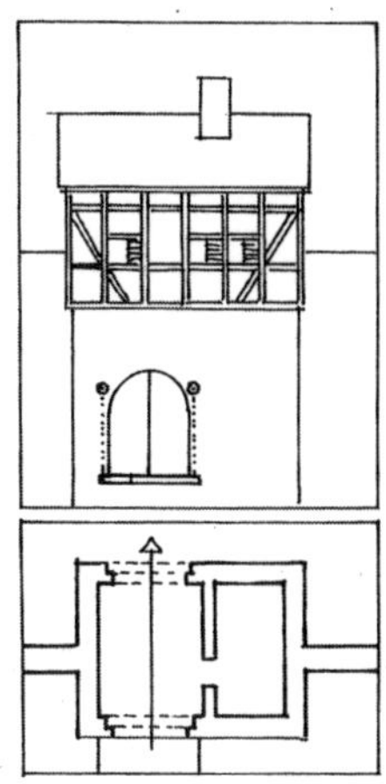

Abb. 26 Torhaus

Flankierungstürme Wahrscheinlich stammen diese Türme neben dem Burgtor aus dem Morgenland und wurden durch die Kreuzzüge bei uns bekannt. Diese Türme sollten einen Angriff auf das Tor unmöglich machen, weil man von ihnen aus Gegner, die sich am Tor zu schaffen machten, beschießen konnte. Ein solches Tor kann man auf Abb. 27 in vereinfachter Form sehen.

Doch Tore mit Flankierungstürmen sind im deutschen Mittelalter außerordentlich selten und stammen in der Regel aus der späten Burgenzeit, also dem 15. Jahrhundert. Mir sind im deutschen Mittelalter lediglich 30 Burgen bekannt, die eine derartige Toranlage besitzen wie zum Beispiel die *Marienburg*, die Sitz der Würzburger Fürstbischöfe gewesen ist. Die überwiegende Zahl der Objekte besitzt runde Flankierungstürme. In den Burgen Westeuropas, vor allem in England und Irland, findet man Flankierungstürme bei Toren von Burgen viel öfter. Es handelt sich dabei nahezu immer um starke, meist auch um große Burgen.

Wenn man alle bekannten Burgen danach untersucht, wie groß der Anteil der doppelten Tore gewesen ist, kommt man zu dem auf Abb. 28 dargestellten Ergebnis.

Abb. 27 Flankierungstürme

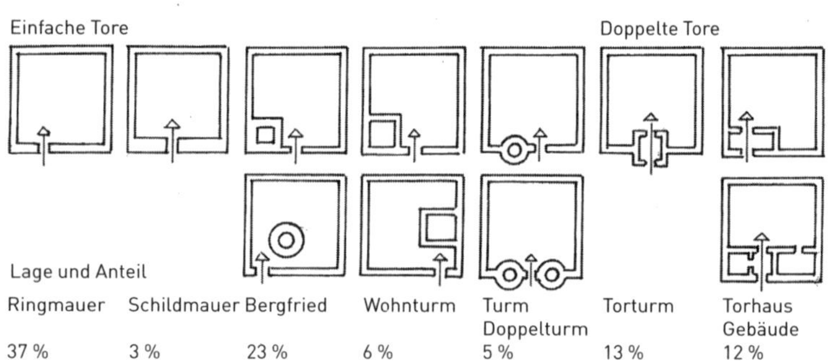

Abb. 28 Mögliche Lagen von Burgtoren

Schikanen vor dem Tor Um die Annäherung an das Burgtor zu erschweren, haben die Ritter sich verschiedene Schikanen ausgedacht, die man in Grundrissen findet:

Der Weg zum Tor führt an der Burg entlang Auf diese Weise war ein Angreifer ständig von der Besatzung bedroht, wenn er sich dem Tor nähern wollte. Ein solcher Weg war in vielen Lagen einer Burg herstellbar, notfalls mit baulichen Mitteln. Er sollte nach Möglichkeit so angelegt sein, daß ein Angreifer seine rechte und damit die schildlose Seite der Burg zuwenden mußte. Das ist aber keineswegs immer der Fall gewesen, denn ziemlich genau die Hälfte solcher Zugänge liegen auf der »falschen« Seite. Alle Theorien endeten vermutlich dort, wo die topographischen Gegebenheiten ihre Realisierung unmöglich machten. Eine solche Situation findet man in der Burg *Rattenberg* im Inntal, die in der Mitte des 13. Jahrhunderts entstand. (Abb. 29)

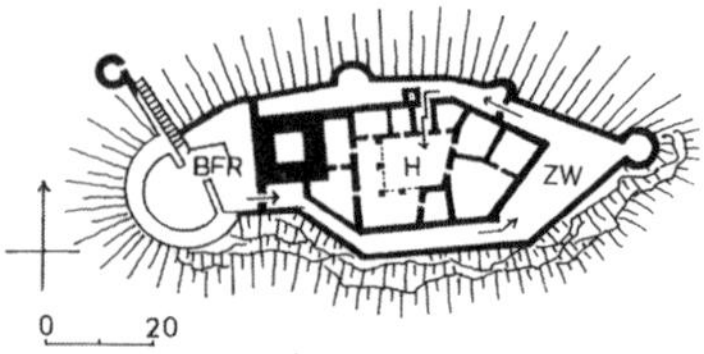

Abb. 29 Rattenberg in Tirol

Torzugang über dem Abgrund Wenn der Burghof wesentlich höher lag als das umgebende Gelände, konnte man das Tor über eine hölzerne Treppe zugänglich machen, die sich im Falle eines Angriffes auf die Burg leicht beseitigen ließ. Man konnte ein Tor auch so über den Abgrund oder Hang legen, daß es nur über einen hölzernen Steg erreichbar war, der sich ebenfalls leicht zerstören ließ, wie bei der Ruine *Lichtenstein* im Kanton Graubünden vom Ende des 12. Jahrhunderts. (Abb. 30) Die hölzerne Brücke über einen tiefen Halsgraben stellte eine ähnliche Situation her, denn die Zugbrücke ließ sich ja ebenfalls entfernen, wie auch der hölzerne Steg, der zu ihr führte, denn meistens war der Burggraben breiter als die Zugbrücke selbst.

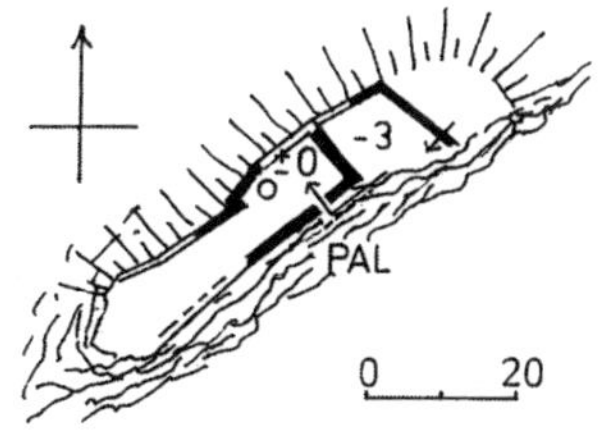

Abb. 30 Ruine Lichtenstein

Steiler Treppenzugang Bei erhöht liegenden Kernburgen, insbesondere solchen auf Felstürmen, hat man gelegentlich steinerne Treppen zum Tor angelegt, die einen möglichen Angreifer zwangen, steil treppauf das Tor zu berennen, eine fast nicht zu bewältigende Aufgabe. Der Treppenaufgang hatte dann allerdings zur Folge, daß im Notfall die damals kostbaren Pferde nicht in der Kernburg geborgen werden konnten wie bei der Ruine *Ringgenberg* im Bezirk Interlaken im Kanton Bern, die um 1230 begonnen wurde. Auf dieser Burg lebte zeitweilig der gleichnamige Minnesänger. Ähnlich steile Aufgänge besitzen auch manche anderen Burgen auf Felstürmen. (Abb. 31)

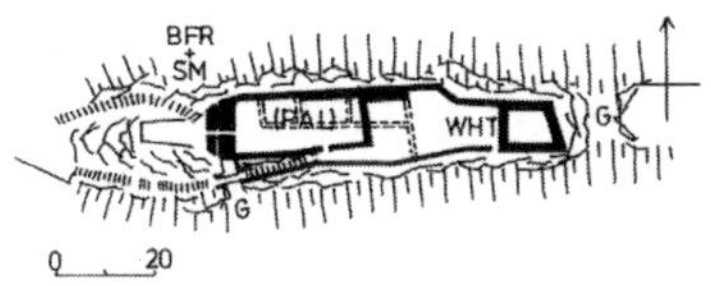

Abb. 31 Ruine Ringgenberg

Torzwinger Eine solche Einrichtung machte aus einem ursprünglich einfachen Tor ein doppeltes Tor, denn am äußeren Ende des Torzwingers war ebenfalls ein Tor vorhanden. Solche Zwinger wurden meist nachträglich zur Verbesserung der Verteidigung angebaut. Von der Burg aus konnte man den Torzwinger einsehen und in ihn hineinschießen. Der Zwinger sollte möglichst so eng sein, daß zwischen dem Tor und der Mauer des Zwingers wenig Platz blieb und man sich dort kaum bewegen konnte. Damit wollte man mechanische Einwirkungen auf das Tor verhindern. So kann man dies zum Beispiel bei der Ruine *Frundeck* im Kreis Freudenstadt erkennen, die im 2. Viertel des 13. Jahrhunderts entstanden ist. (Abb. 32)

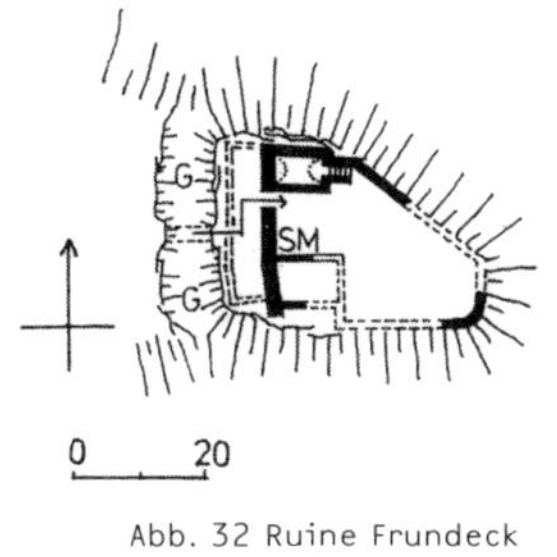

Abb. 32 Ruine Frundeck

Barbakane Unter dieser Bezeichnung versteht man eine dem Tor vorgelagerte Befestigung, die man aber eher bei Städten als im Burgenbau finden kann. Letztlich ist auch eine Barbakane ein Torzwinger in regelmäßiger Form, der besonders stark ausgeführt ist. Die *Burglengenfeld* in der Oberpfalz zeigt am Tor der Vorburg eine kleine Barbakane. Auch die Burg in *Tangermünde* aus dem 14. Jahrhundert besitzt eine Barbakane.
Alle hier gezeigten Schikanen vor dem Burgtor hatten die Aufgabe, den Zugang zum Tor so weit wie möglich zu erschweren.

Graben und Brücke

Die meisten Burgen waren bei uns durch Gräben gesichert. Darüber, wo Gräben und wie breit sie angelegt werden mußten, entschied allein die topographische Lage der Burg.

Man unterscheidet *Ringgräben* und *Halsgräben*, *Trockengräben* und *Wassergräben*.

Ringgräben umgaben eine Burg ganz oder teilweise; sie konnten trocken oder mit Wasser gefüllt sein. Halsgräben blieben eigentlich immer trocken und schnitten die Burg vom Gelände ab. Wassergräben wurden überwiegend im Flachland angelegt; Voraussetzung war allerdings das Vorhandensein von Wasser, in einem Fluß, Bach oder Teich.

Es gab in der Regel so viele Gräben wie Angriffsseiten. Im Flachland konnte nur der Ringgraben eine befriedigende Sicherung bieten. Hier war denn auch die Wasserburg die üblichste Form. Auf Inseln oder im Moorgebiet konnte man auf Gräben verzichten.

Burggräben mußten immer ausgehoben werden, wozu man vermutlich die Hörigen einsetzte, weil diese Arbeit von ungelernten Handlangern ausgeführt werden konnte, jedenfalls im Flachland. In Höhenlagen war die Herstellung eines Grabens wesentlich schwieriger.

Fast immer besaß eine Burg eine Brücke, die den Graben überquerte und vor der Burg in etwa 3 m Breite in einer Zugbrücke endete. Gräben, insbesondere Wassergräben, waren oft wesentlich breiter, als die Zugbrücke mit ihrer maximal 3,5 m messenden Hublänge überbrücken konnte. Nur in seltenen Ausnahmefällen wie bei den Schikanen vor dem Tor war eine Zugbrücke nicht notwendig. Aber an sich war die Zugbrücke ein typisches Detail bei Burgen, auf das man ungern verzichtete. So findet man bei den meisten Burgen, die so weit erhalten sind, seitlich neben dem Tor die typischen Löcher oder Schlitze für Ketten oder Seile, an denen die Zugbrücke hochgezogen werden konnte. Es gab auch Wippbrücken, vergleichbar holländischen Brücken über Grachten; sie waren jedoch außerordentlich selten. Die Vorrichtung der Zugbrücke wurde bei Abb. 21 bereits besprochen Die Zugbrücke isolierte eine Burg im Ernstfall vom Umland und sperrte zugleich deren Bewohner ein, jedenfalls für die Zeit der Bedrohung von außen.

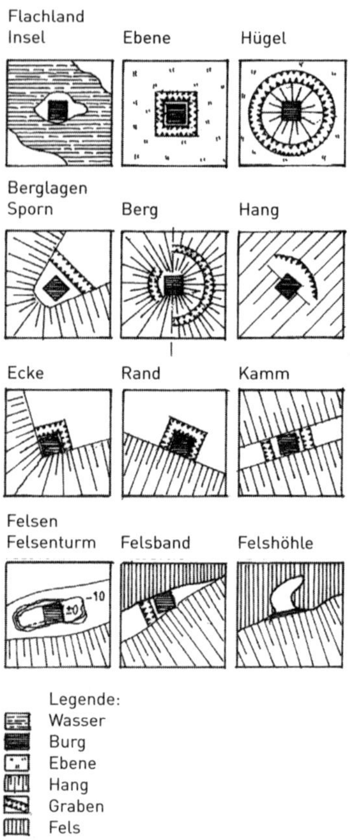

Abb. 33 Burggräben in verschiedenen Lagen

Burgen ohne Zugbrücke

Es gibt Burgen, bei denen man nach Resten von Kettenlöchern vergeblich sucht. Ein gut erhaltenes Beispiel hierfür ist die *Wäscherburg*, eine kleine regelmäßige Burg aus der Zeit der Staufer im Kreis Göppingen in Baden-Württemberg, die offenbar nie Kettenlöcher, also auch keine Zugbrücke besessen hat. Diese wunderschöne Burg wurde auf der Angriffseite durch eine Schildmauer geschützt. Das Tor lag auf der Rückseite, der Zugang dorthin entlang der Burgmauer war so schmal, daß man ihn gut verteidigen konnte. (Abb. 42, S. 36)

Eine ähnliche Situation gab es bei der *Steinerburg* aus dem frühen 13. Jahrhundert in Steinach im Kanton St. Gallen. (Abb. 34) Auch bei der *Auersburg* in Hilders im Kreis Fulda habe ich keinerlei Anzeichen für eine Zugbrücke entdecken können. Ihre Lage ist den beiden anderen vergleichbar.

Fand der Zugang zum Tor auf engem Weg zwischen Ringmauer und Abhang statt, wäre eine Zugbrücke eher hinderlich gewesen, denn man hätte unter der Zugvorrichtung hindurchgehen oder -fahren müssen. Auf Abb. 35 kann man diese Situation bei der Burg *Ebenrieth* im Kreis Roth in Mittelfranken erkennen. Das gleiche gilt für einen engen Durchgang zwischen Ringmauer und äußerer Mauer eines Torzwingers. Nicht selten gibt es dann vor dem äußeren Tor des Torzwingers einen Graben mit Zugbrücke.

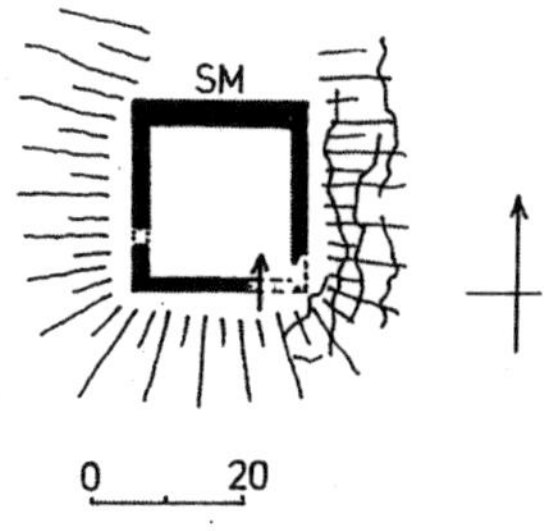

Abb. 34 Zugbrücke unnötig: Steinerburg

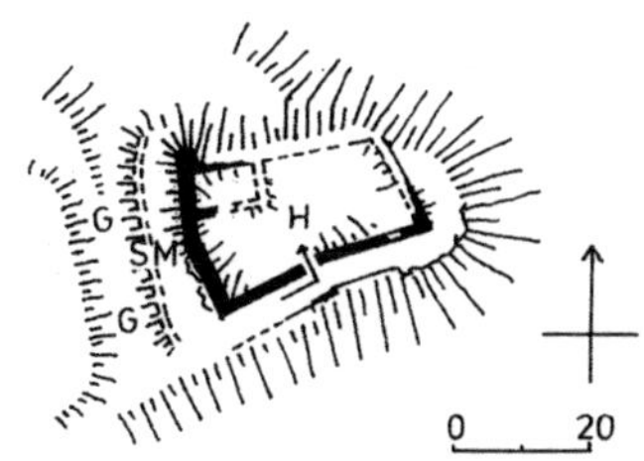

Abb. 35 Zugbrücke unmöglich: Ebenried

Schildmauer

Dieser Begriff steht für eine besonders starke Mauer, die als Teil der Ringmauer, aber wesentlich höher als diese, die Burg auf einer von Angriffen besonders stark bedrohten Seite schützt. Sie wirkt also wie ein Schutzschild, daher der Name.

Schildmauern habe ich bei rund 263 Grundrissen deutscher Burgen gefunden, den Nachtrag in der 3. Auflage meines »Grundrißlexikons« eingeschlossen. Das entspricht knapp 7 Prozent aller relevanten Burgen. Auffallend ist, daß mehr als die Hälfte aller Burgen mit Schildmauern im Südwesten des mittelalterlichen Reiches lagen, der Pfalz, dem Elsaß, Südhessen, Baden-Württemberg und der Nordschweiz. Eine Erklärung für diese Tatsache habe ich nicht finden können.

Schildmauern waren bis zu 5 m stark, wie bei der Ruine *Blankenberg* im Rhein-Sieg-Kreis, die um 1180 erbaut wurde, und maximal 29 m hoch, wie in der Burg *Berneck* im Kreis Calw in Baden-Württemberg, die als einziger Rest der einstigen Burg in imponierender Höhe erhalten geblieben ist. Sie entstand etwa 1225.

Die übliche Stärke der Schildmauern lag unter 3 m, die Höhe zwischen 12 und 18 m. Höhen über 20 m sind seltene Ausnahmen. Auf der Abb. 36

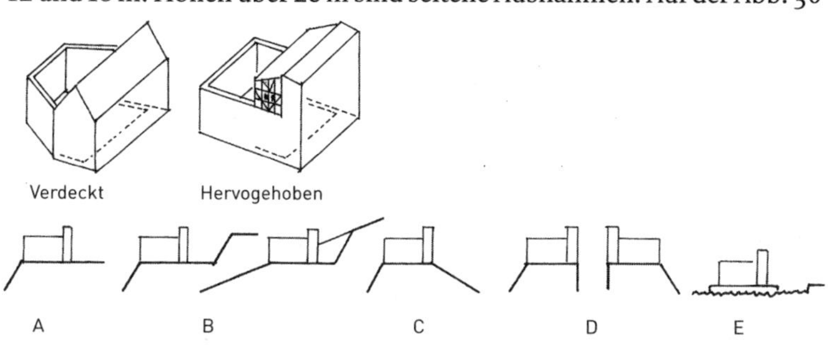

Abb. 36 Erläuterung der Schildmauer und ihrer Anwendung

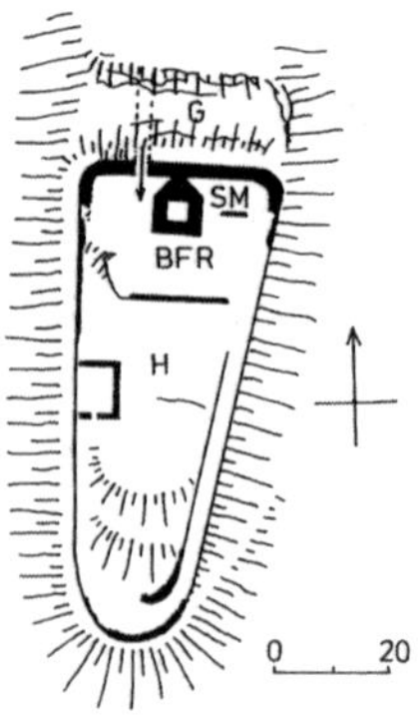

Abb. 37 Spornlage: Schloßeck

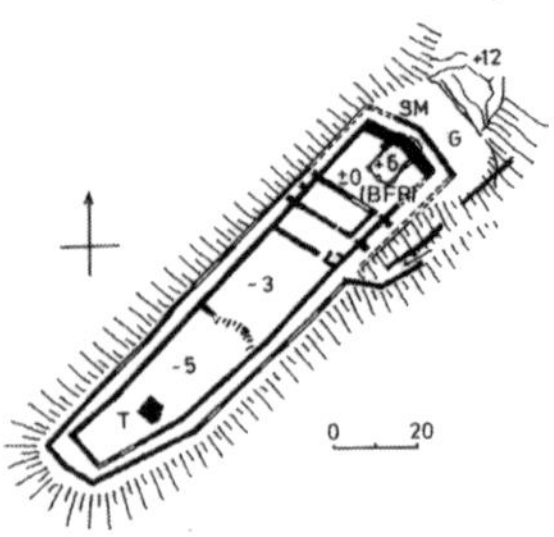

Abb. 38 Überhöhte Spornlage: Wolfsburg

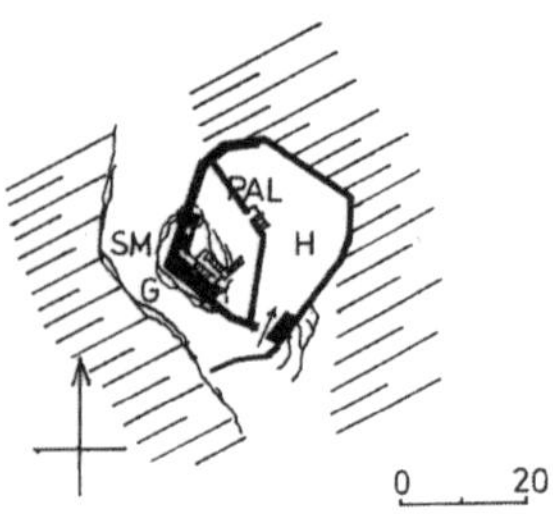

Abb. 39 Hanglage: Schadeck

habe ich die Schildmauer und ihre Einsatzmöglichkeiten sehr vereinfacht dargestellt. Alle hier gezeigten Situationen kommen tatsächlich vor, freilich unterschiedlich oft.

Eine Schildmauer bot, wie man auf den Figuren A–E erkennen kann, verstärkten Schutz in besonders gefährdeten Lagen. In den meisten Burgen, die an einer Seite verstärkte Ringmauern besitzen, darf man, auch wenn dies im heutigen Bestand nicht mehr zu erkennen ist, mit einiger Sicherheit vermuten, daß die Schildmauer wesentlich höher gebaut war als die übrige Ringmauer der betreffenden Burg. Es hat aber wohl auch tatsächlich versteckte Schildmauern gegeben, die nicht oder nur unwesentlich höher waren als die übrigen Ringmauern der betreffenden Burg.

Eine Schildmauer wurde üblicherweise zum Schutz der Kernburg gebaut, doch gibt es auch Vorburgen, in denen man Schildmauern findet. Mir sind freilich nur zehn bekannt. Schildmauern am Zwinger habe ich nur insgesamt viermal gefunden. Für drei verschiedene, aber sehr häufige Lagen von Schildmauern sollen einige Beispiele als Grundriß gezeigt werden: Ruine *Schloßeck* bei Bad Dürkheim in Rheinland-Pfalz wurde Ende des 12. Jahrhunderts begonnen. Die Schildmauer ist hier mit einem Bergfried kombiniert, dessen Spitze gegen die Schildmauer weist. Ruine *Wolfsburg* liegt im Kreis Neustadt/Weinstraße ebenfalls in der Pfalz. Die Schildmauer stammt wohl aus dem 13. Jahrhundert. Ruine *Schadeck* steht in Neckarsteinach im hessischen Kreis Bergstraße. Sie wurde im 2. Viertel des 13. Jahrhunderts erbaut. Ihre Schildmauer weist stumpfwinklig gegen die Angriffsseite. (Abb. 37–39)

Schildmauern treten bei den Burgen des deutschen Mittelalters in sehr unterschiedlichen Formen und Kombinationen auf, nämlich geraden, winkligen und ovalen Formen sowie den Kombinationen mit dem Burgtor oder mit einem Turm, wie sie auf Abb. 40 vereinfacht dargestellt worden sind.

Ein Drittel aller Schildmauern besitzt eine gerade Form und ist weder mit dem Tor noch einem Turm kombiniert. Ein weiteres Drittel ist mit einem Turm kombiniert, in aller Regel dem Bergfried. Tore findet man nur in einem Viertel aller Beispiele. Man kann sagen, daß Schildmauern

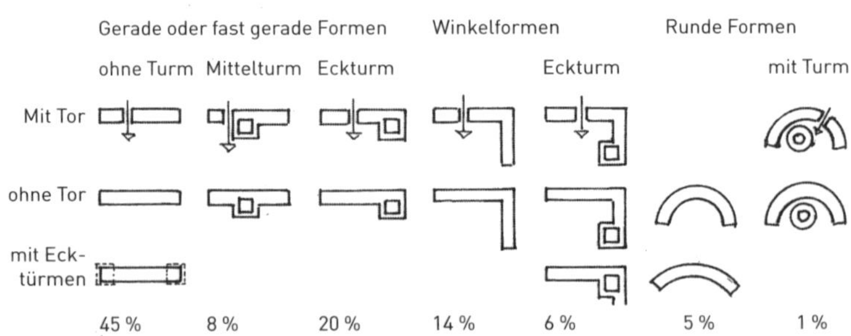

Abb. 40 Verschiedene Formen und Kombinationen von Schildmauern

ohne Tore bevorzugt wurden. Das macht durchaus Sinn, denn die Schildmauer war ein starker Schutz, der durch eine Schwachstelle, die das Burgtor allemal bildete, unnötig beeinträchtigt wurde. Einige weitere Kombinationen oder Formen kommen extrem selten vor.
Zu erwähnen wäre noch, daß einige erhaltene Schildmauern verschiedene Einrichtungen zeigen, die in der Mauerstärke oder überwiegend in dieser untergebracht sind, wie zum Beispiel Kammern für die Bemannung von Schießscharten, die einst nur vom Burghof über Leitern oder von innen durch eine Wendeltreppe erreichbar waren, ferner Gänge zum Erreichen der Scharten oder eine Treppe innerhalb des Mauerwerks, die durch einen Hocheingang zu erreichen war und auf den Wehrgang führte, dem obersten Abschluß einer Mauer. Einige dieser Lösungen sind auf Abb. 41 zu sehen, auf der die Angriffsseite immer links dargestellt ist.

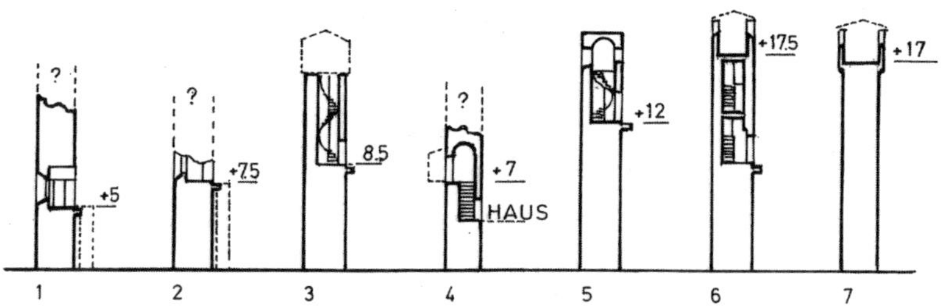

Abb. 41 Schildmauern mit Kammern, Hocheingängen und Wehrgängen, Querschnitte

Alexander Antonow hat in seiner Dissertation über »Burgen des südwestdeutschen Raumes im 13. und 14. Jahrhundert« Burgen mit Schildmauern behandelt. Einige dieser Schildmauern habe ich hier vereinfacht im Schnitt dargestellt.

1. Ruine *Lichtenfels* in Dornhan im Kreis Rottweil, Baden-Württemberg. In dieser nach 1250 entstandenen Mauer findet man zwei ungewöhnlich niedrig liegende Kammern mit je einer Schießscharte, die von außen zugänglich und durch einen engen Gang miteinander verbunden waren.
2. Ruine *Kräheneck* in Pforzheim, Baden-Württemberg. Hier sind in der zweimal leicht geknickten Schildmauer vom Ende des 13. Jahrhunderts zwei Kammern mit je einer Schießscharte zu finden, von denen eine über eine enge Wendeltreppe, die andere über eine Außenleiter zugänglich war.
3. Ruine *Liebenzell* in Bad Liebenzell im Kreis Calw, Baden-Württemberg. Von einem hochliegenden Eingang führte eine Wendeltreppe in der Schildmauer aus der Zeit um 1225 auf den heute nicht mehr vorhandenen hölzernen Wehrgang.
4. Ruine *Lichteneck* in Ingelfingen im Hohenlohekreis, Baden-Württemberg. Hier ist die Schildmauer aus der Mitte des 13. Jahrhunderts

durch eine Tür aus einem anliegenden Haus zu erreichen. Ein Ausgang in etwa 7 m Höhe führte auf einen nicht mehr vorhandenen Wehrerker aus Holz.

5. Burg *Amlishagen* in Gerabronn im Kreis Schwäbisch Hall, Baden-Württemberg. Die Schildmauer aus der 2. Hälfte des 13. Jahrhunderts besaß einen hochliegenden, durch eine hölzerne Außenleiter zugänglichen Eingang, von dem eine Wendeltreppe auf den steinernen Wehrgang führte.
6. Ruine *Stolzeneck* in Schönbrunn im Rhein-Neckar-Kreis, Baden-Württemberg. Der Wehrgang auf der Schildmauer vom 1. Viertel des 13. Jahrhunderts ist im 19. Jahrhundert wiederhergestellt worden, der Hocheingang mit der anschließenden zweiläufigen Treppe ist jedoch noch original.
7. Ruine *Freienstein* in Beerfelden im hessischen Odenwald-Kreis entstand wohl erst am Beginn des 14. Jahrhunderts. Der Wehrgang war nur über Leitern erreichbar.

Es gab aber eine viel größere Anzahl von Schildmauern, die nicht über derartige Extras verfügten. Mehrere Schildmauern an einer Burg sind extrem selten. Ich kenne nur wenige Beispiele, bei denen das der Fall gewesen ist. Auf der 1231 begonnenen Burg *Aggstein* im Bezirk Melk/Niederösterreich erkennt man vier von ihnen, jeweils am Eingang zum nächsten der vier Abschnitte, nämlich zur Oberburg, zur Unterburg und zu den zwei Vorburgen. Sie sind nicht gleichzeitig, sondern nacheinander entstanden. Drei Schildmauern findet man bei der *Madenburg* im Kreis Landau-Bergzabern in der Pfalz, die bereits im 11. Jahrhundert begonnen wurde, deren erste Schildmauer aber frühestens im 13. Jahrhundert angelegt wurde, und zwei schließlich bei der Ruine *Bogeneck* im württembergischen Kreis Rottweil, die auf beiden Seiten der aus dem 13. Jahrhundert stammenden Kernburg eine Schildmauer besaß.

Herrenhaus (Palas)

Die eigentliche Hauptfunktion einer Burg war die Unterbringung eines oder mehrerer Ritter mit deren Familien und ihrem Personal. Daher besitzt oder besaß jede Burg mindestens ein Wohngebäude, in vielen Fällen stattdessen aber auch nur einen Wohnturm, der die gleiche Aufgabe erfüllte. (Hierzu siehe Band 2 »Wohntürme«.)

Erst die Ringmauer und das Wohngebäude machen die kleinste Burg komplett. Die kleine Burg *Wäscherburg* im schwäbischen Kreis Göppingen bestand lediglich aus einem Wohngebäude, der durch eine Schildmauer verstärkten Ringmauer und einem Burghof. Sie wurde in der 1. Hälfte des 13. Jahrhunderts erbaut und blieb das ganze Mittelalter hindurch eine Kleinburg, die später eine ebenfalls kleine Vorburg erhielt, von der jedoch nur noch einige Umrisse erkennbar sind. (Abb. 42)

Abb. 42 Wäscherburg

Eigentlich müßte die Überschrift dieses Kapitels nicht Herrenhaus, sondern *Palas* heißen, denn so wird in der Burgenkunde das wichtigste Wohnhaus auf einer Burg allgemein genannt. Es ist vom lateinischen *palatium* abgeleitet, womit man einen herrschaftlichen Wohnsitz bezeichnete, seit sich Kaiser Augustus in Rom auf dem Hügel Palatin seinen Palast erbaute. Doch viele Wohngebäude auf vergleichsweise bescheidenen Burgen verdienten eine derartige Bezeichnung überhaupt nicht, sie waren besonders in den Anfangszeiten des Burgenbaues wenig komfortabel und sind es nach unseren heutigen Vorstellungen während der gesamten Burgenzeit eigentlich nie gewesen. Die Lebensansprüche des Mittelalters darf man jedoch mit den unseren nicht vergleichen. Die Burgenromantik des 19. Jahrhunderts hat das Leben auf Burgen oft geschönt dargestellt und idealisiert, wir neigen heute zu Vergleichen mit unseren Ansprüchen, was beides gleich falsch ist.

Da es auf vielen Burgen mehr als nur ein Wohngebäude gab, hat sich die Bezeichnung Palas für das Hauptwohngebäude aber durchgesetzt und wird allgemein benutzt, auch in den von mir gezeichneten Grundrissen in diesem Buch, wobei die Abkürzungen PAL oder P verwendet werden.

Auf mehr als der Hälfte aller Burgen mit einem erkennbaren Grundriß ist ein Palas nicht mehr auszumachen,

1. weil es nur einen Wohnturm, aber keinen Palas gibt,
2. weil überhaupt keine Gebäude mehr vorhanden sind,
3. weil sich Gebäudereste nicht mehr klassifizieren lassen oder
4. weil aus vielen erhaltenen respektive erneuerten Gebäuden der Palas nicht mehr herauszufinden ist.

Daher eignet sich nur ein Teil der von mir untersuchten Grundrisse von Burgen für Aussagen über die Wohngebäude.

Die Grundform des Palas ist in aller Regel rechteckig, fast zwei Drittel von ihnen weisen diese Form auf. Andere Formen entstanden wohl vor allem dadurch, daß man den Palas an die vom Gelände diktierte Form der Burg angepaßt hat, sie scheinen nicht beabsichtigt gewesen zu sein. Man findet deutliche Abweichungen vom Rechteck jedenfalls selten.

Die Grundfläche hing weitgehend vom Rang des Bauherrn in der feudalen Hierarchie ab. Grob vereinfacht darf man sagen: Je bedeutender ein Burgherr, desto größer war die Grundfläche des Palas. Denn je höher der Rang des Burgherrn, um so mehr Menschen gingen bei ihm ein und aus. Große Lehnsherren bewirteten häufig ihre Vasallen, die dann auch unter Umständen übernachteten oder zeitweilig auf der Burg wohnten. Umgekehrt darf man feststellen: Je kleiner der Palas, um so niedriger war vermutlich die Position des Burgherrn im Lehnsgeflecht. So wundert es sicher keinen, daß Grundflächen von Palasgebäuden von unter 50 m^2 bis zu weit über 300 m^2 in einem Stockwerk zu finden sind.

Mit einiger Sicherheit wird kein Palas eingeschossig gewesen sein, andererseits wird er jedoch selten mehr als drei Stockwerke besessen haben. Dafür sprechen die unzerstört vorhandenen Gebäude und viele gut erhaltene Ruinen. Das bedeutet Geschoßflächen von insgesamt knapp über 120 m^2 bis zu 900 m^2, also nicht unerhebliche Größen.

Zwei Stockwerke waren eigentlich zwingend erforderlich, denn analog zu den Pfalzen, später Burgen des Hochadels und des hohen Klerus, mußte der Saal, also der große Wohnraum oder die Wohnhalle, wenig zutreffend auch als Rittersaal bezeichnet, im ersten Obergeschoß liegen, wie man das von Steinbauten des frühen Mittelalters auf Herrensitzen oder Klöstern kennt.

Die *Beletage* oder der italienische *primo piano* späterer Zeiten hatten hier vermutlich ihren Ursprung. Vorbilder waren wahrscheinlich Königshallen, wie die in *Oviedo* in der spanischen Provinz Leon oder die Torhalle im Kloster *Lorch* bei Bensheim an der hessischen Bergstraße. In beiden genannten und anderen Fällen liegt die Halle, in der ein Fürst oder Abt Hof hielt, im ersten Obergeschoß und ist außen über eine herrschaftliche Treppe zu erreichen. Auch in deutschen Pfalzen wie *Goslar* kann man diese Anordnung finden. Die staufische Pfalzburg *Gelnhausen* und viele andere Burgen zeigen dieses Schema ebenfalls.

Ein großer Saal oder mindestens eine große Stube war für die Hofhaltung eines bedeutenden Lehnsherrn oder das ritterliche Leben eines Lehnsmannes unverzichtbar und daher vermutlich der Maßstab für die notwendige Breite des Herrenhauses, die zwischen 5 und 10 m Breite variiert. Größere oder kleine Breiten kommen extrem selten vor.

Zu Lage des Palas in der Burg kann man sagen, daß eigentlich nur drei Möglichkeiten in Frage kommen, die man auf Abb. 43–45 erkennen kann.

a. Der Palas liegt in einer Ecke der Burg (38 Prozent), wie in *Rapperswil* im Kanton St. Gallen. Die Burg wurde in der extrem seltenen dreieckigen Form erst nach 1350 erbaut.
b. Der Palas liegt parallel zu einer Seite (44 Prozent), wie bei der Kernburg der *Iburg* in Baden-Baden. Sie stammt vom Ende des 12. Jahrhunderts.
c. Der Palas nimmt eine ganze Seite ein (18 Prozent). Die zum Schloß umgebaute Burg *Gottlieben* im Kanton Thurgau wurde 1251 erbaut und zeigt auch als Schloß noch ihren einstigen wehrhaften Charakter.

Einige ausgefallene Lagen von Herrenhäusern innerhalb von Burgen haben wegen ihrer großen Seltenheit keine Bedeutung und sind darum hier nicht durch Grundrisse ausgewiesen. Auf Herrenhäusern bestand keineswegs selten das oberste Geschoß aus Fachwerk, das natürlich wesentlich preiswerter zu haben war als eines aus Stein. Vermutlich war ein solches Stockwerk zum Wohnen sogar besser geeignet und ließ sich leichter heizen als die von Natur aus kalten und wohl auch immer etwas

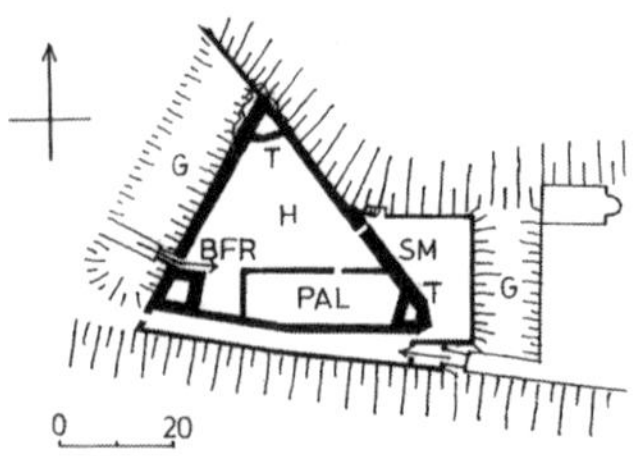

a. Abb. 43 Rapperswil

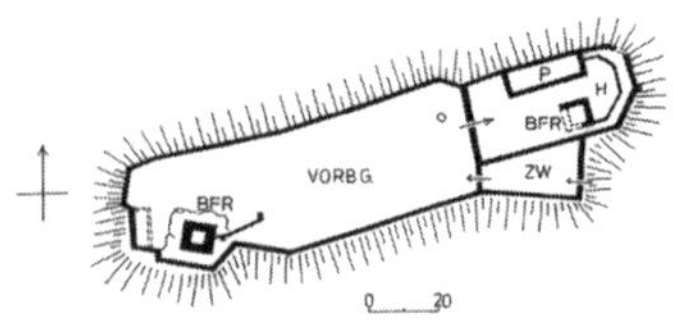

b. Abb. 44 Iburg in Baden-Baden

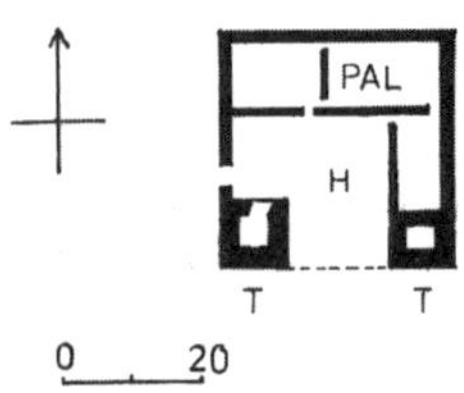

c. Abb. 45 Gottlieben

feuchten steinernen Stockwerke. Es gibt genügend Hinweise darauf, daß es Fachwerkgeschosse auf Herrenhäusern von Burgen gegeben haben muß. Auf Burgen mit repräsentativem Anspruch waren jedoch mit ziemlicher Sicherheit alle Stockwerke des Palas aus Stein, wie etwa auf der staufischen Burg *Münzenberg* in der Wetterau.

Fenster

Bei gut erhaltenen Ruinen und noch intakten Burgen erkennt man den Palas leicht an den Fenstern, die anspruchsvoller sind als an anderen Gebäuden. Man muß dabei unterscheiden zwischen Fenstern für den ausschließlichen Sommerbetrieb und solchen, die ganzjährig genutzte Räume belichteten und recht klein waren.

Fenster für den ganzjährigen Betrieb mußten verschließbar sein. Das geschah in der Regel durch innen angebrachte hölzerne Fensterläden, die nur eine winzige Luke offen ließen, wenn sie geschlossen waren. Verschließbare Fenster durften nicht zu groß sein, weil sonst der Winddruck den Holzladen trotz guter Befestigung aufgedrückt und kalte Luft hereingelassen hätte. Fensterläden dieser Art, wenn auch nicht aus der Ursprungszeit, findet man auf der gut erhaltenen sächsischen Burg *Gnandstein* im Kreis Geithain in Sachsen.

Auf Abb. 46 habe ich versucht, ein typisches Fenster zu einem Wohnraum in einer Burg vereinfacht, aber verständlich darzustellen. Zu sehen ist ein gekoppeltes Doppelfenster, das wie die meisten Fenster in Burgen wegen der Mauerstärke in einer Nische liegt und mit hölzernen Fensterläden verschließbar ist. Die meist hochliegenden Fensternischen wurden gern mit Steinbänken in der Laibung ausgestattet, auf denen man sitzen konnte.

In der kalten Jahreszeit wurden die Läden hermetisch verschlossen. Licht kam dann nur noch durch die mit geöltem Pergament bespannten winzigen Löcher in den Läden. Man darf annehmen, daß die so »belichteten« Räume im Winter immer ziemlich dunkel waren. Lüften konnte man, indem man die Fensterläden kurzfristig öffnete. Dann war freilich die so mühsam erzeugte Wärme schnell verschwunden. Die Ver-

Abb. 46 Wohnraumfenster einer Burg

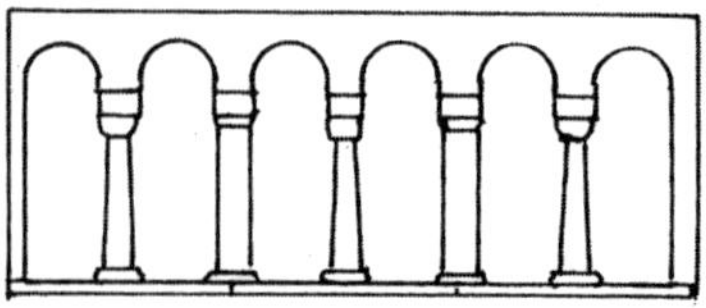

Abb. 47 Fenstergruppe

mutung, daß es in den Wohnräumen einer Burg nahezu immer miefig gewesen ist, liegt nahe.

An vielen Palas-Gebäuden fallen große Fenstergruppen auf, die sich im Winter faktisch nicht verschließen ließen. Tatsächlich waren die hinter derartigen Fenstern liegenden Räume nicht beheizbar und nur für die Sommernutzung gedacht.

Ich habe in Abb. 47 eine solche Fenstergruppe in simpler Form dargestellt. Prächtige Fenstergruppen dieser Art findet man an nahezu allen bedeutenden Burgen wie zum Beispiel bei der Kaiserpfalz *Wimpfen* im Kreis Heilbronn und der *Ulrichsburg* bei Ribeauvillé im Elsaß oder der Kaiserpfalz in *Eger*, jetzt Cheb in der Tschechischen Republik. Gruppen dieser Art deuten unübersehbar den Rang des Bauherrn an.

Abb. 48 Fenstergruppe auf der Ulrichsburg

Die großen und schön gestalteten Fenstergruppen zeigen dem heutigen Betrachter, daß höfisches Leben und Kommunikation offenbar nur in den warmen Monaten stattfanden. Im Winter hausten auch reiche Fürsten in dunklen, ungelüfteten und schlecht geheizten Räumen. Selbst wenn man annimmt, daß die Menschen des Mittelalters abgehärtet waren, ist nicht zu vermuten, daß im Winter die offenen Säle, die ja Loggien glichen, überhaupt benutzt wurden. Vermutlich fror das Leben auf den Burgen im Mittelalter im Winter förmlich ein; man lebte dort quasi auf Sparflamme. Über das Leben auf der Burg kann man weitere Informationen im Kapitel »Wohnen in der Burg« finden.

Burghof

Pferdegetrappel und Hufescharren vor dem ritterlichen Aufbruch zur Jagd sind vermutlich die gängigen Vorstellungen über den Burghof aus der Burgenromantik eines Wilhelm Hauff oder Adalbert von Chamisso. Jedoch sind diese nicht sehr zutreffend. Viele Höfe waren für Pferde gar nicht erreichbar, und die allermeisten von ihnen sind wohl mindestens anfangs nicht gepflastert gewesen.

Jede Burg, die von einer Ringmauer umgeben war, besaß im Prinzip auch einen Burghof, eigentlich zwangsläufig, weil zwischen dem Gebäude und der Ringmauer Fläche frei bleiben mußte. Die meisten Burghöfe sind vermutlich eher zufällig entstanden als bewußt geplant worden. Burgen ohne Burghof waren Kleinburgen, die nur aus Bergfried beziehungsweise Wohnturm und Palas bestanden, oder Turmburgen, bei denen zwischen dem Wohnturm und der Ringmauer lediglich eine schmale Fläche, aber kein Hof übrig blieb. Die schöne Burg *Liebenstein* im Kreis Arnstadt in Thüringen wurde um 1300 ohne Hof gebaut. Die Turmburg *Konzenberg-Vorwerk* in Tuttlingen wurde kurz nach 1200 erbaut und besitzt als typische Turmburg um den Wohnturm herum eine Art von Gang, den man beim besten Willen nicht als Hof bezeichnen kann; es ist eher so etwas wie ein enger Zwinger. (Abb. 49 und 50)

Burghöfe waren häufig recht klein, ganz anders als sich ein Laie das vielleicht vorstellen mag. Der Hof der *Brömserburg* in Rüdesheim im Rheingau, die aus dem 11. Jahrhundert stammt und eine der ältesten Burgen in Deutschland ist, wirkt, wie man auf Abb. 51 deutlich sehen kann, winzig. In seiner Mitte steht, wie im Märchen, der Brunnen. Der enge Zugang zu diesem Hof erfolgt über eine Treppe, Pferde konnten den Hof also nicht erreichen.

Bei rund 40 Prozent der relevanten Grundrisse ist ein Burghof nicht mehr erkennbar. Es gibt sehr viele verschiedene Figurationen, von denen man in den seltensten Fällen weiß, ob sie so auch beabsichtigt waren, weil Burgen eher in Bauetappen als in einem Stück entstanden. Bei großen *Dynastenburgen* gab es bereits von Anfang an einen geräumigen Hof, wie bei der Burg *Wildenberg* bei Amorbach im Odenwald, die um 1200 als komplette Anlage erbaut worden ist. Der Burghof war so groß, daß man ihn nachträglich in drei Höfe unterteilen konnte, nämlich über 2000 m². (Abb. 52)

Burghöfe dieser Größe in einer Kernburg signalisieren meist, daß diese Burg bei ihrer Gründung von Bedeutung gewesen ist. Das gilt zum Beispiel für die Burgen *Abenberg* im bayrischen Kreis Roth mit 2700 m², die *Harburg* im Donau-Ries-Kreis, ebenfalls in Bayern, mit circa 4800 m², *Eckartsberga* im Kreis Naumburg in Sachsen-Anhalt mit »nur« rund 1000 m² und *Starhemberg* im Bezirk Wiener-Neustadt mit circa 2100 m², um nur einige Beispiele zu nennen. Die rund 100 m² in der *Brömserburg* wirken dagegen winzig. Etwa 40 Prozent der von mir untersuchten Burgen lassen keinen Burghof mehr erkennen oder besaßen überhaupt keinen.

Burghöfe in Kernburgen kommen in sehr verschiedenen Konfigurationen vor, von denen ich einige an Beispielen zeigen möchte:

1. Burghof im Zentrum (20 Prozent) wie in *Alt Schönfels* im sächsischen Kreis Zwickau, die zwar durch König Heinrich I. gegründet wurde, als Burg aber wohl doch erst um 1200 entstanden ist. (Abb. 53) Diese Lage des Hofes ist am häufigsten. Ähnlich ist sie etwa auf *Hanstein* im Kreis Heiligenstadt in Thüringen, in der *Rochsburg* im Kreis Rochlitz in Sachsen und in *Büdingen* im hessischen Wetteraukreis.

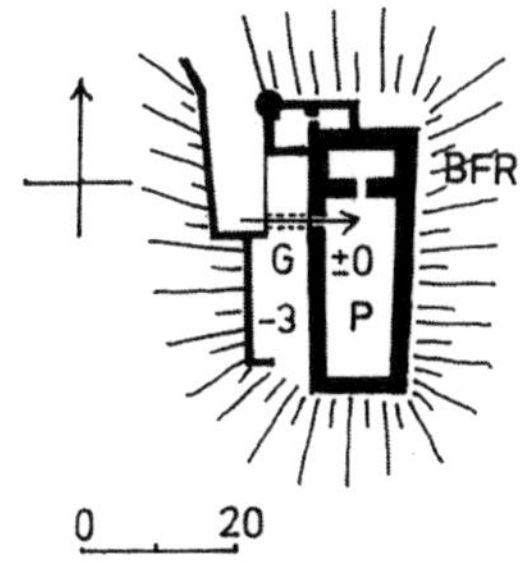

Abb. 49 Kleinburg: Liebenstein

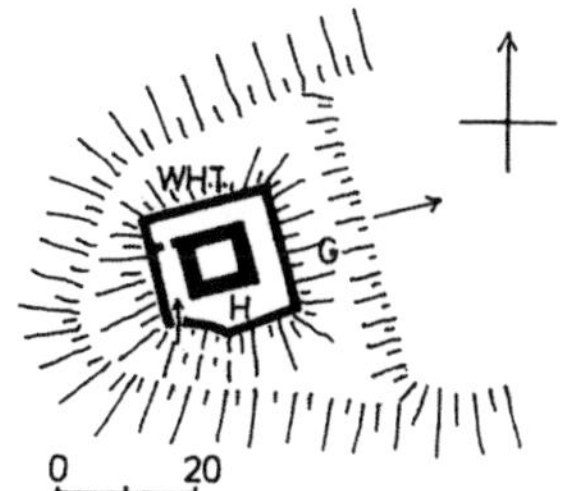

Abb. 50 Turmburg: Konzenberg

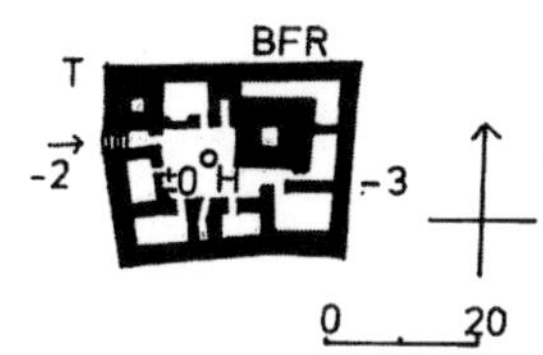

Abb. 51 Brömserburg

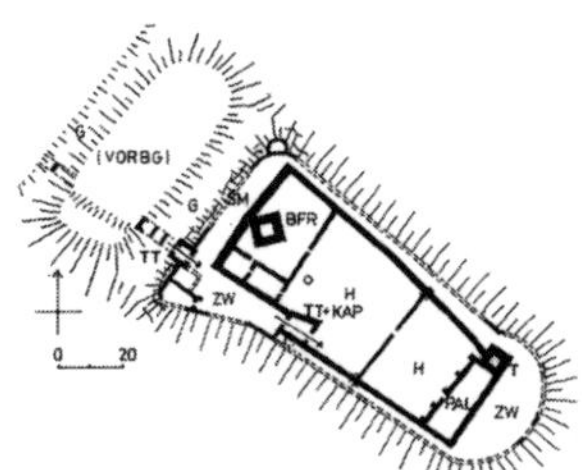

Abb. 52 Wildenberg im Odenwald

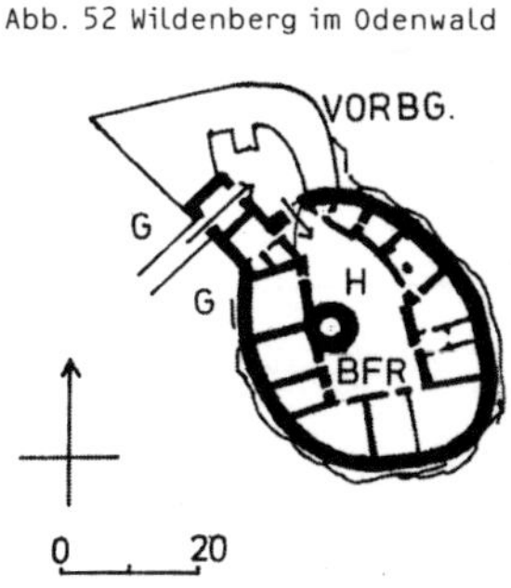

Abb. 53 Alt Schönfels

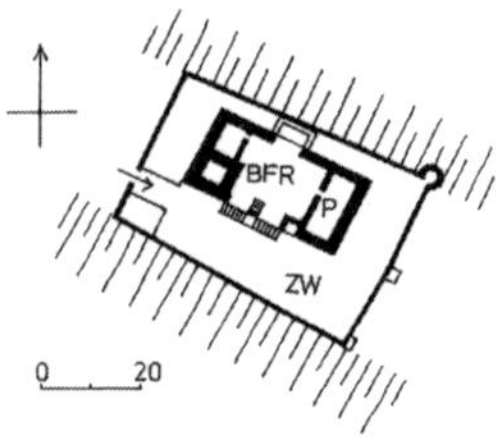

Abb. 54 Neckarsteinach

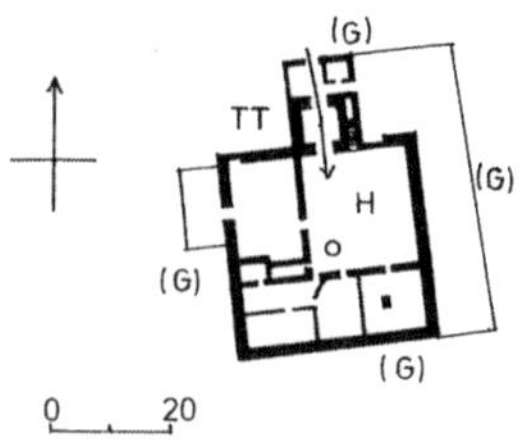

Abb. 55 Grohnde

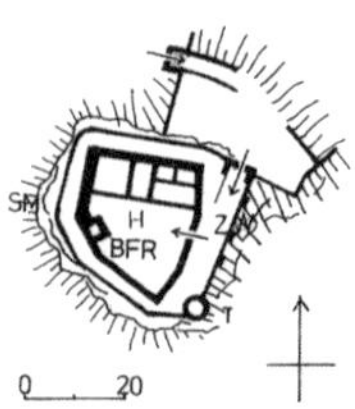

Abb. 56 Neidenstein

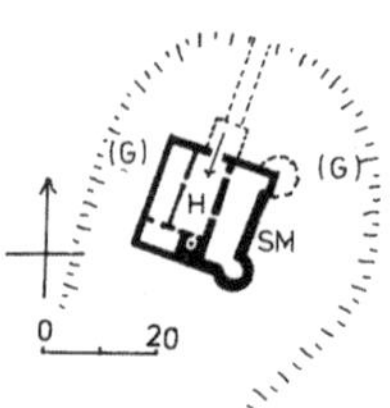

Abb. 57 Binningen

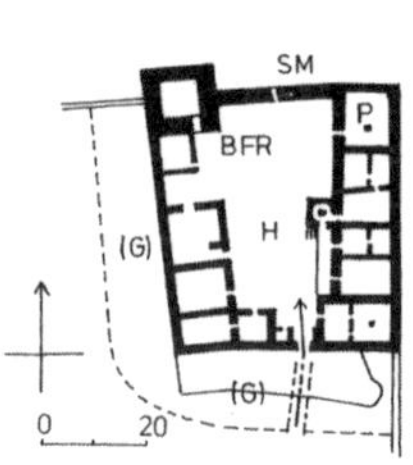

Abb. 58 Grimma

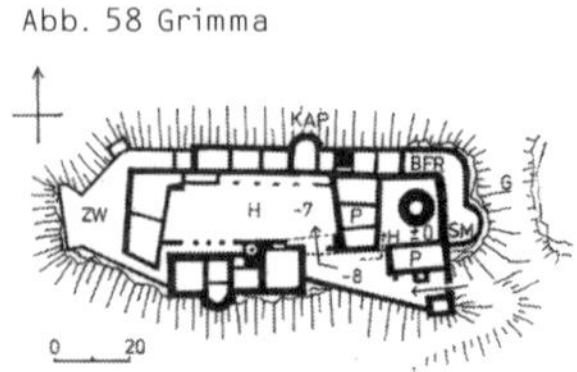

Abb. 59 Burg Gnandstein

2. Burghof zwischen zwei Burgteilen (19 Prozent) wie bei der Mittelburg *Neckarsteinach*, die nach 1160 errichtet wurde. (Abb. 54) Eine ähnliche Situation liegt in *Bornsdorf* im Kreis Luckau in Brandenburg und der Burg *Gießen* in Hessen vor.

3. Burghof in einer Ecke (17 Prozent) wie bei der Burg *Grohnde* im Kreis Hameln-Pyrmont, die um 1300 erbaut worden ist. (Abb. 55) Hier liegt der Hof deutlich in einer Ecke der quadratischen Burg. Ähnliche Lagen finden sich in *Freienstein* im hessischen Kreis Erbach und in *Schauenstein* im bayrischen Kreis Hof.

4. Burghof einseitig (16 Prozent) wie bei *Neidenstein* im badischen Rhein-Neckar-Kreis, die um 1335 urkundlich genannt wird. (Abb. 56) Eine ähnliche Situation gibt es bei der Ruine *Stein* im Kreis Karlsruhe und bei *Liebenzell* im württembergischen Kreis Calw.

5. Burghof als »Gasse« (10 Prozent) wie bei der Wasserburg *Binningen* im Baseler Bezirk Arlesheim, die wohl in der 2. Hälfte des 13. Jahrhunderts entstanden ist. (Abb. 57) Die Gebäude sind 1963 renoviert worden und dienen heute als Gaststätte. Eine vergleichbare Situation findet man bei der Burg *Greifenstein* im Lahn-Dill-Kreis und bei der Burg *Steinhart* im bayrischen Donau-Ries-Kreis.

6. Burghof dreiseitig umbaut (9 Prozent) wie die Burg *Grimma* in Sachsen, die um 1200 erbaut wurde. (Abb. 58) Vergleichbare Grundrisse weisen die Kernburg in *Freiberg* im Kärntner Bezirk St. Veit und *Oberhöflein* im Bezirk Horn in Niederösterreich auf.

Heute läßt sich von vielen Burgen der Urzustand nicht mehr rekonstruieren. Es ist also keineswegs immer klar, daß ein Grundriß, wie er sich heute zeigt, den anfänglichen Stand darstellt.

Bei einer nennenswerten Zahl von Burgen sind die Höfe durch eingestellte Bergfriede eingeengt, wie man an der aus dem 12. Jahrhundert stammenden Kernburg der Burg *Gnandstein* im sächsischen Kreis Geithain recht gut erkennen kann. (Abb. 59) Solche in den Hof hineingestellten Bergfriede kann man bei rund 20 Prozent aller Burgen mit einem Bergfried finden.

Burghöfe besaßen ganz unterschiedliche Dimensionen. Als simple Regel kann gelten: kleine, unbedeutende Burg = kleiner Hof, große, bedeutende Burg = großer Hof, auf dem unter Umständen sogar ein Turnier abgehalten werden konnte. Burghöfe spielten im Alltag eine nicht unwichtige Rolle als Abstellfläche, als Auslauf für das Kleinvieh, als Verbindung zwischen den einzelnen Gebäuden der Burg oder, falls es die nicht gab, zum Burgtor. Kleinburgen, die nur aus Palas und Bergfried bestanden, besaßen vermutlich wenigstens auf einer Seite eine hölzerne Palisaden-Umzäunung, die so etwas wie einen Hof bildete.

Haupttürme

Diese Überschrift läßt erkennen, daß es auf Burgen verschiedene Arten von Türmen gegeben hat, nämlich wichtige, hier als Haupttürme bezeichnet, und weniger wichtige, die im Kapitel »Türme« abgehandelt werden sollen.
Bei rund 18 Prozent aller Burgen läßt sich nicht mehr feststellen, ob ein Hauptturm jemals vorhanden gewesen ist, weitere 13 Prozent bestehen nur aus Wohnturm oder festem Haus ohne Zubauten. Zusammen sind also 31 Prozent aller Grundrisse in Bezug auf Vorhandensein eines Hauptturmes nicht relevant.

Haupttürme waren der Bergfried und der Wohnturm. Diese Haupttürme spielen im Burgenbau eine wichtige Rolle, weil sie das Gesicht, also das Äußere der Burg, entscheidend bestimmten und weil sie der Schwerpunkt der Verteidigung waren, in vielen Fällen auch die letzte Rückzugsmöglichkeit für Verteidiger einer Burg boten. Dies gilt insbesondere für die Bergfriede. Ein Turm war das Signal für die Burg, er wurde daher auch in der lateinischen Form *turris* nicht selten als Synonym für die ganze Burg benutzt.

Bergfried

Diese Bezeichnung für den wichtigsten Turm einer Burg ist wohl erst im 19. Jahrhundert entstanden, jedenfalls behauptet dies Piper in seiner »Burgenkunde«. Er konstatierte, August von Cohausen habe diesen Begriff erst in die Burgenkunde eingeführt. Jedenfalls hat sich der Name längst durchgesetzt. Der meist hohe Bergfried beherrschte Teile der Burg und der näheren Umgebung und war in den meisten Fällen ein Reduit für die Verteidiger. Wie ernst diese Funktion tatsächlich genommen wurde, sei dahingestellt. Aber den großen baulichen Aufwand für den Bergfried hat man sicherlich nicht nur für ein weit sichtbares Machtsymbol inszeniert, sonst wäre lediglich die große Höhe wichtig gewesen.
Bergfriede überragten die Ringmauer beträchtlich. 14 m dürfte etwa die geringste Höhe gewesen sein, gemessen vom Burghof bis zur *Wehrplattform*, also dem Boden des obersten Geschosses.
Das Innere der Bergfriede war in aller Regel über schmale Scharten kümmerlich beleuchtet. Im Sockel steckte zwar nicht immer, aber oft genug das Verlies, ein mehr als tristes Gefängnis nahezu ohne Tageslicht, zugänglich nur durch ein Loch in der Decke, das den bezeichnenden Namen *Angstloch* trug. In einigen Fällen besaßen Bergfriede in einem, meist dem obersten, Geschoß Heizung und Abtritt für einen längeren Aufenthalt für den Fall, daß bis auf den Turm die restliche Burg bereits in Feindeshand gefallen war. (Abb. 60)

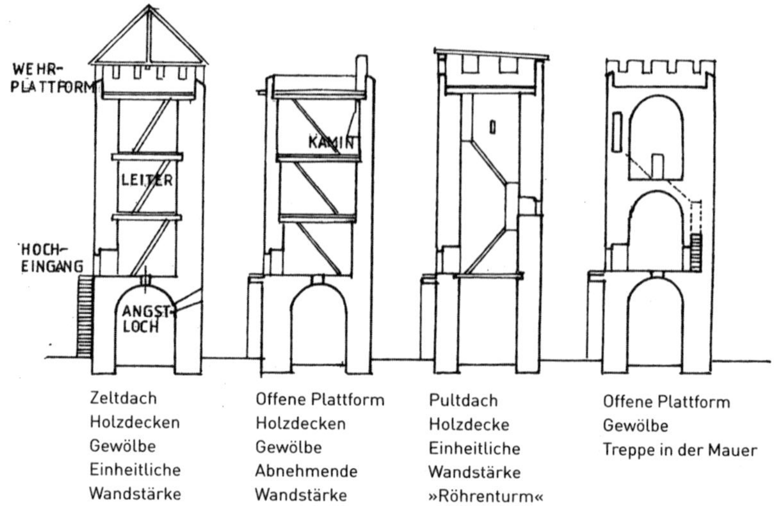

Abb. 60 Variationen zum Thema Bergfried

Für Bergfriede war ein sogenannter *Hocheingang* obligatorisch, also ein Eingang, der nicht zu ebener Erde lag, sondern nur über eine hölzerne Leiter erreichbar war, die man notfalls abwerfen konnte. Die Höhen für diesen Eingang variieren zwischen 5 m als unterster Grenze und 14 m als maximaler Höhe. Der Zugang war selbst in dieser Höhe bei den meisten Bergfrieden noch einmal durch eine Balkensperre gesichert. (Abb. 19)

Abb. 60 zeigt verschiedene Konstruktionen, die man bei Bergfrieden finden kann, in unterschiedlichen Variationen. Die Mehrzahl aller Keller war eingewölbt, aber auch Holzdecken über dem Keller kamen vor. Die meisten Türme waren in Geschosse eingeteilt, die mit Holzdecken versehen waren. In einigen Fällen gab es einen nicht unterteilten *Röhrenturm*. Nur selten findet man in allen Stockwerken gewölbte Decken. Treppen im Mauerwerk findet man nicht oft. Sie waren ohnehin nur möglich, wenn die Mauern eine Stärke von mehr als 1,8 m aufwiesen. Auch für die Dächer gab es, wie man sieht, verschiedene Möglichkeiten. Nicht dargestellt ist in Abb. 60 der sogenannte *Butterfaßturm*, den ich auf Abb. 61 skizziert habe. Diese Türme sind gekennzeichnet durch einen oder zwei zurückgesetzte Geschosse, sie waren also ein Art steiler Stufenpyramide. Der Grund für eine solche Konstruktion kann eigentlich nur die Gewinnung eines oder gar zweier zusätzlicher Wehrgänge gewesen sein.

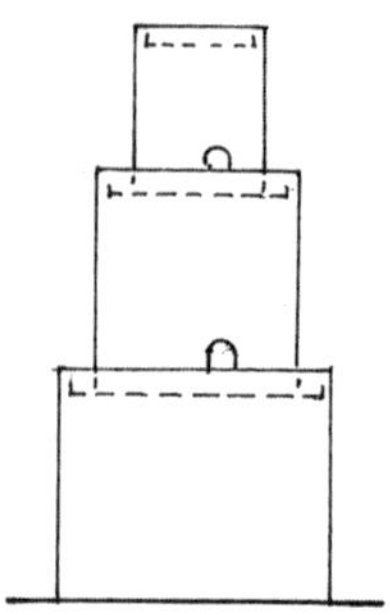

Abb. 61 Butterfaßturm

Zusätzliche Wehrgänge gab es wohl auch oft an der Außenseite von Bergfrieden, wie man an erhaltenen Löchern für Kragbalken noch erkennen kann. (Abb. 62)

Einen Butterfaßturm mit zwei Absätzen findet man bei der Ruine *Freudenberg* im Main-Tauber-Kreis. Einen Absatz besitzt der Bergfried der Burg *Godesburg* in Bonn und der Wohnturm der Burg *Eckartberga* im Kreis Naumburg.

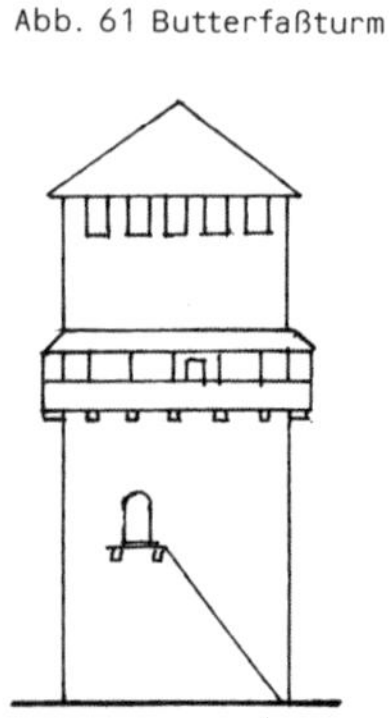

Abb. 62 Bergfried mit äußeren Wehrgang

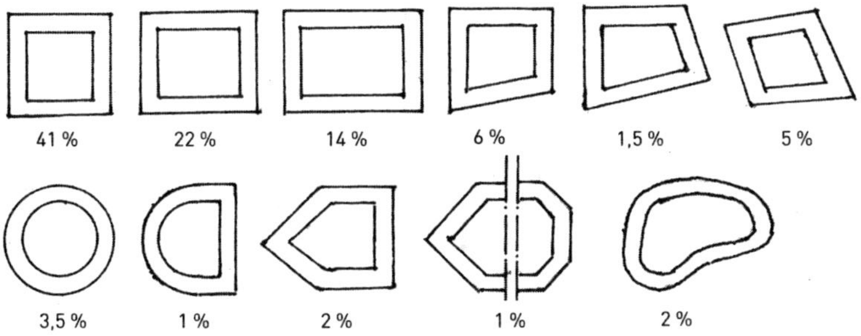

Abb. 63 Grundrißformen von Bergfrieden

Die Mauerstärken von Bergfrieden reichen von über 4,5 m bei der Burg *Ebersberg* im Thüringer Kreis Nordhausen bis nur um 1,0 m bei der Burg *Sparnberg* im Thüringer Kreis Greiz. Beide Mauerstärken kommen extrem selten vor. Der aus etwa 650 Beispielen errechnete Mittelwert liegt bei 2,2 m. Die mittlere Größe liegt bei 71 m^2 Grundfläche, was einer Kantenlänge von 8,4 m oder einem Durchmesser von 9,5 m entspricht. Tatsächlich kommen winzige Bergfriede vor, wie derjenige mit 20 m^2 Grundfläche und 4,5 m Seitenlänge bei *Weißenburg* in Kollmitz im Bezirk Melk in Niederösterreich, und 18,5 m Durchmesser, also 254 m^2, in *Starhemberg* im Bezirk Wiener-Neustadt.
Bergfriede besitzen überwiegend regelmäßige oder fast regelmäßige Grundrisse. Die nicht regelmäßigen Grundrisse machen nur 5 Prozent aller Bergfriede aus. Die auf Abb. 63 zusammengestellten bei Bergfrieden vorkommenden Formen zeigen dies besonders deutlich.
Trapezförmige Grundrisse entstanden hauptsächlich in Anlehnung an die Ringmauern, die sich ihrerseits dem Gelände anpassen mußten.
Unter den ungewöhnlichen Formen fallen die fünfeckigen Bergfriede auf, die in einigen Gegenden häufig vorkommen. Von den mir bekannten 65 fünfeckigen Bergfrieden liegen 35 westlich der Linie Bremen – Stuttgart, also mehr als die Hälfte, 19 östlich der Linie Berlin – Salzburg und nur 17 Prozent in der Mitte. Eine Erklärung für diese Tatsache habe ich bis heute nicht finden können.
Die runden Grundrisse machen ziemlich genau ein Drittel aller Bergfriede aus. Sie sind im Osten und Norden des Reiches deutlich häufiger zu finden als anderswo. Im Gegensatz zu den Wohntürmen korrelieren die Daten ihrer Entstehung, soweit man sie kennt, mit denen der Burgen insgesamt.
Dreieckige Bergfriede gibt es meines Wissens nur sieben insgesamt, von denen fünf in Österreich und davon wieder vier in der Steiermark liegen. Die älteste davon ist die Ruine *Waldstein*, die um 1150 begonnen wurde. Ob sie das Vorbild der drei anderen steirischen Dreiecktürme war, sei dahingestellt.

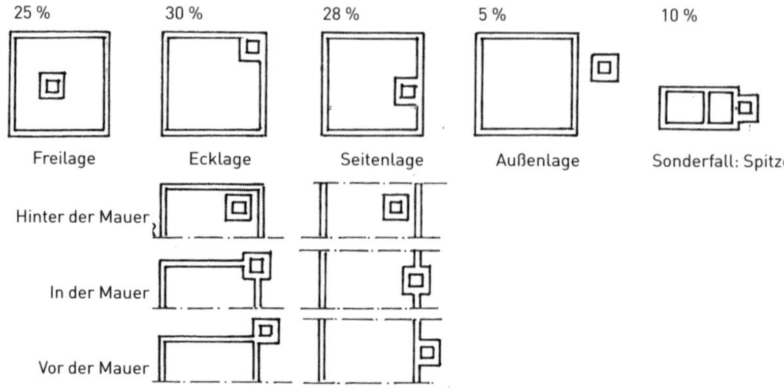

Abb. 64 Lage der Bergfriede zur Ringmauer der Kernburg

Die dargestellten Situationen auf Abb. 64 sind stark vereinfacht, die Burg ist lediglich als Quadrat angedeutet, der Grundriß des Bergfriedes ist stets quadratisch.

Üblicherweise lagen Bergfriede in oder an der Kernburg. Hiervon gibt es wenige Ausnahmen: 26 Bergfriede liegen in den Vorburgen wie in der Ruine *Freiberg* im Kärntner Bezirk St. Veit an der Glan. In sechs dieser Fälle liegt in der Kernburg der erste Bergfried und in der Vorburg ein zweiter wie bei der *Neuenburg* an der Unstrut im Kreis Naumburg.

Sechs Bergfriede liegen mit einigem Abstand außerhalb der Burg wie bei *Falkenstein* im Bezirk Rohrbach, Oberösterreich, wo ein zweiter Bergfried etwa 60 m bergauf vor der Burg liegt. Diese besonderen Situationen sind in Abb. 64 nicht berücksichtigt. Die vorgeschobenen Türme waren nach meiner Überzeugung durch eine besonders überhöhte Spornlage bedingt.

Bergfriede außerhalb der Ringmauer sind, wie man auf Abb. 64 sehen kann, mit knapp 2 Prozent recht selten. Am häufigsten ist die Lage in einer Ecke der Burg. Die Lage in der Ecke nehmen fast 47 Prozent in dieser Gruppe ein, die Lage in der Mauer etwa 30 Prozent, vor der Ecke noch circa 15 Prozent, die Lage hinter der Mauer ist mit nur 8 Prozent selten.

Für die Seitenlage sieht die Verteilung etwas anders aus: Die Lage in der Mauer ist mit 42 Prozent vertreten. 27 Prozent liegen frei hinter der Mauer, 24 Prozent in der Mauer und nur 7 Prozent vor der Mauer. In der Nähe des Tores liegt beinahe ein Viertel aller Bergfriede, quasi als Schutz für die schwächste Stelle der Ringmauer.

Für die verschiedenen, in Abb. 64 dargestellten Positionen gab es gewiß gute Gründe. Man darf vermuten, daß sich die Bauherren einer Burg viele Entscheidungen reichlich überlegt haben. Aber über diese Entscheidungen besitzen wir keinerlei Kenntnis.

Wohnturm

Ein Turm ist ein Gebäude, das überall höher als breit ist. Diese Definition ist im Zusammenhang mit den Wohntürmen notwendig, weil man bei nur teilweise erhaltenen Ruinen nicht immer sagen kann, ob es sich um einen Wohnturm oder ein Wohnhaus gehandelt hat. In vielen Fällen ist nach Lage und Dimension auch ein erhaltener Rest den Wohntürmen zuzurechnen, aber in manchen Fällen bleiben Zweifel. Ich habe die Wohntürme im zweiten Band ausführlich behandelt, auf den ich hier verweise.

Burgen mit mehr als einem Hauptturm

Wer auf der Autobahn durch die Wetterau nach Frankfurt/Main fährt, wird die beiden runden Türme der Burg *Münzenberg* kaum übersehen können, die aus der noch erhaltenen Ringmauer der auf einem Hügel liegenden Burg herausragen. Diese Burg besitzt tatsächlich zwei Haupttürme, in diesem Fall sind es Bergfriede. Sie wurde in der 2. Hälfte des 12. Jahrhunderts erbaut und ist wohl eine der schönsten staufischen Burgen überhaupt. Die beiden runden Bergfriede sind 25 und 27 m hoch und beherrschen die beiden Teile der Burg. Sie ist leider im Dreißigjährigen Krieg zerstört worden, jedoch als Ruine noch außerordentlich beeindruckend. (Abb. 65)

Diese Burg ist jedoch nur ein Beispiel für viele Burgen, die mehr als einen Hauptturm besitzen. Insgesamt sind es rund 120 Burgen, die zwei und mehr Haupttürme aufweisen. Das ist eine stattliche Zahl, die freilich nur knapp 3 Prozent aller Burgen ausmacht.

In Tabelle 3 habe ich die Verteilung auf verschiedene Kombinationen dargestellt. Mehr als zwei Haupttürme sind, wie man leicht sehen kann, erwartungsgemäß extrem selten. Bei der *Asseburg* in Groß-Denkte im niedersächsischen Kreis Wolfenbüttel gibt es sogar vier Bergfriede. Die Burg beherbergte in ihren Mauern aber auch drei oder vier selbständige Burgen, die alle gleichzeitig, nämlich um 1200, erbaut wurden. Bei einigen Burgen lassen sich zwei Teilburgen nicht mehr im Grundriß ab-

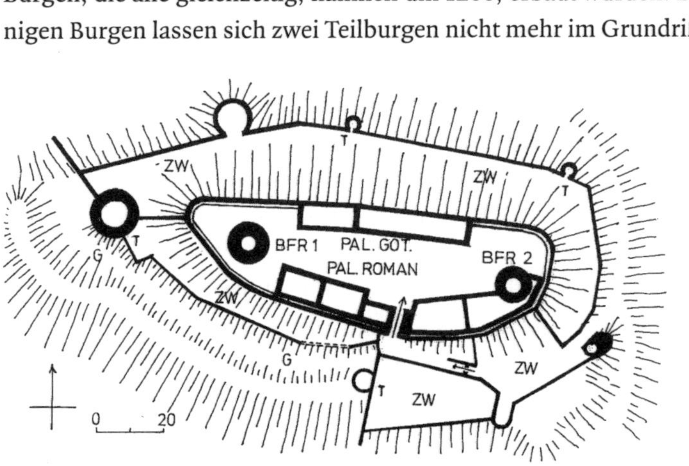

Abb. 65 Ruine Münzenberg

lesen, waren aber dennoch vorhanden. Das erklärt in vielen Fällen die Zahl der Bergfriede. Warum in anderen Fällen mehrere Bergfriede errichtet wurden, läßt sich heute leider nicht mehr feststellen.

Tab. 3 Verteilung von mehr als einem Hauptturm

2 Bergfriede	40
3 Bergfriede und mehr	6
Bergfried und Wohnturm	53
Mehrere Wohntürme	17

Die Kombination von Bergfried und Wohnturm in einer Burg ist am häufigsten. Auch hier ist bisher völlig unklar, weshalb man die beiden Türme kombiniert hat. Immerhin läßt sich sagen, daß in etwa der Hälfte dieser Fälle die Türme nicht gleichzeitig entstanden sind. Bei einigen von ihnen war der Wohnturm Kern der Burg, entstand also vor dem Bergfried. So zum Beispiel in *Alt Falkenstein* bei Klus im Kanton Solothurn. In den anderen Fällen entstand zunächst der Bergfried, der Wohnturm war dann eine spätere Zutat, wie im 14. Jahrhundert bei der Burg *Thurnberg*, auch Maus genannt, bei St. Goarshausen am Rhein. In fünf dieser Burgen sind Wohnturm und Bergfried direkt aneinander gebaut worden, in fünf weiteren stehen beide Türme dicht beieinander. In drei Fällen war der Mangel an Platz der Grund hierfür, in anderen Fällen vermutlich die Steigerung der Verteidigungskraft. Von Bedeutung sind diese Kombinationen im Burgenbau allerdings nicht gewesen.

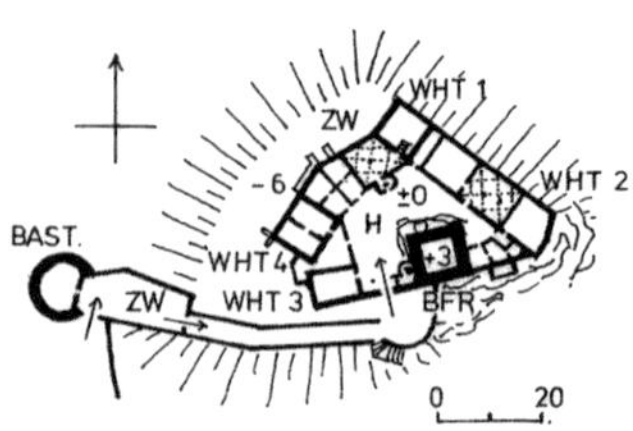

Abb. 66 Friedberg in Tirol

Die seltene Existenz mehrerer Wohntürme in einer Burg ist normalerweise durch die Anwesenheit mehrerer ritterlicher Familien zu erklären, wie bei der Burg *Friedberg* bei Innsbruck, in der seit dem 13. Jahrhundert vier verschiedene Zweige einer Familie je einen Wohnturm auf einer Ecke der Burg bewohnten. (Abb. 66) Da die Burg dank der Besitzer, der Grafen Trapp, vorzüglich gepflegt ist, gibt es eine gut erhaltene *Ganerbenburg*, wie diese Anlagen auch genannt werden. Weitere Burgen dieser Art sind zum Beispiel die Ruine *Schauenburg* im Ortenaukreis, deren Bauten überwiegend aus dem 13. Jahrhundert stammen. Zwei ihrer drei Wohntürme sind recht gut erhalten. Aber mehrere Wohntürme waren keineswegs zwingend notwendig, um eine Burg als Ganerbenburg zu nutzen, es ging auch mit normalen Wohngebäuden.
Warum König Johann von Böhmen aus dem Hause Luxemburg um 1340 im Kreis Daun in der Eifel *Freudenstein* mit zwei Wohntürmen erbauen ließ, ist nicht ganz klar. Vielleicht waren sie für ihn und seinen Sohn Karl, den späteren Kaiser Karl IV., bestimmt. Das wären dann Ganerben auf höchstem gesellschaftlichen Niveau gewesen.
Burgen mit mehr als einem Hauptturm sind zwar vom Erscheinungsbild interessant, bleiben jedoch so etwas wie eine Arabeske im Burgenbau. Eine zünftige Burg benötigte eigentlich nur einen Turm.

Nebengebäude

Grundrisse von Burgen zeigen in sehr vielen Fällen mehr als nur ein Gebäude, aus denen sehr oft der Palas heraussticht, wie oben beschrieben, jedoch keineswegs immer. Für Nebengebäude gab es in einer Reihe von Burgen keinen Platz, nämlich in eng ummauerten Turmburgen und in einer Reihe von Kleinburgen, in denen für weitere Gebäude keine Fläche vorhanden war. Ferner gibt es viele Burgen, bei denen Nebengebäude nicht mehr zu erkennen sind. Kurzum, verbindliche Aussagen über die anderen Gebäude in einer Burg lassen sich nicht machen.

Man darf annehmen, daß untergeordnete Gebäude bei weitem nicht so solide hergestellt waren wie die bisher behandelten Teile der Burg. Schwache Mauern oder Fachwerk beziehungsweise beides wird für die meisten Nebengebäude typisch gewesen sein, wenn sie nicht gerade in anspruchsvollen Burgen lagen, die als Wohnsitz wichtiger Adliger galten.

Was wurde in den Nebengebäuden untergebracht?

Leicht erkennt man in Burgen an ihrem größeren Rauchabzug **Küchen** in eigenen Gebäuden, wie zum Beispiel in der *Harburg* im bayrischen Donau-Ries-Kreis, im Schloß *Burgk* in Schleiz in Thüringen oder in der Ruine *Peggau* bei Graz. Im Einzelfall läßt sich selten klären, warum man eine Küche in ein eigenes Gebäude ausgelagert hat. Die Brandgefahr war vermutlich nicht der wichtigste Grund, sonst ließe sich diese Variante häufiger finden. Vielleicht war es die Belästigung der Herrschaft durch Küchendunst und Betriebsamkeit?

Wohnungen von Dienstpersonal, Kriegsknechten, Handwerkern oder Wächtern hat es sicherlich auf vielen größeren Burgen gegeben. Deren Notwendigkeit richtete sich vor allem nach der Größe und Bedeutung einer Burg. Ein Waffenmeister hatte vermutlich einen Anspruch auf eine eigene Wohnung, wie auch der im Mittelalter durchaus angesehene Schmied, wenn es denn auf der betreffenden Burg solche Ämter gegeben haben sollte.

Teilweise finden sich **Zehntscheuern** als Zwischen- oder Dauerlager, da Burgen auch Sammelstellen für in Naturalien zu entrichtende Abgaben waren. So auf der Burg *Obermurach* im Kreis Schwandorf in Bayern, wo ein Getreidekasten aus dem 13. Jahrhundert hinter dem Bergfried steht. Auf der Burg *Wernerseck* bei Ochtendung im Kreis Mayen-Koblenz findet man in vergleichbarer Position ein Gebäude für den Zehnten. (Abb. 12) Vergleichbare Einrichtungen hat es auf größeren Burgen sicherlich nicht selten gegeben.

Bei großen Burgen waren gewiß auch **Vorratshäuser** nützlich und vorhanden, weil man für Deputate, also Zahlungen in Naturalien an die Besatzung, Vorräte vorhalten mußte.

Pferdeställe erkennt man an den zuweilen erhaltenen steinernen Trögen auf manchen Burgen. Wegen des großen Wertes, den die Pferde der

Ritter, ihrer Knappen und Kriegsknechte während des ganzen Mittelalters besaßen, darf man annehmen, daß man diese kostbaren Tiere, wann immer es möglich war, in der Kernburg selbst untergebracht hat. Andere Stallungen gab es dort wohl nicht, ausgenommen vielleicht solche für Federvieh.

Ein **Arsenal** oder **Zeughaus**, also eine Waffenkammer, war im Zusammenhang mit der wesentlichen Aufgabe der Burg, der Verteidigung, sicher nicht unwichtig und mag es auch in einigen Burgen gegeben haben, insbesondere in der späten Burgenzeit und in großen Burgen von zentraler Bedeutung, wenn dort größere militärische Einheiten ausgerüstet werden mußten.

Ein **Gefängnis** war mit Sicherheit in den Burgen zu finden, in denen Gericht gehalten wurde und ein Verlies, soweit vorhanden, für die Unterbringung von Straftätern nicht ausreichte. Auch die damals gerichtsübliche Tortur mußte schließlich irgendwo stattfinden. Folterkammern, die heute sich gruselnden Besuchern auf vielen Burgen zusammen mit schauerlichen Geräten gezeigt werden, müssen nicht unbedingt echt sein. Das Gericht selbst dürfte eher im Palas oder dem Wohnturm getagt haben.

Ein **Brunnenhaus**, ein besonderes Gebäude über einer Zisterne oder einem Brunnen, gibt es auf einigen Burgen. Die Sauberkeit einer Zisterne oder eines Brunnens war für den Fall einer Belagerung von größter Wichtigkeit, also durfte nichts hineinfallen oder von außen hineinkatapultiert werden.

Eine **Schmiede** mag es in der Burg selbst gegeben haben, wenn viele Waffen und Rüstungen gewartet und gerichtet werden mußten. Sie gehörte gewissermaßen zu einem Arsenal unverzichtbar dazu.

Aber wie das Spektrum an Nebengebäuden in einer Burg von bestimmter Größe und Aufgabe tatsächlich aussah, kann man heute nur noch vermuten. Vieles, was in der Kernburg in Nebengebäuden nicht unterzubringen war, befand sich vielleicht in der Vorburg, über die noch zu reden sein wird.

Zwinger

Diese Bezeichnung ist uns als eine nicht überdachte, ummauerte beziehungsweise heute eingezäunte Fläche bekannt, in der zum Beispiel Hunde oder wilde Tiere untergebracht sind. Auch der oder die Zwinger einer Burg waren offen, denn man sollte die Fläche in ihnen aus der Burg einsehen können. Man wollte Gegner in diesen Raum zwischen Mauern einzwängen, daher der Name, um ihn dort bekämpfen zu können. Zwinger an Burgen sind nahezu immer später entstanden als die Burg selbst. Sie waren gewissermaßen vorverlegte Verteidigungsgrenzen mit der Aufgabe, die Annäherung des Feindes zu erschweren. Es

versteht sich von selbst, daß Zwinger bevorzugt an solchen Stellen angelegt wurden, die schwer zu verteidigen waren.
In der frühen Zeit des Burgenbaues im 11. und 12. Jahrhundert waren Zwinger meistens Palisaden aus Holz. Aber auch noch im 13. Jahrhundert, der Hochzeit des Burgenbaues, ist vorstellbar, daß man bei einer neu gegründeten Burg Zwinger zuerst in dieser Weise errichtete, um sie später durch solche aus Stein zu ersetzen.
Nur noch bei einem Viertel aller relevanten Burgen ist ein Zwinger zu erkennen. Da Zwingermauern nie besonders stark waren, ließen sie sich recht leicht beseitigen, etwa wenn eine Burg in ein Schloß oder eine Festung umgewandelt werden sollte oder wenn man den Zwinger nicht mehr benötigte. Jedenfalls steht zu vermuten, daß weitaus mehr Burgen mit Zwingern versehen waren, als heute zu erkennen ist. Auf Abb. 67 habe ich versucht, die verschiedenen Möglichkeiten der Anlage von Zwingern an eine Burg vereinfacht darzustellen. Die tatsächliche Situation ist wesentlich komplizierter, wie man an einigen Grundrissen schnell erkennen wird. Die dargestellten Optionen für Zwinger bei Burgen konnten auch bei Vorburgen angewendet werden, was allerdings nur äußerst selten der Fall war. Die Buchstaben bedeuten: A = Torzwinger, B–D = ein- bis dreiseitige Zwinger, E = allseitige Zwinger und F = gestaffelte Zwinger. Die Anteile der verschiedenen Situationen sind fast gleich. Die gestaffelten Zwinger finden sich bei allen Zwingertypen (A–E). Konkrete Beispiele zeigen meines Erachtens die sieben verschiedenen Möglichkeiten der Anlage von Zwingern am besten. Daher folgen hier Abbildungen einiger Burgengrundrisse, die für die jeweilige Situation typisch sind.

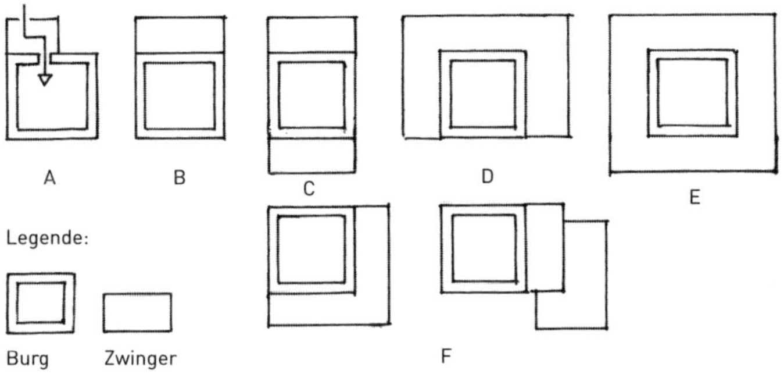

Abb. 67 Lagen von Zwingern

A. Torzwinger Diese Zwinger dienten überwiegend dem Schutz eines Tores in der Vorburg oder am Kern. Sie waren nicht Teil einer größeren Zwingeranlage und blieben frei von jeder Bebauung, die einem Angreifer Deckung geboten hätte. Man ist erstaunt über die vielen Variationen von Torzwingern. Den simplen Beispielen für Torzwinger auf den Abb. 32 (Frundeck) und 44 (Iburg) sollen hier zwei weitere Burgen folgen.

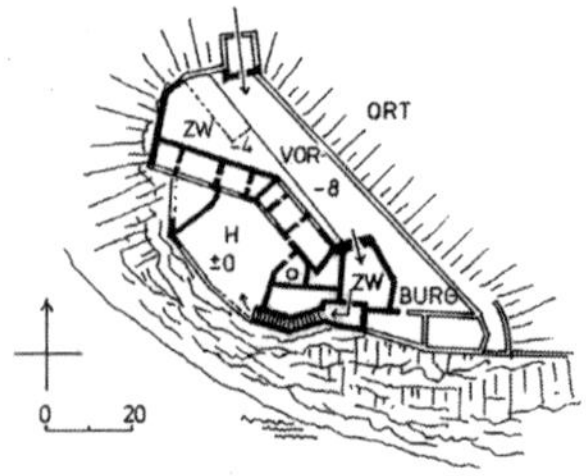

Abb. 68 Krumau am Kamp

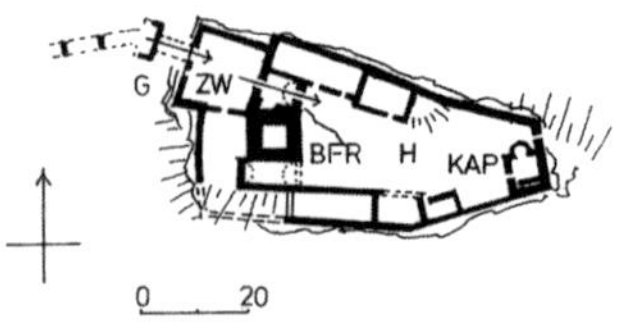

Abb. 69 Lichtenfels

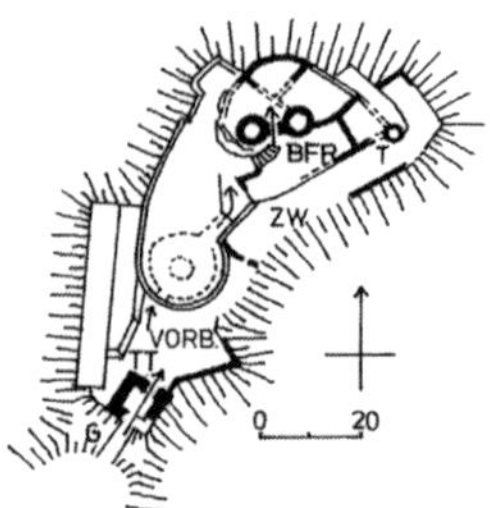

Abb. 70 Ehrenburg

Abb. 71 Falkenstein

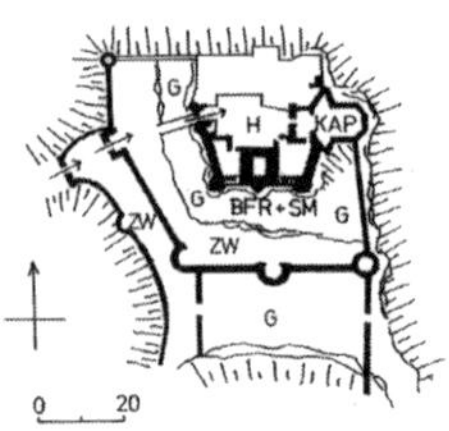

Abb. 72 Lahneck

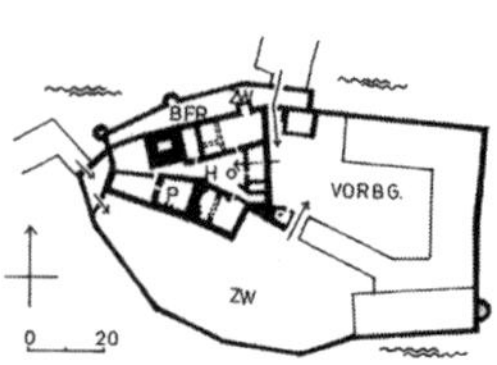

Abb. 73 Flechtingen

Bei der Ruine *Krumau* im Bezirk Krems, Niederösterreich, hat man zwischen die Vorburg und den 8 m höher liegenden Kern zwei Torzwinger und eine steile Treppe gelegt. (Abb. 68) Die Burg wurde im 12. Jahrhundert begonnen. Der Torzwinger der Ruine *Lichtenfels* im Bezirk Zwettl in Niederösterreich, die etwa 1150 gegründet wurde, ist mit seiner quadratischen Form recht ungewöhnlich. (Abb. 69)

B. Einseitige Zwinger Vermutlich gab es an fast jeder Burg eine Schwachstelle, die später durch einen Zwinger gesichert wurde. Bei der Burg *Ehrenburg* bei Brodenbach im Kreis Mayen-Koblenz, die im 14. Jahrhundert den auffallenden Doppelturm erhielt, sichert ein Zwinger die Südostseite. Ungewöhnlich ist bei dieser Burg eine Wendelrampe, die von der Vorburg auf die Kernburg führt. Diese Rampe ist allerdings erst nach dem Mittelalter entstanden. (Abb. 70) Auf der Burg *Falkenstein* im Bezirk Rohrbach in Oberösterreich gibt es lediglich einen Zwinger auf der Nordwestseite, der Kern- und Vorburg auf dieser Seite schützt. Die ganze Anlage ist gotischen Ursprunges, also relativ spät. (Abb. 71)

C. Zweiseitige Zwinger Selbstverständlich hat es auch Burgen mit mehr als einer Schwachstelle gegeben, die für die spätere Anlage eines Zwingers prädestiniert waren. So besaß die Burg *Lahneck* in Lahnstein am Rhein, die wohl Mitte des 13. Jahrhunderts erbaut wurde, vor dem Halsgraben einen zweiseitigen Zwinger aus dem 15. Jahrhundert, der die Spornlage zusätzlich sicherte. (Abb. 72) Bei der Burg *Flechtingen* im Kreis Haldensleben in Sachsen-Anhalt wurde die um 1200 erbaute Kernburg im 14. Jahrhundert durch voneinander unabhängige Zwinger nach zwei Seiten gesichert. (Abb. 73)

D. Dreiseitige Zwinger Zwinger auf mehr als zwei Seiten einer Kernburg lassen die Vermutung aufkommen, daß die Lage der Burg nicht optimal gewesen sein kann, wenn sie eine zusätzliche Sicherung auf drei Seiten benötigte. Häufig ging eine einseitige Vorburg in einen dreiseitigen Zwinger über, wie bei der Burg *Freienstein* in Beerfelden im hessischen Kreis Erbach zu erkennen ist. (Abb. 74) Die ungünstige Lage wird durch die Existenz einer 18 m hohen Schildmauer ausgeglichen. Sie ist gegen Ende des 13. Jahrhunderts erbaut worden.
Bei der *Godesburg* im Bonner Stadtteil Bad Godesberg, die um 1210 begonnen wurde, umgibt der Zwinger drei Seiten der Burg. Auf der Seite zur Vorburg war ein Zwinger offenbar nicht nötig. (Abb. 75)

E. Allseitige Zwinger Diese Zwinger hatten erkennbar zwei Funktionen, nämlich die übliche Vorausverteidigung und die Herstellung eines teilweise oder ganz um die Kernburg herumführenden Weges zum ei-

gentlichen Tor. Die kleine Ruine *Bodfeld* im Kreis Wernigerode, Sachsen-Anhalt, gehört zur ersteren Art. Sie ist um 1300 entstanden, der Zwinger wurde vermutlich zur gleichen Zeit errichtet. (Abb. 76)
Die große Ruine *Neuhäusel* (Novosedly) in Südmähren wurde im 14. Jahrhundert erbaut. Sie zeigt den Typ Zwinger, der vor allem den Weg zum Tor verlängert. Die Burg stammt aus der Zeit der Luxemburger Könige Böhmens. (Abb. 77) Derartige Lösungen gibt es auch bei *Kinzheim* im Elsaß, bei der Burg *Colmberg* im Kreis Ansbach und manchen anderen.

F. Gestaffelte Zwinger Bei einem flachen Hang bot sich an, die Zwinger übereinander zu staffeln, damit die freie Fläche in ihnen nicht zu breit wurde. Eine Grundbedingung für einen Zwinger war ja, die Beweglichkeit des angreifenden Gegner einzuengen, ihn zwischen Mauern zu zwingen. Staffelungen konnten in einer, aber auch in vielen Richtungen angelegt werden.
Für die Staffelung hauptsächlich in einer Richtung ist die Burg *Eberstein* im badischen Kreis Rastatt typisch, deren Kern aus der Zeit von 1225 bis 1250 stammt. Die Zwinger folgen dem Hang nach Südosten. (Abb. 78)
Für allseitig gestaffelte Zwinger steht hier die Burg *Neckarsteinach-Mittelburg* im Kreis Bergstraße, Hessen. Sie wurde um 1150 gegründet, die Zwingeranlagen wurden aber erst im 14. und 15. Jahrhundert hinzugefügt. (Abb. 79)

Vorburg

Das Wort Vorburg besagt, daß vor der Burg eine weitere befestigte Anlage existierte, die Funktionen wahrnehmen mußte, für die in der Hauptburg kein Platz vorhanden war oder die dort gestört hätten. Dies können Funktionen gewesen sein, die ich oben im Abschnitt über die Nebengebäude aufgezählt habe. Es können aber auch weitere, dort nicht genannte Aufgaben gewesen sein, zum Beispiel eine Schreinerei, die neben der Schmiede bis ins 20. Jahrhundert in keinem größeren Gutshof fehlen durfte, landwirtschaftliche Gebäude wie Stallungen für Rinder und Schweine, Scheunen usw. bis zum kompletten Gutshof, wenn der Burgherr einen solchen bewirtschaftete, was oft vorkam.
Ob die Vorburg den Charakter eines Gutshofes besaß oder nicht, hing von der Situation des entsprechenden Lehens ab. Wenn alle Flächen des Lehens verpachtet waren, benötigte man nur wenig Burgfläche für die Landwirtschaft. Bei einigen Burgen gibt es noch heute sogenannte Burghöfe, die offensichtlich einst den Bedarf der Burg an Naturalien zu befriedigen hatte. Bei der Burg *Neu Rasen* am Beginn des Antholzer Tales in Südtirol muß dieser Hof auch die Funktion einer Vorburg übernommen haben, denn für eine solche gab es keinen Platz, da die Burg von dort

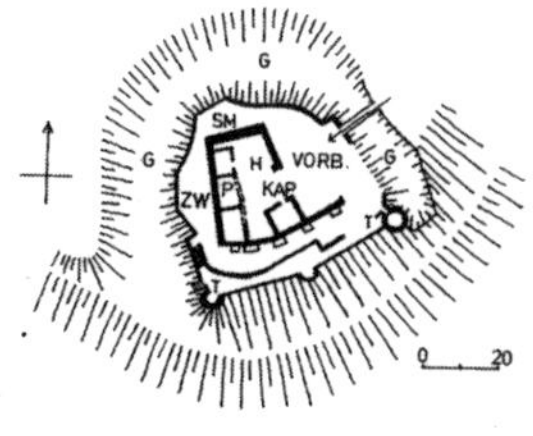

Abb. 74 Freienstein

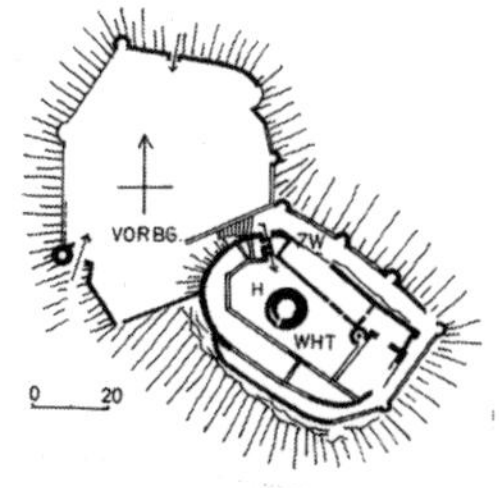

Abb. 75 Godesburg

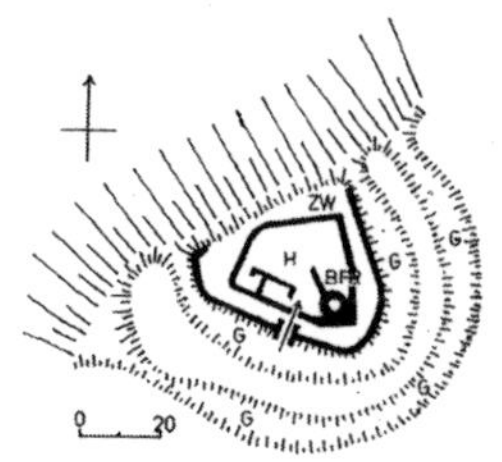

Abb. 76 Bodfeld

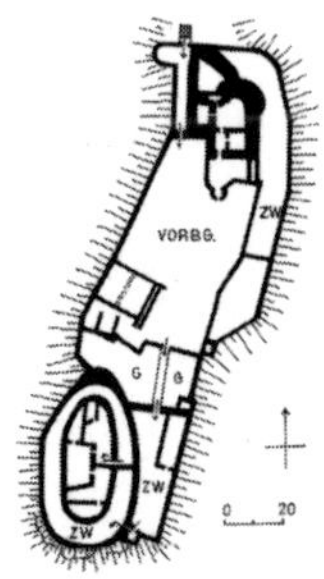

Abb. 77 Neuhäusel

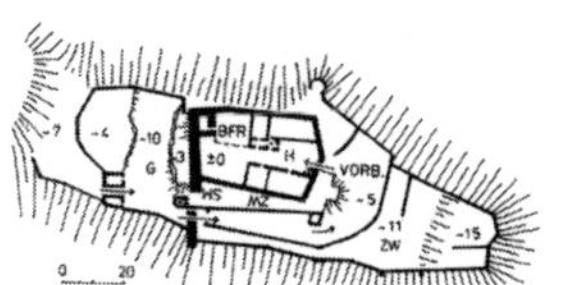

Abb. 78 Eberstein

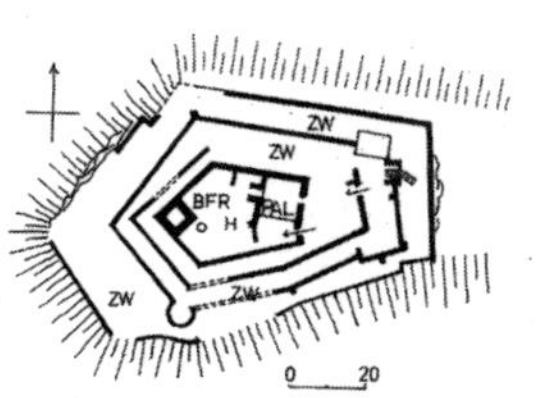

Abb. 79 Neckarsteinach-Mittelburg

nur auf einem schmalen Weg um den Sporn herum zu erreichen ist. Eine ähnliche Situation wird auch bei anderen Burgen gegeben haben.
Im Prinzip kam kaum eine Burg ohne eine Vorburg aus. Wo die Burgstelle selbst nicht genügend Fläche hierfür bot, mußte irgendwo in der Nähe der Burg eine Ersatzanlage erstellt werden. Heute ist allerdings an oder bei vielen Burgen keine Vorburg mehr zu finden. Da Vorburgen in den meisten Fällen weitaus weniger wehrhaft gewesen sind als die Burgen selbst, wird ihre Beseitigung oder totale Veränderung keine besonderen Schwierigkeiten bereitet haben. Vorburgen wurden zu Gutshöfen umgebaut, in Schlösser verwandelt oder anderen Funktionen zugeführt; manche waren beim Ausbau der Burg zur Festung im Wege und mußten weichen. Bei vielen Burgruinen findet man nur noch eine ebene Fläche, auf der einst die Vorburg gestanden haben muß, deren Gebäude jedoch restlos verschwunden sind.
Es gibt einige Burgen, die erkennbar keine Vorburg besessen haben. Gründe hierfür können gewesen sein:

1. Die Burg war selbst groß genug, wie ich bei *Beyernaumburg* im Kreis Sangerhausen in Thüringen und bei etwa 20 anderen vermute.
2. Bei der Burg und in ihrer unmittelbaren Nähe gab es keinerlei Flächen, die für eine Vorburg geeignet waren, wie bei der bereits erwähnten Burg *Rattenberg* bei Kufstein in Tirol. (Abb. 29)
3. Ein breiter Zwinger übernahm die Aufgabe der Vorburg, wie bei der Burg *Reineck* im Südtiroler Sarntal. Dann ist freilich die Frage, ob man in einem solchen Fall noch von einem Zwinger sprechen kann. Aber für die meisten solcher Burgen darf man die Existenz eines Burggutes in einiger Entfernung vermuten.

Die Vorburgen unterschieden sich hinsichtlich ihrer Größe sehr stark voneinander. Die Größe hing unter anderem von der topographischen Lage, von der Bedeutung der Burg, von den besonderen Aufgaben und den vorhandenen weiteren Einrichtungen in der Nähe der Burg ab.
Die Burg *Freudenberg* bei Bad Ragaz im Kanton St. Gallen, die in der 1. Hälfte des 13. Jahrhunderts entstand, besitzt eine vergleichsweise große Vorburg, von der man heute annimmt, sie sollte einer kleinen Burgstadt als Schutz dienen. (Abb. 80) Warum die Vorburg von *Rafenstein* bei Bozen, deren Kern um 1210 erbaut wurde, so klein geraten ist, lässt sich nicht mehr sagen. (Abb. 81)
Burgen, die am Rande einer ummauerten Stadt lagen, besaßen meist keine Vorburg; als solche fungierte die Stadt selbst, so in der Pfalz *Gelnhausen* im hessischen Kreis Hanau die kleine Burgstadt, die Kaiser Barbarossa zusammen mit der Pfalzburg nach 1170 erbauen ließ. Jedoch verzichteten keineswegs alle Stadtburgen auf eine Vorburg, wie man an der Burg *Friedestrom* in Züns, Kreis Neuss, sehen kann.
Die eigentlich naheliegende Vermutung, daß eine kleine Burg lediglich

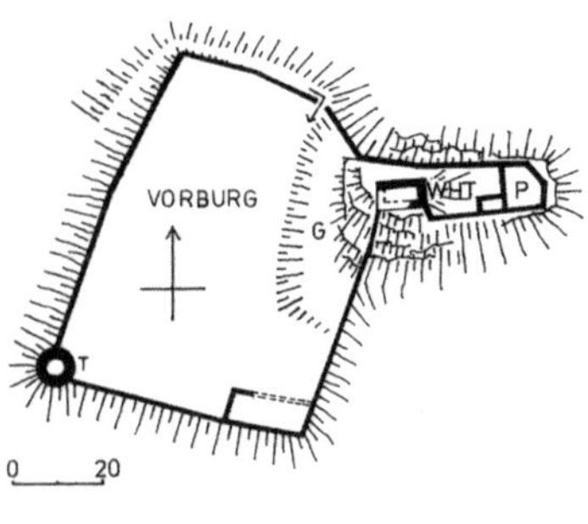

Abb. 80 Freudenberg

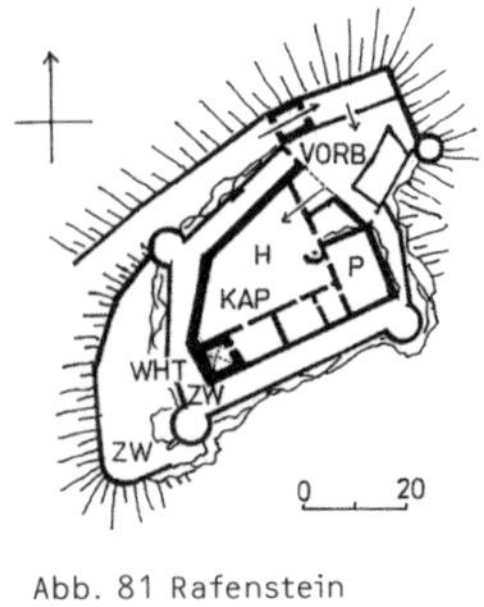

Abb. 81 Rafenstein

eine kleine Vorburg benötigte, trifft keineswegs zu. Es gibt kleine Burgen mit einer riesigen Vorburg, wie Freudenberg oder die Burg *Hohenlupfen* bei Tuttlingen, und große Burgen ohne Vorburg. Man sucht hingegen große Burgen mit nur einer kleinen Vorburg vergebens. Vorburgen liegen in über 60 Fällen weit unterhalb der Kernburg.
Dies ist vor allem der Fall bei den meisten Burgen auf Felstürmen, die ja für Nebenanlagen faktisch keinen Platz boten. Dabei kann es bis zu rund 30 m Höhenunterschied geben wie bei der Felsenburg *Alt Windstein* bei Niederbronn les Bains im Nordelsaß. Bei der Ruine mit dem merkwürdigen Namen *Affenschmalz* bei Jungingen im Zollern-Alb-Kreis steht die kleine Kernburg 20 m höher als die Vorburg, die wie die meisten Vorburgen jünger als die Kernburg ist. Vorburgen dieser Lage werden gelegentlich auch als Unterburg bezeichnet.
Eine recht seltene Kombination von Vorburg und Zwinger entsteht, wenn sich eine Vorburg auf mehreren Seiten der Kernburg bis zu einer Zwingerbreite reduziert. Eine solche Lösung findet man bei Ruine *Rodenstein* im hessischen Kreis Darmstadt, die in der Mitte des 13. Jahrhunderts begonnen wurde. Die in den Zwinger übergehende Vorburg stammt vermutlich aus dem 14. Jahrhundert. (Abb. 84)
Es gibt insgesamt etwa 70 Vorburgen, die in einigem Abstand von der Kernburg stehen, an die sie normalerweise unmittelbar anschließen. Bei der Ruine *Rosenegg* im Kreis Konstanz, die aus der Zeit um 1300 stammt, mißt der Abstand zur Kernburg etwa 20 m. Man könnte fast von zwei unabhängigen Burgen sprechen. (Abb. 85)
In ganz wenigen Fällen findet man sogar zwei Vorburgen bei einer Burganlage. Bei einer Burg in Kammlage lassen sich zwei Vorburgen leicht erklären, wie etwa bei *Bogeneck* im Kreis Rottweil, Baden-Württemberg. Auch die *Asseburg* im Kreis Wolfenbüttel besaß mehr als eine Vorburg, allerdings auch mindestens drei Kernburgen in einer Gesamtanlage. Vorburgen sind nach Form, Größe und Lage zur Kernburg, wie man an den wenigen Beispielen sehen konnte, außerordentlich vielfältig, ihre Dimensionen und Aufgaben wichen extrem von einander ab.

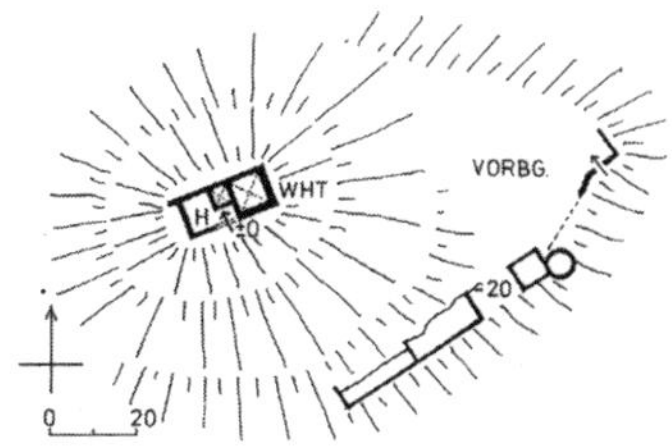

Abb. 82 Affenschmalz

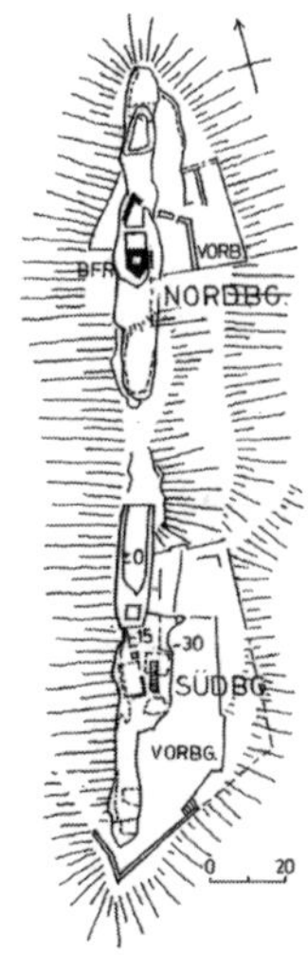

Abb. 83 Alt Windstein

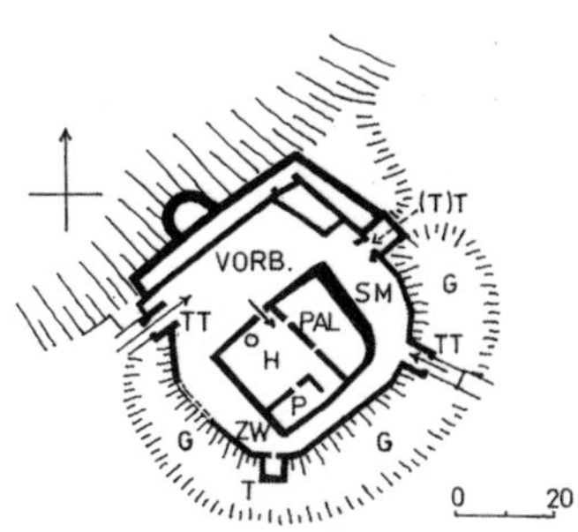

Abb. 84 Rodenstein

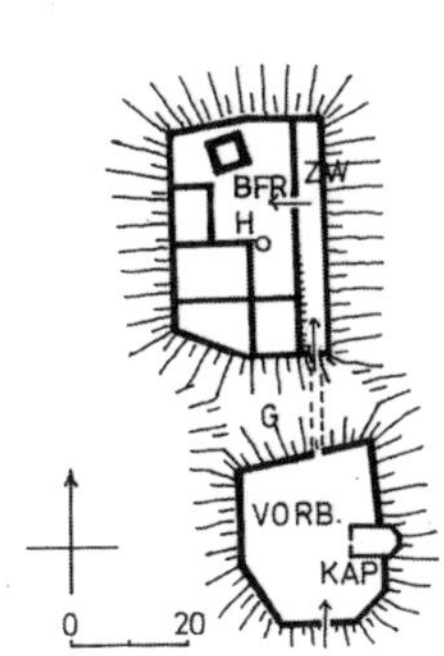

Abb. 85 Rosenegg

Türme

Unter dieser Überschrift behandele ich alle Türme der Burg, die nicht Haupttürme, also Bergfried oder Wohnturm, waren. Türme spielen im Burgenbau zwar keine entscheidende Rolle, aber sie erscheinen so oft, daß es sich durchaus lohnt, auf sie einzugehen.

Torturm Den Torturm habe ich bereits im Kapitel über das Tor behandelt. Hier soll er noch einmal und etwas ausführlicher beschrieben werden. Er kommt immerhin bei etwa 250 Burgen vor. Wie viele es früher einmal gegeben hat, läßt sich heute nicht mehr sagen. Denn mit Vor-

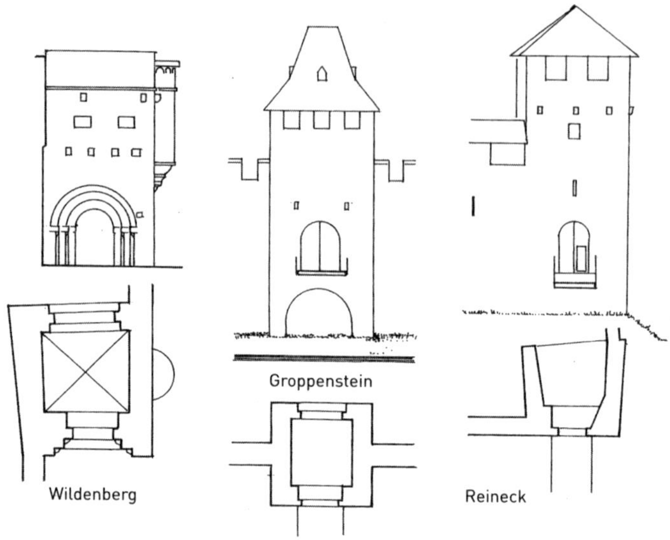

Abb. 86 Tortürme von Wildenberg, Groppenstein und Reineck

burgen und Ringmauern von Kernburgen sind gewiß auch zahlreiche Tortürme spurlos verschwunden.

Für Tortürme gibt es drei mögliche Lagen: vor der Mauer, in der Mauer und hinter der Mauer. Ihre Verteilung ist in der untenstehenden Tabelle 4 dargestellt. Die Verhältnisse drehen sich zwischen Kernburg und Vorburg beinahe um. Insgesamt überwiegen Tortürme, die nach außen oder innen weit vorstehen.

Lage zur Mauer:	vor	in	hinter
Kernburg	46 %	25 %	29 %
Vorburg	27 %	31 %	42 %
Insgesamt	40 %	27 %	33 %

Tab. 4 Anteil der Lage der Tortürme

Andererseits sind die Tortürme, die ganz oder teilweise nach außen vorstehen, in der Überzahl. Man wollte also nicht auf den Vorteil verzichten, den ein über die Mauer vorstehender Turm bietet, nämlich nach beiden Seiten die Mauer bestreichen zu können. Zur Verdeutlichung zeige ich hier je ein Beispiel für die drei verschiedenen Positionen der Tortürme. Die Burg *Neu Regensberg* im Bezirk Dielsdorf, Kanton Zürich, entstand um 1244; ihr Torturm steht deutlich vor und beherrscht den Graben, mit dem die Burg vom Bergsporn abgeschnitten wurde. (Abb. 87) Bei der aus dem 14. Jahrhundert stammenden Burg *Geilenkirchen* im Kreis Heinsberg, Nordrhein-Westfalen, steht der Torturm in der Mitte der Ringmauer. (Abb. 88) Bei der Burg *Lürken* in Laurenzburg im Kreis Düren, ebenfalls Nordrhein-Westfalen, steht der Torturm hinter der Ringmauer. (Abb. 89)

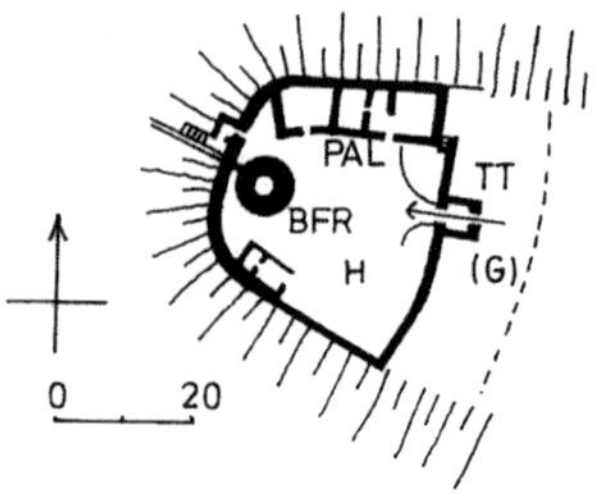

Abb. 87 Neu Regensberg

Eine nicht geringe Zahl von Tortürmen war auf der Burgseite offen, womit man verhindern wollte, daß ein erstürmter Turm den Angreifern

Deckung bot. Hinten offene Wehrtürme werden auch *Schalentürme* genannt.

Tortürme besaßen in aller Regel maximal drei Stockwerke. Über dem Tor war im späten Mittelalter nicht selten ein Gußerker angebracht, wie er auf Abb. 21 zu sehen ist. Die Anzahl der erhaltenen Tortürme in Kernburgen ist doppelt so groß wie die in Vorburgen. Nur sehr wenige Burgen besitzen zwei Tortürme. Ein solcher Fall ist auf Abb. 84 zu sehen. Die dort gezeigte Burg *Rodenstein* besaß bei beiden Zugängen einen Torturm.

Tortürme, die zugleich als Wohntürme dienten, kenne ich lediglich zehn, den schönsten in der *Kasselburg* in Pelm im Eifelkreis Daun. An Bergfrieden, die auch zugleich Tortürme waren, sind mir nur vier bekannt.

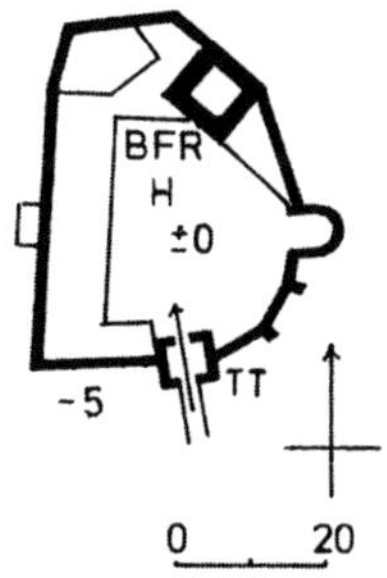

Abb. 88 Geilenkirchen

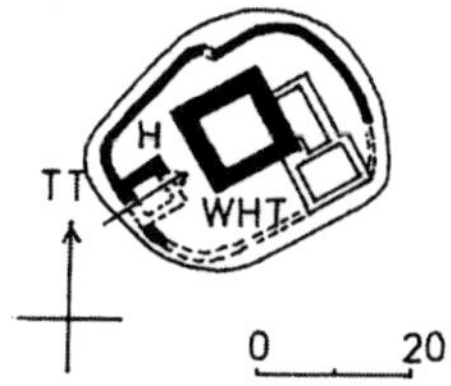

Abb. 89 Lürken

Wehrtürme Bei rund 430 Burgen gibt es außer einem oder zwei Haupttürmen und den soeben behandelten Tortürmen weitere Türme, die ich hier als Wehrtürme bezeichne. Alle diese Türme hatten die Aufgabe, die Wehrkraft der betreffenden Burg insbesondere an einer Stelle zu verstärken. Die meisten von ihnen sind spätere Zubauten. Sie erscheinen in Burgen in unterschiedlicher Anzahl und Position. In Tabelle 5 wird die Verteilung aller Burgen mit Wehrtürmen dargestellt.

Anzahl	1	2–3	mehr	Lage	Kern	Vorburg	Zwinger
Anteil	32 %	35 %	33 %	Anteil	56 %	25 %	19 %

Tab. 5 Anteil und Lage aller Wehrtürme in Burgen

Nur ein Wehrturm Besitzt die Burg nur einen Wehrturm, aber keinen Hauptturm, dann steht er in 60 Prozent aller Fälle in der Kernburg, je 20 Prozent finden sich in Vorburg und Zwinger. Der einzelne Wehrturm wurde also überwiegend zur Verstärkung im Zentrum benötigt. Die runden Türme überwiegen mit 63 Prozent erstaunlich deutlich.

Ein Wehrturm und ein Hauptturm Für diese Figuration gibt es zwei Möglichkeiten: 1. Der zweite Turm ist eine Art Gegenstück zum Bergfried, wie etwa bei der Ruine *Kugelburg* in Volkmarsen im hessischen Kreis Korbach, die am Ende des 12. Jahrhunderts begonnen wurde. (Abb. 90) Diese Situation tritt bei etwa 60 Burgen auf. Die Türme sind in diesen Fällen beinahe so hoch wie der Bergfried selbst.

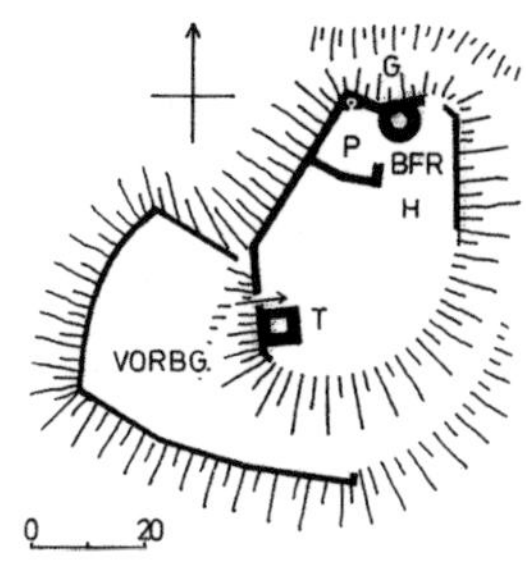

Abb. 90 Kugelburg

2. Der Turm ist lediglich eine Verstärkung an einer Stelle der Burg, wie bei *Gradenegg* in Liebenfels im Bezirk St. Veit, Kärnten, deren heutige Ringmauer erst im 15. Jahrhundert erbaut wurde. Diese Figuration ist bei etwa 80 weiteren Burgen vorhanden, und in den meisten Fällen steht der Wehrturm am Kern der Burg. Hier liegt der Anteil der runden Türme bei etwa 60 Prozent. (Abb. 91)

Zwei Wehrtürme Bei Burgen mit zwei Wehrtürmen fällt besonders auf, daß die runden Türme mit 78 Prozent mehr als drei Viertel aller Türme

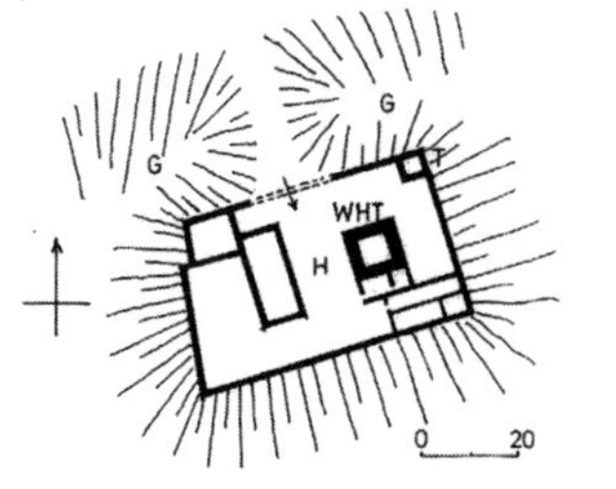

Abb. 91 Gradenegg

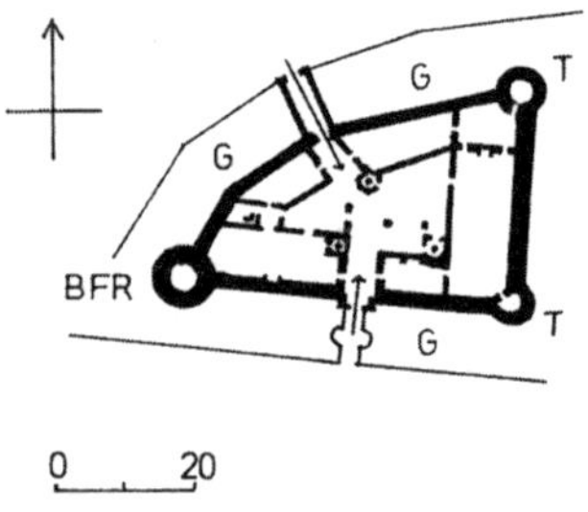

Abb. 92 Kempen

stellen. Weiter ist hervorzuheben, daß in mehr als der Hälfte aller Fälle die Wehrtürme in der Kernburg lokalisiert sind. Haupttürme gibt es in mehr als der Hälfte der Fälle, die sich aber von den Burgen ohne Hauptturm in bezug auf die Position der Wehrtürme im Grundriß überhaupt nicht unterscheiden.

In über der Hälfte aller Fälle stehen die Wehrtürme an beiden Enden eines Mauerzuges, wie man das beispielsweise auf der Ostseite der Burg *Kempen* im Kreis Viersen in Nordrhein-Westfalen sehen kann, die 1396 begonnen wurde. (Abb. 92) Auch auf der Abb. 45 findet man bei der Burg *Gottlieben* die Wehrtürme an beiden Enden eines Mauerzuges. Wehrtürme wurden offensichtlich gern zum Flankieren benutzt; damit ist das seitliche Bestreichen einer Mauer gemeint. Die Mehrzahl aller Beispiele zeigt den Wehrturm auf einer Mauerecke.

Drei Wehrtürme Diese Anzahl von Wehrtürmen erscheint bei Burgen ohne Hauptturm zu etwa 75 Prozent nur oder überwiegend an der Kernburg, vermutlich um das Fehlen eines Hauptturmes auszugleichen. Bei Burgen mit Hauptturm kommen Wehrtürme zwar in allen Lagen vor, aber überwiegend zur Verstärkung am Zwinger.

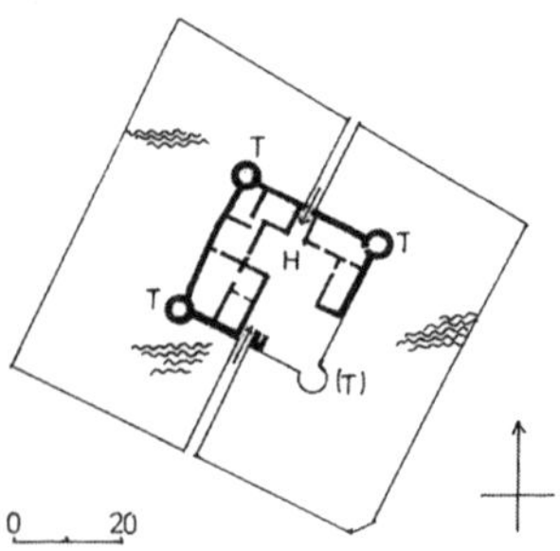

Abb. 93 Bottmingen

Vier Wehrtürme Burgen mit vier Wehrtürmen sind fast immer regelmäßige Anlagen, wie die typischen Wasserburgen mit Türmen auf allen vier Ecken. Eine solche ist die Burg *Bottmingen* im Bezirk Arlesheim des Kantons Basel-Landschaft, die in ihrer heutigen Form 1409 nach einer Zerstörung entstand und später zum Schloß umgebaut wurde. (Abb. 93) Vier starke Türme besitzt auch die Burg *Kaaden* im westböhmischen Bezirk Komotau (Chomoutov), die im 13. Jahrhundert erbaut worden ist. (Abb. 94) Sie war keine Wasserburg, sondern zählt zu den sogenannten *Kastellburgen*, auf die ich später noch einmal zurückkommen werde.

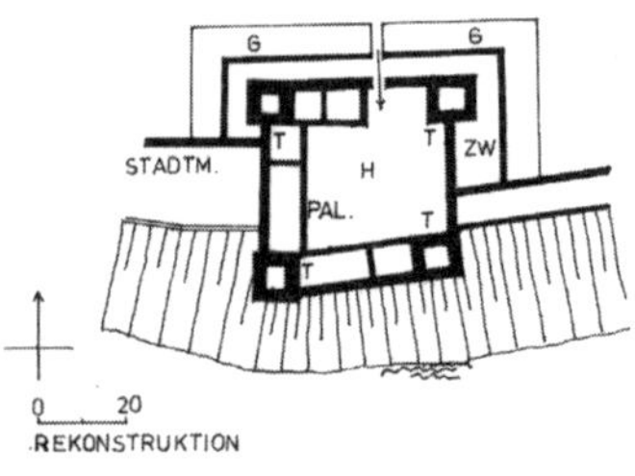

Abb. 94 Kaaden

Fünf und mehr Wehrtürme Burgen mit mehr als vier Wehrtürmen sind bei uns in Deutschland extrem selten. Mir sind insgesamt nur 35 solcher Burgen bekannt. Bei ihnen liegen die Wehrtürme fast zu gleichen Teilen am Kern, in der Vorburg und im Zwinger. Auch bei ihnen überwiegen die runden Türme mit ihrem Anteil von etwa 85 Prozent deutlich. Die Türme in der Ringmauer dürften aus der Zeit der Gründung stammen, denn ein späterer Einbau in eine Ringmauer ist kaum vorstellbar. Dagegen wäre ein nachträglicher Anbau von Wehrtürmen an die Mauer durchaus denkbar.

Heinrich der Löwe hat in der 2. Hälfte des 12. Jahrhunderts die Ringmauer seiner Burgstadt *Braunschweig* einer Stadtmauer ähnlich mit neun quadratischen Türmen und zwei Tortürmen bestückt. Dies ist eine der älteren Anlagen mit vielen Wehrtürmen. Bei den meisten dieser Burgen sind jedoch die vielen Wehrtürme erst im späten Mittelalter erbaut worden.

Die sehr wehrhafte Wasserburg *Erkelenz* im Kreis Heinsberg, Nordrhein-Westfalen, wurde erst im 15. Jahrhundert erbaut. Sie ist optimal in die Stadtmauer einbezogen. Ihr mächtiger Wohnturm mit 13 m Kantenlänge steht praktisch vor der Stadtmauer und beherrscht so das Vorfeld, für Wohntürme eine eher ungewöhnliche Lage. (Abb. 95)

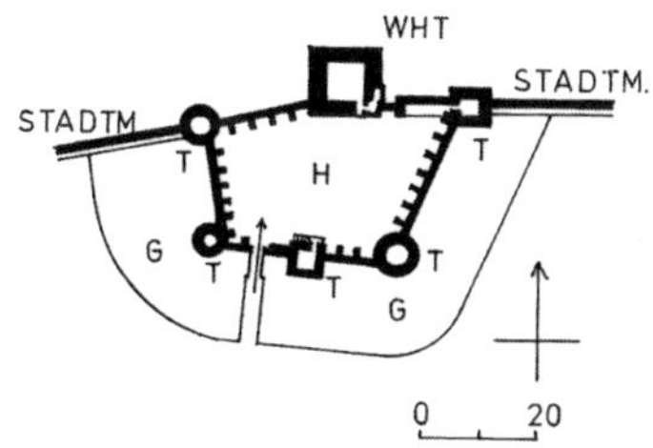

Abb. 95 Erkelenz

Der Kern der schönen Ruine *Henneberg* bei Stadtprozelten am Untermain ist im 12. Jahrhundert erbaut worden. Die vielen Wehrtürme hat der Deutsche Orden, der die Burg seit 1320 besaß, im 15. Jahrhundert hinzugefügt. (Abb. 96)

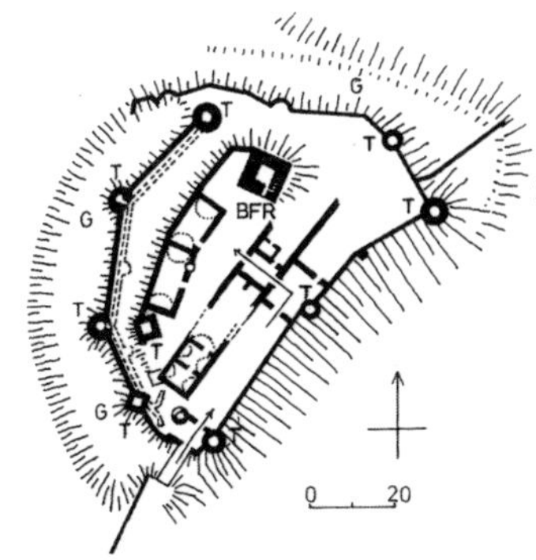

Abb. 96 Henneberg

Ungewöhnlich ist der in den Fels geschlagene unterirdische Gang auf der Westseite der Burg. In diesem Zusammenhang möchte ich darauf hinweisen, daß bei sehr vielen Burgen von den in der Gegend wohnenden Menschen immer wieder behauptet wird, es habe seinerzeit unterirdische Gänge gegeben, die im Notfall das Entkommen aus der belagerten Burg ermöglichen sollten. Solche Behauptungen sind in aller Regel frei erfunden. Unterirdische Gänge, wenn sie denn vorhanden waren, dienten eher der Verteidigung als der unbemerkten Flucht der Bewohner einer Burg.

Wehrturm und Burgtor Eine Verbindung von Wehrturm und Burgtor ist bei genau einem Drittel der mir bekannten Burgen mit Wehrtürmen zu finden. Die Bewachung eines Burgtores war also eine wesentliche Aufgabe von Wehrtürmen.

In nicht sehr vielen Fällen, die fast ausschließlich der späteren Burgenzeit zuzurechnen sind, entdeckt man ein von zwei Türmen flankiertes Tor, das ich im Zusammenhang mit dem Burgtor bereits behandelt habe. (Abb. 27) Die Burg *Rappottenstein* in Niederösterreich besitzt ein solches Tor in ihrer Vorburg, die aus dem späten Mittelalter stammt. (Abb. 97) Bei der Ruine *Kaya* im Bezirk Hollabrunn, ebenfalls in Niederösterreich, bewacht ein Wehrturm das Burgtor im Westen. Die Kernburg der gestreckten Anlage wurde vielleicht noch im 12. Jahrhundert erbaut. Die wesentlich tiefer gelegene untere Burg wurde erst viel später hinzugebaut. (Abb. 98)

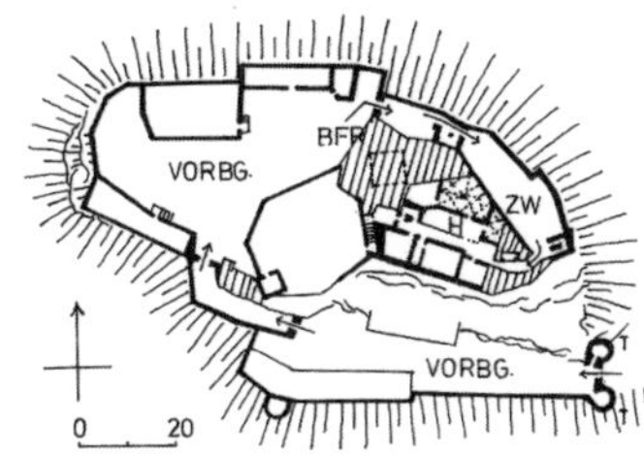

Abb. 97 Rappottenstein

Wehrtürme kommen in verschiedenen Formen vor. Jedoch überwiegen Kreis und Quadrat bei weitem, andere Formen wie Achteck und Halbkreis sind ziemlich selten. Wie bei den Tortürmen sind auch einige Wehrtürme auf der Innenseite offen geblieben, um dem Gegner keinen Schutz zu bieten, falls Teile der Burg erobert wurden. Wehrtürme sind selten auffallend hoch. Einige Ausnahmen bestätigen die Regel: Die Burg *Nassenfels* im Kreis Eichstätt, Bayern, die um 1300 erbaut wurde,

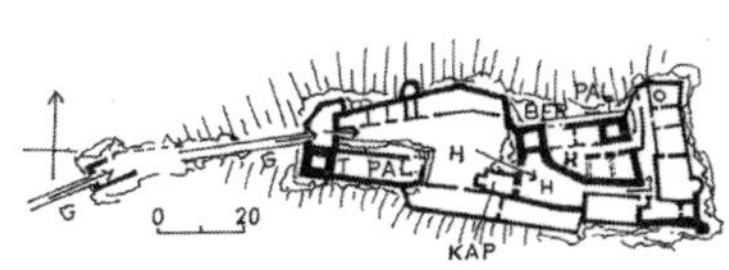

Abb. 98 Kaya

Abb. 99 Burg Nassenfels, Nordostseite

besitzt immerhin drei beachtlich hohe Wehrtürme in ihrer Ringmauer, die zusammen mit dem Bergfried das Bild einer turmreichen Burg entstehen lassen. (Abb. 99)
Ein weiteres Beispiel für einen hohen Wehrturm ist die Burg *Abenberg*, in deren Ringmauer ein einzelner Wehrturm von etwa 4,5 m Kantenlänge, aber weit über 20 m Höhe steht. Er stammt angeblich noch aus dem frühen 13. Jahrhundert und ist ein Bergfried-Ersatz.
Wehrtürme sind in den Burgen des deutschen Mittelalters nicht besonders häufig. Noch seltener prägen sie die Silhouette einer Burg, wie das bei der *Harburg* im bayrischen Donau-Ries-Kreis auf der Angriffsseite der Fall war. (Abb. 100)

Abb. 100 Nordwestseite der Harburg

Burgkapellen

Für die Menschen des Mittelalters besaß die christliche Religion einen hohen Stellenwert, den wir uns in unserer weitgehend säkularisierten Welt kaum noch vorstellen können. Die Religion beherrschte den Alltag der Menschen. Als Mittler zwischen Gott und den Menschen besaß der Klerus in der Burgenzeit einen ungeheuren Einfluß, der dadurch verstärkt wurde, daß die Priester als die einzigen Schriftkundigen zusätzlich notarielle und andere Aufgaben wahrnahmen. Erst im Verlauf des Mittelalters wurde es üblich, daß junge Adlige Lesen und Schreiben lernten, auch wenn sie nicht in die klerikale Laufbahn gezwungen wurden. Anfangs waren selbst Fürsten Analphabeten.
Es ist anzunehmen, daß die Burgherren, die ja zumeist auch Patrone ihrer Hörigen waren, auf die Existenz einer Kapelle in ihrer Burg und wenn möglich auf die dauernde Anwesenheit eines Priesters großen Wert gelegt haben. So wie jeder Bauer in Bayern noch heute einen Herrgottswinkel in seiner Wohnstube besitzt, wies vermutlich jede Burg wenigstens einen Kapellenerker oder auch einen Kapellenraum auf, oft aber sogar eine richtige Kapelle. Hier soll es nur um Kapellen als eigenes Gebäude oder erkennbarer Gebäudeteil gehen.
Burgkapellen liegen in 82 Prozent aller Fälle in der Kernburg, nur 15 Prozent von ihnen in einer Vorburg und lediglich 3 Prozent in einem Zwinger. Die Burgkapelle war demnach vor allem für die Bewohner der Burg selbst erbaut worden, also für die Herrschaft und deren Abhängi-

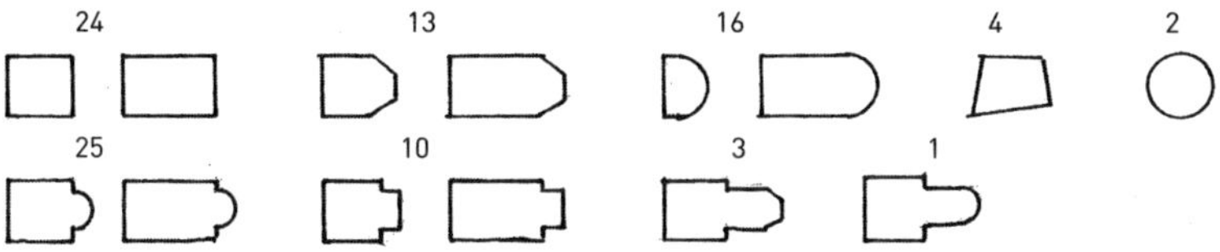

Abb. 101 Grundrisse von Burgkapellen

ge, weniger für Menschen, die außerhalb ihrer Mauern wohnten. Daß diese zum Gottesdienst in die Burg kamen, ist wahrscheinlich dennoch die Regel gewesen, denn ein Weiler neben der Burg besaß mit Sicherheit keine eigene Kirche, und seine Bewohner waren in aller Regel Hintersassen des Burgherrn.

Vermutlich lag es an der Enge auf Burgen und nicht am Willen des Burgherrn, daß bestenfalls 6 Prozent aller Kapellen frei im Burgraum standen, also nicht ein- oder angebaut waren.

Für Burgkapellen wurden die auch sonst üblichen Formen verwendet, die ich auf Abb. 101 dargestellt habe. Die häufigsten Formen sind das schlichte Rechteck und ein Rechteck mit halbkreisförmiger Apsis. Weitere Rechtecke mit rundem, rechteckigem und 3/8-Abschluß kommen ebenfalls relativ häufig vor. Einige Formen sind extrem selten, wie etwa der Kreis oder auch das Trapez. Eine derartig unregelmäßige Anlage wie die letztere wurde wohl nur akzeptiert, wenn der Grundriß der Burg nichts anders zuließ. Eine Kapelle hatte entsprechend ihrer Bedeutung im Mittelalter eigentlich regelmäßig zu sein. Wie man aus Abb. 101 ersehen kann, überwiegen bei den Burgkapellen einfache Formen. Kapellen mit einer halbrunden oder eckigen Apsis machen nur wenig mehr als ein Drittel aus. Kapellen mit einem kirchenähnlichem Chor sind mit nur insgesamt 4 Prozent recht selten.

Einige Beispiele sollen zeigen, wie sich eine Burgkapelle in der Burg unterbringen ließ: Unterhalb der Kernburg und nur über den Zwinger zugänglich liegt die rechteckige Kapelle der Ruine *Rundersburg* in St. Leonhard am Hornerwald in Niederrösterreich, die um 1200 erbaut und um 1300 schon wieder aufgegeben wurde. Die Kapelle war rückwärts an die Mauer angelehnt. (Abb. 102)

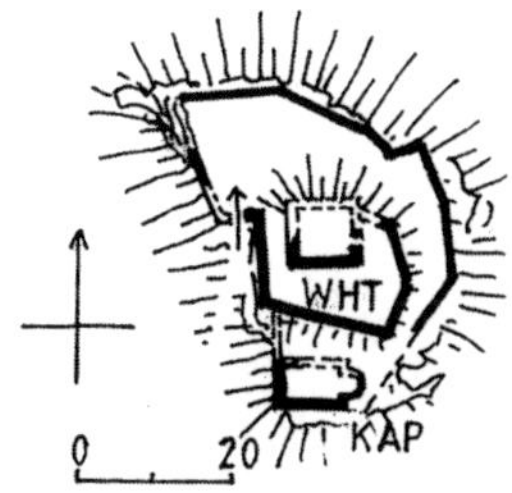

Abb. 102 Rundersburg

Vor 1200 wurde die Kapelle auf der *Kropfsburg* in Reith im Alpachthal bei Kufstein erbaut, die einen rechteckigen Grundriß mit 3/8-Abschluß erkennen läßt. Sie lehnt sich an die Ringmauer der Kernburg und ist mit der Burg im 17. Jahrhundert verfallen. (Abb. 103)

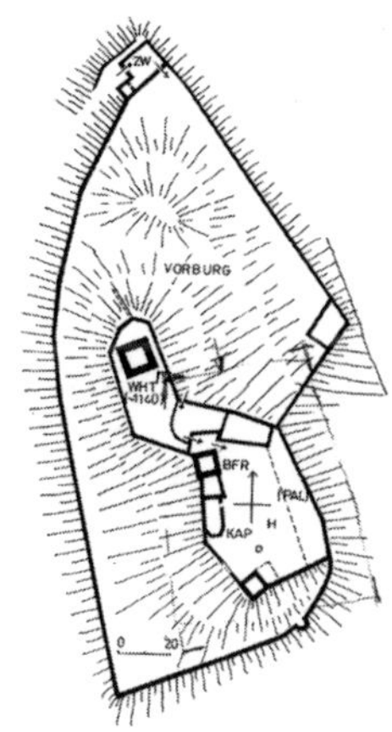

Abb. 103 Kropfsburg

Die aus der 2. Hälfte des 12. Jahrhunderts stammende Kapelle der Ruine *Giebichenstein* in Halle/Saale besitzt einen richtigen Chor mit halbrunder Apsis. Die Burg oberhalb der Stadt Halle war im Mittelalter von großer Bedeutung für das Gebiet der unteren Saale. (Abb. 104)

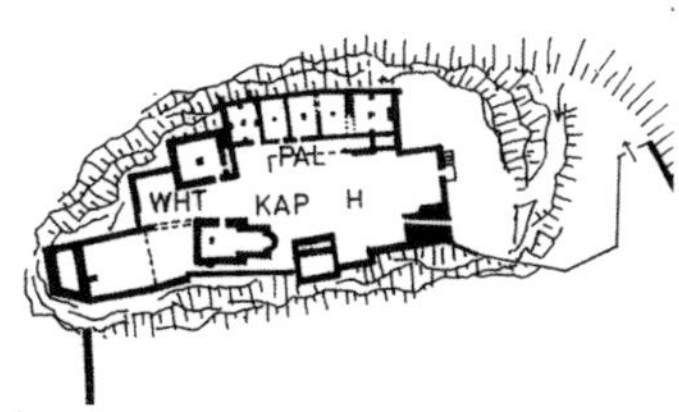

Abb. 104 Giebichenstein

Die Kapelle der Oberburg in *Kobern* im Kreis Mayen-Koblenz entstand um 1230 und ist mit ihrem sechseckigen Grundriß eine Rarität unter

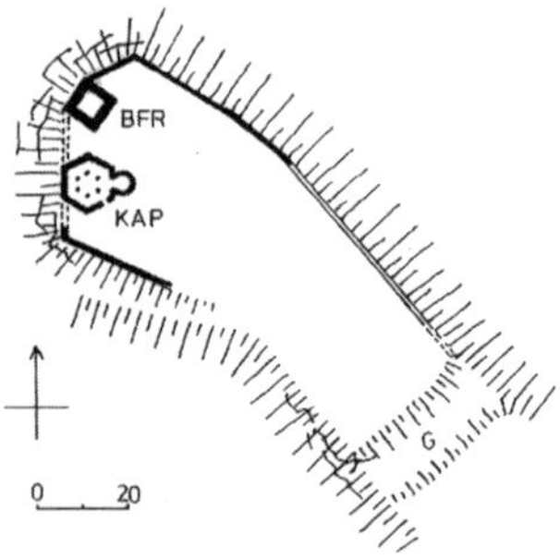

Abb. 105 Kobern

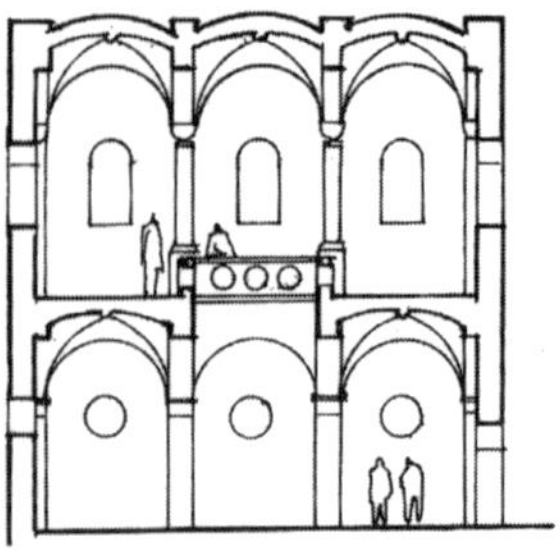

Abb. 106 Doppelkapelle ohne Dachstuhl

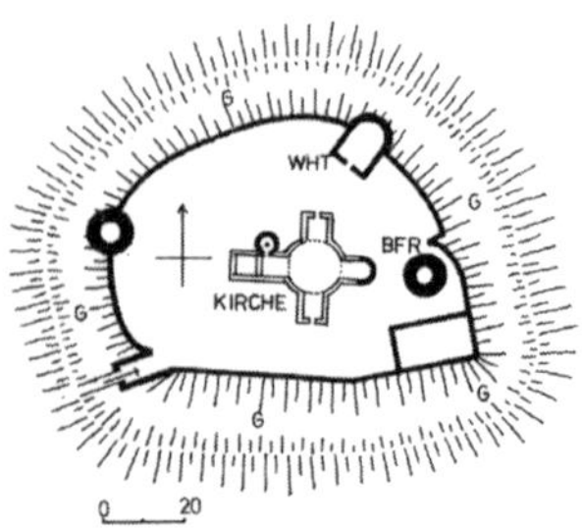

Abb. 107 Krukenburg

den Burgkapellen. Sie steht frei im Burgraum, lediglich mit ihrer Westseite ist sie an die Ringmauer angelehnt. (Abb. 105)

Die Kapelle in Kobern gehört zu den sogenannten *Doppelkapellen*. (Abb. 106) Unter diesem Begriff versteht man Kapellen mit zwei Stockwerken, die durch eine große Öffnung in der Decke miteinander verbunden sind. Die untere Kapelle diente den Untergebenen des Burgherrn, die obere Kapelle ihm selbst, seiner Familie und gegebenenfalls weiteren Personen von Stand. Dies unterstrich symbolisch die Position der Herren. Eine solche Kirche, die uns heute mit ihrer rigorosen gesellschaftlichen Trennung von Adligen und Untertanen unchristlich erscheint, wurde im Mittelalter keineswegs so empfunden, weil die sozialen Unterschiede als gottgewollt dargestellt und hingenommen wurden.

Unter Kirchenburgen versteht man ummauerte und befestigte Kirchen, die nicht zum ständigen Aufenthalt von Menschen, sondern nur für Notzeiten gedacht waren. Es gibt jedoch auch Burgen mit großen Kirchen in ihren Mauern. Der Dom von Braunschweig stand einst innerhalb der weiträumigen Ringmauer der Stadtburg Herzog Heinrichs des Löwen. In der *Krukenburg* in Helmarshausen (Bad Karlshafen) im Kreis Kassel steht eine Kirche aus dem 12. Jahrhundert. (Abb. 107) Sie gehörte dem Kloster Helmarshausen und wurde 1215–1220 zum Schutz des nahen Klosters vermutlich durch den Erzbischof von Köln zur Burg ausgebaut. Der Wohnturm entstand erst im 14. Jahrhundert. Seit dem 16. Jahrhundert ist die Krukenburg verfallen. Selbst als Ruine ist sie noch eindrucksvoll. Andere Kirchen in Burgen findet man unter anderem in der *Harburg* im Donau-Ries-Kreis in Bayern oder in *Querfurt* in Sachsen-Anhalt.

Die Zahl von Burgen, die Kirchen in ihren Mauern beherbergen, ist außerordentlich gering. Mir sind nur 15 solcher Burgen im deutschen Mittelalter bekannt.

Einige wenige Kapellen liegen über dem Zugang zur Kernburg, also im Torhaus, wie in der staufischen Pfalz *Gelnhausen* im Kreis Hanau, oder im Torturm, wie bei der Burg *Stargard* im Kreis Neubrandenburg in Mecklenburg-Vorpommern.

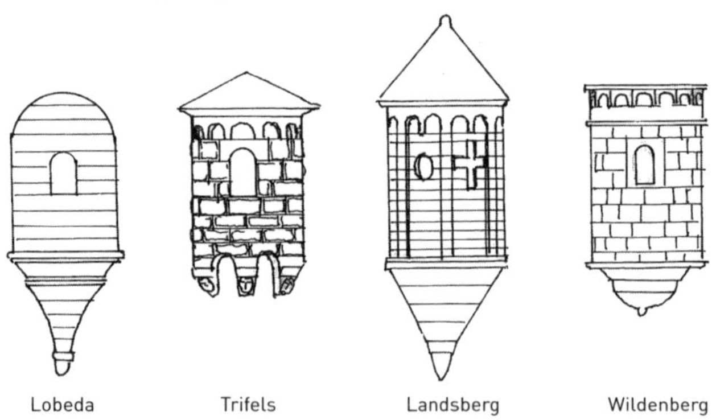

Abb. 108 Kapellenerker an einigen Burgen

Kapellenerker tragen in vielen, insbesondere romanischen Burgen unübersehbar zu deren Schmuck bei. Einige von ihnen habe ich in Abb. 108 etwas vereinfacht dargestellt. Der Erker auf der *Lobedaburg* bei Jena wurde mit dem Wohnturm um 1170 erbaut. Die Burg *Trifels* bei Annweiler in der Pfalz wurde um 1200 errichtet. Die um 1250 entstandene *Landsberg* im Elsaß zeigt den Kapellenerker hoch über dem Tor zur Kernburg. In ähnlicher Situation sieht man den Kapellenerker auf der Ruine *Wildenberg* bei Amorbach im Odenwald, die um 1200 errichtet wurde. Ob die Kapelle über dem Tor den Eingang der Burg segnen oder beschützen sollte, ist nicht geklärt.

Wichtige Details

Im Kontext mit der Ringmauer habe ich die wichtigsten Arten des Mauerwerkes besprochen. Im Zusammenhang mit Palas und Wohnturm habe ich über Fenster und Turmkonstruktionen berichtet. Einige wichtige Details stehen jedoch noch aus.

Decken und Gewölbe

Decken wurden in den Burgen des deutschen Mittelalters überwiegend in Konstruktionen aus Holz hergestellt. Holz gab es in den riesigen Wäldern reichlich und fast immer in der Nähe jeder Burg, der Transport von Holz war relativ leicht. Man mußte schon wichtige Gründe haben und relativ wohlhabend sein, um auf Holz als Baustoff für Decken verzichten zu können. Auf Abb. 109 ist dargestellt, wie Decken im Mauerwerk auflagen. Die üblichen Auflager waren im Mauerwerk ausgesparte Balkenlöcher, die wir aus zahlreichen Ruinen kennen.

Vermutlich wurde das Balkenloch beim Mauern ausgespart, dann der Balken eingelegt und danach das Mauern fortgesetzt. Denkbar wären auch sehr reichlich bemessene Balkenlöcher, in die nach der Beendigung aller Mauerarbeiten die Balken eingeführt wurden. Brauchbares Hebezeug kannte man bereits im frühen Mittelalter. Dieses Hebezeug hat übrigens Spuren hinterlassen, die sogenannten *Zangenlöcher* in Steinquadern, die man benötigte, damit die Zange des Krans sich festkrallen konnte, wenn das betreffende Stück hochgehievt wurde.

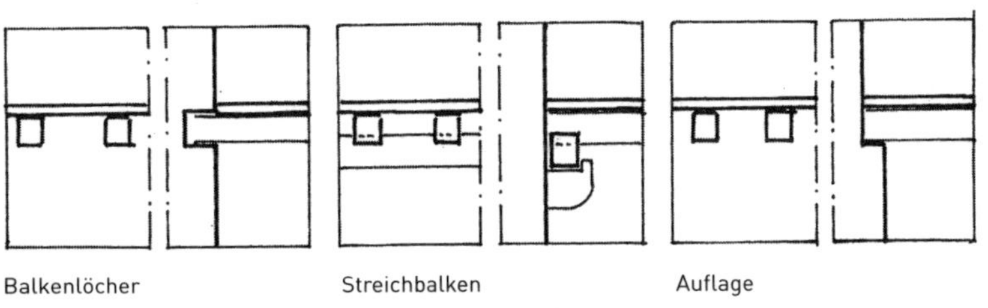

Abb. 109 Verschiedene Auflager von Holzbalkendecken

Für unregelmäßige Grundrisse besonders geeignet war der sogenannte Streichbalken. Er lag auf einer meist steinernen Konsole und diente als Auflager der Deckenbalken. Diese Konstruktion war vermutlich ziemlich aufwendig und ist daher nur äußerst selten bei uns in Deutschland zu finden.

Am bequemsten war wahrscheinlich das freie Auflager, das allerdings einen Rücksprung des Mauerwerkes um die entsprechende Breite voraussetzte. Bei Gebäuden mit drei Geschossen war eine derartige Konstruktion kein Problem, vorausgesetzt, die Mauer war stark genug für zwei Rücksprünge um je etwa 20–25 cm. Bei mehr als drei Geschossen war diese Konstruktion nur bei extrem starken Mauern in den unteren Geschossen realisierbar.

Wie man aus den Burgruinen mit erhaltenen Balkenlöchern weiß, wurde bei rechteckigen, nicht zu breiten Grundrissen, wie etwa bei Wohntürmen mit mehreren Geschossen, ein Wechsel der Balkenlage vorgenommen, um das betreffende Gebäude besser aussteifen zu können. Richtungswechsel von Deckenbalken machte nur Sinn bei Spannweiten unter 7 m.

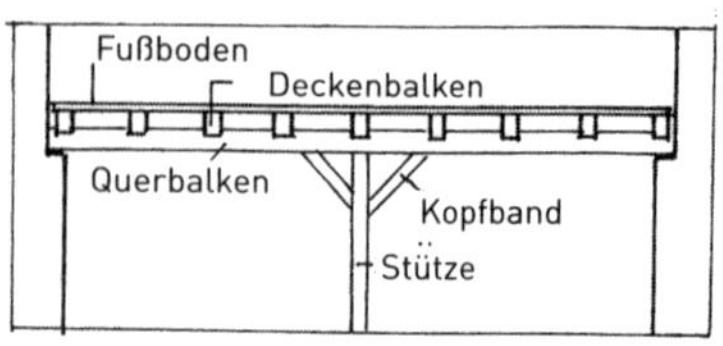

Abb. 110 Querbalken und Stütze

Trotz der damals reichlich bemessenen Balken war über diese Spannweite hinaus unabhängig von der Art der Auflage eine Unterstützung der Deckenbalken durch einen Querbalken notwendig. Dieser wurde wiederum mindestens an einer Stelle unterstützt, und die Stütze wurde durch Kopfbänder mit den Querbalken verbunden, wie auf Abb. 110 vereinfacht dargestellt ist.

Trennwände aus Fachwerk wurden, so darf man vermuten, meist auf die Decken- oder Querbalken aufgesetzt, um die Last besser zu verteilen. Rechnet man die üblicherweise hölzernen Dachstühle hinzu, entstand in jeder Burg so etwas wie ein Scheiterhaufen, der eine ständige Brandgefahr darstellte, die sich offenbar nicht vermeiden ließ, weil man ohne Holz in den wenigsten Fällen auskam. So sind denn im Laufe der Jahrhunderte viele Burgen durch Brände zerstört worden, die aus Unachtsamkeit oder durch Blitzschlag entstanden, wie man aus vielen Chroniken weiß, ein Schicksal, das auch die Städte bedrohte, die bis ins 19. Jahrhundert durch Brand vernichtet wurden. Schiller hat in seiner »Glocke« eine Feuersbrunst und ihre Folgen für die Betroffenen eindringlich geschildert, die zu seiner Zeit auch außerhalb kriegerischer Ereignisse immer wieder vorkam. Die Nachtwächter und Türmer hatten vor allem die Aufgabe, Brände rechtzeitig zu erkennen und Feueralarm zu geben. Dennoch erlebten Städte wie zum Beispiel Hof im heutigen Oberfranken noch im 19. Jahrhundert schlimme Stadtbrände.

Gewölbe Die einzige Alternative zu Holzdecken stellte ein Gewölbe dar, das allerdings viel teurer war als eine Konstruktion aus Holzbalken. Die Herstellung von Gewölben setzte mehr Fachkenntnisse voraus, als sie ein dörflicher Handwerker besaß. Es wurden Maurer eingesetzt, die auf einem *Lehrgerüst* das Gewölbe errichteten. Unter diesem Gerüst muß man sich eine Holzkonstruktion vorstellen, die dem Gewölbe die Form gab und es bis zur Fertigstellung trug, also eine aufwendige Konstruktion. Gewölbe wurden im Burgenbau aus zwei Gründen verwendet:

1. Wegen der Brandsicherheit vor allem im Bergfried oder Wohnturm, aber auch über Küchen, die ja stets eine Brandgefahr darstellten. Gewölbe konnten einem Brand durchaus widerstehen.
2. Weil schöne Gewölbe der Repräsentation dienten, wurden sie dort verwendet, wo es auf eine solche Wirkung ankam, also in Burgkapellen, in Sälen und repräsentativen Wohnräumen, aber auch zum Beispiel in einer ansprechenden Durchfahrt in einen Burghof, wie in der Kaiserpfalz *Gelnhausen*. Das setzte allerdings voraus, daß sich der Bauherr ein Gewölbe überhaupt leisten konnte, das für viele Ritter jedoch unerschwinglich blieb.

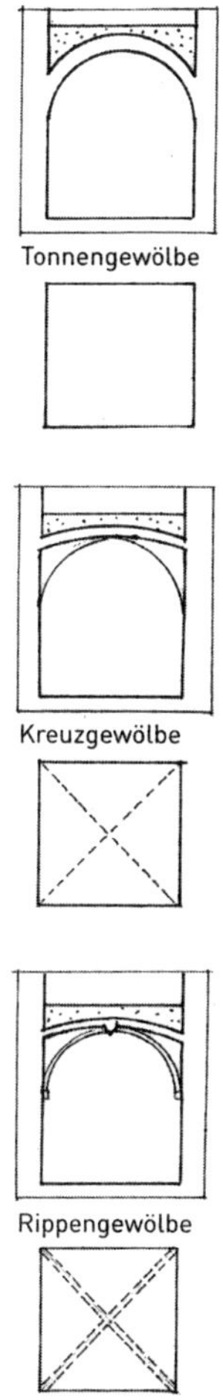

Abb. 111 Arten von Gewölben

Es gibt drei Arten von Gewölben, wie sie in Abb. 111 vereinfacht dargestelt sind. Das *Tonnengewölbe* entwickelt sich nur in einer Richtung, während sich das *Kreuzgewölbe* und das *Rippengewölbe* in vier Richtungen entwickeln. Die Schnittlinien der vier Teilgewölbe bilden im Grundriß ein Kreuz. Das Rippengewölbe besitzt an diesen Schnittpunkten steinerne Rippen, die das Gewölbe wesentlich leichter erscheinen lassen. Gewölbe benötigten für den Aufbau eines Fußbodens eine Hinterfüllung, die eine Ebene herstellte. Die Tonne erschien nicht besonders elegant und war daher für Räume mit Anspruch auf Repräsentation ungeeignet. Sie kommt in der frühen Burgenzeit öfter, später nur noch selten vor. Die kreuzförmigen Gewölbe hingegen, besonders das elegante Rippengewölbe, waren für Räume mit hohem Anspruch durchaus geeignet. Im späten Mittelalter sind Rippengewölbe in Wohnräumen vieler Burgen angewandt worden, sie waren zur Mode besser gestellter Adliger oder Patrizier geworden. Für den unbemittelten Ritter blieben sie aber wahrscheinlich auch weiter unbezahlbar.

Aber auch Holzdecken wurden im späten Mittelalter besonders schön gestaltet, nachdem die Möglichkeiten der Holzbearbeitung wesentlich verbessert worden waren. Die Herstellung von gleichmäßigen Brettern war seit der Erfindung der Sägemühlen am Ende des 13. Jahrhunderts erheblich einfacher, exakter und vor allem billiger geworden. So findet man im ausgehenden Mittelalter bereits getäfelte Holzdecken, die dem darunter liegenden Raum ein festliches Aussehen verliehen, ganz anders als die Untersichten der rauen Deckenbohlen und Balken. Aber auch solche Decken waren in den Burgen einfacher Ritter mit Sicherheit extrem selten.

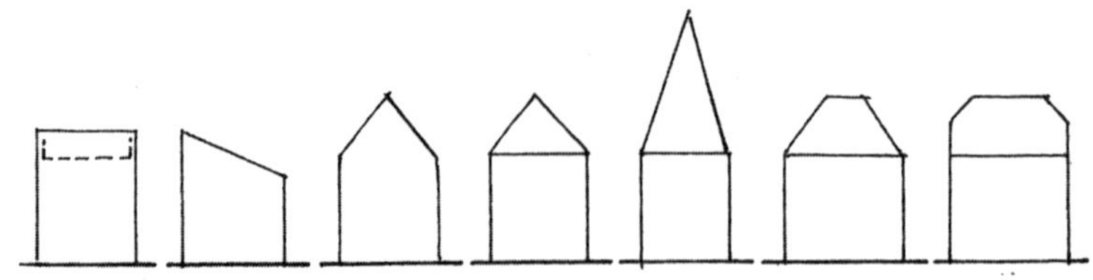

Abb. 112 Übliche Dachformen

Dächer

Alle heute bekannten Dachformen existierten auch bereits im Mittelalter. Die einzige Ausnahme stellt das *Mansarddach* dar, das erst von Mansard, dem Architekten Ludwigs XIV. von Frankreich, erdacht wurde. Die auf Abb. 112 gezeigten Dachformen kommen alle im Burgenbau vor, jedoch nicht gleich häufig. Flachdächer findet man fast nur bei offenen Wehrplattformen. Sie boten in ihrer Zeit große Probleme bei der Dichtung. Pultdächer benutzte man überwiegend für untergeordnete Gebäude, allerdings auch für Wohntürme. Sie benötigten keine aufwendige Dachkonstruktion, die für die folgenden Dachformen zwingend notwendig waren. Pultdächer waren also die sparsamste Lösung. Satteldächer wählte man für Gebäude aller Art. Zeltdächer tauchen eigentlich nur bei Türmen mit quadratischen oder runden Grundrissen auf. Spitzdächer über Türmen kommen erst im späten Mittelalter vor und nur dann, wenn ein Turm besonders hervorgehoben werden sollte. Walm- und Krüppelwalmdächer wurden gern dort benutzt, wo kein Anschluß an ein anderes Dach eines benachbarten Gebäudes vorkam. Ein steiles Walmdach besaß eine besondere Wirkung, wie beim Wohnturm in *Thun*. Der sogenannte Krüppelwalm, den man als eine Art Kombination von Sattel- und Walmdach bezeichnen kann, war vermutlich nicht sehr häufig.

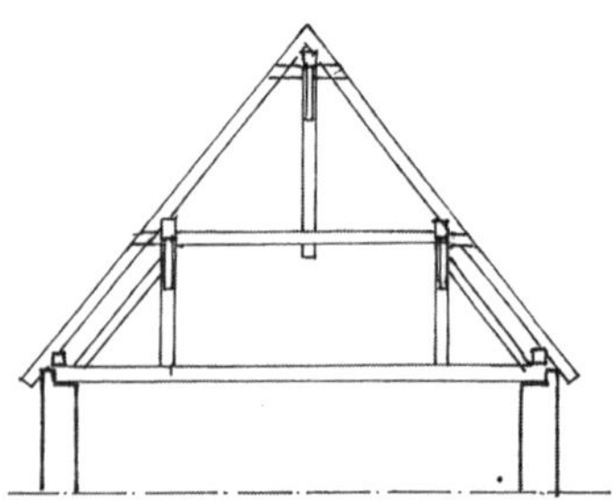

Abb. 113 Hölzerner Dachstuhl

Dachstühle waren selbstverständlich stets aus Holz gefertigt. Bevor die Sägemühlen sich überall durchgesetzt hatten, waren die Balken oft nur mit dem Beil geglättet. Ihre Verarbeitung war daher schwieriger als in späterer Zeit, als man exakt geschnittene Bohlen und Balken zusammenfügen konnte. Dachstühle waren daher vermutlich immer überdimensioniert und eher unansehnlich. Ein Dachstuhl für weite Konstruktionen über 8 m Spannweite, wie ich ihn in Abb. 113 angedeutet habe, war eigentlich immer ein Kunstwerk, weit entfernt von der Routine heutiger minimierter Konstruktionen erfahrener Zimmerleute. Die Handwerker jener Tage verdienen unsere Bewunderung. Dies gilt auch für Maurer, Steinmetze und andere, deren Wissen von Generation zu Generation durch Lehre weitergereicht wurde.

Als Material für die Dachdeckung kannte man damals:

Als *harte Deckung* Dachziegel und Schieferplatten. Schieferplatten dürften vor allem dort verarbeitet worden sein, wo man Schiefer abbaute, denn das spröde und schwere Material ließ sich mit damaligen Frachtwagen nicht über weite Strecken transportieren. Wie auch beim Mauerwerk wird man Transporte über große Entfernungen schon aus Kostengründen vermieden haben.

Die *weiche Deckung* aus handgerissenen Holzschindeln oder Reet war wesentlich leichter zu beschaffen, meist in der Nähe der Burg. Sie waren beide freilich wenig dauerhaft und noch dazu brandgefährlich. Dennoch muß man annehmen, daß in der frühen Burgenzeit, also bis in die Mitte des 13. Jahrhunderts, weiche Dachdeckungen, insbesondere Holzschindeln, überwogen.

Bleiblech auf Holzbohlen kannte man seit langem, doch war diese Art der Deckung extrem teuer und daher selten. Sie wurde vor allem bei anspruchsvollen Bauten verwendet, im Burgenbau, von Ausnahmen abgesehen, eher nur zu Bewältigung schwieriger Dichtungsprobleme in begehbaren Flachdächern und Kehlen geneigter Dächer.

Dachstühle oder Dachdeckungen aus der Zeit des Mittelalters sind nicht bis in unsere Tage hinein erhalten geblieben, denn Dächer besitzen keine sehr lange Lebensdauer. Daher ist man in Bezug auf die Dächer der Burgen weitgehend auf Vermutungen angewiesen.

Heizung

Kamin Selbst in milden Wintern wird es in Mitteleuropa recht ungemütlich. Das war zu Burgenzeit nicht anders. Zwar weiß man von günstigen klimatischen Bedingungen um die Jahrtausendwende, die bis ins 13. Jahrhundert anhielten, ehe es mit dem 14. Jahrhundert wieder kälter wurde, aber kalt waren selbstverständlich auch diese Winter.

Um ihnen zu begegnen, kannte man zunächst nur das offene Feuer als Wärmequelle. Dieses offene Feuer brannte im Haus des Hörigen in einer Kuhle, der Rauch entwich durch eine Öffnung im Dach. Dabei war es relativ leicht, Schinken oder Wurst in den Rauch zu hängen und damit zu konservieren. Vorausgesetzt natürlich, daß es etwas zum Hängen gab.

Auf Burgen existierte meist ein Raum, der einen Kamin besaß, der darum den Namen *Kemenate* erhielt, eine Ableitung vom lateinischen Wort *caminata*, worunter man eine Ausstattung mit einem Kamin verstand. Die Kemenate wurde ihrer Wärme wegen sehr bald zu einem bevorzugten Aufenthalt der Frau und Töchter des Burgherrn, denen die Wärme in der Nähe des Kamins behagte. Daher ist die Kemenate auch das Synonym für ein Damenhaus geworden, wohlgemerkt der Damen, denn das Personal hatte dort bestenfalls im Dienst etwas zu suchen. Man darf sich jedoch keinen Illusionen hingeben, der Kamin wirkt eher als ein Strahler denn als Heizung. Richtig warm ist es bis ins hohe Mittelalter auf einer Burg vermutlich selten gewesen.

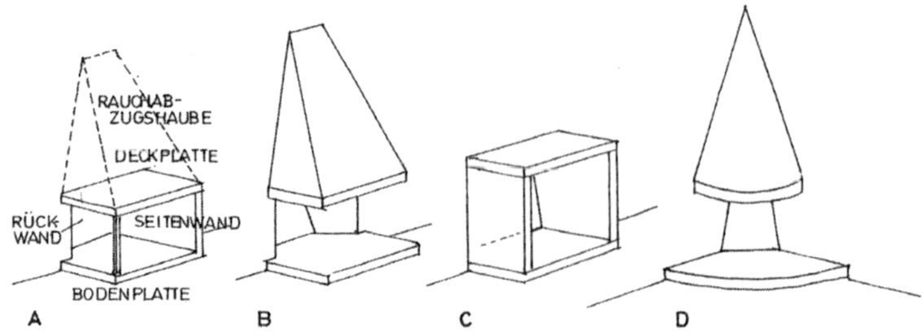

Abb. 114 Kamin: Prinzip des Kamins und einige Formen.

Im Hauptturm der Burg *Surcasti* im Kanton Graubünden hat man anstelle eines Schornsteines eine schräg nach oben führende Öffnung als Rauchabzug in der Mauer gefunden, unter der wahrscheinlich ein offenes Feuer entfacht werden konnte. Das war wohl die primitivste Stufe einer Feuerstelle in einem Burggebäude.

Üblicherweise benutzte man Kamine, in denen große Scheite brennen konnten. Kamine bestanden, wie auf Abb. 114 unter A zu erkennen ist, im Prinzip aus fünf Teilen in verschiedener Ausführung, von denen zum Funktionieren drei vorhanden sein müssen. Aus diesen Komponenten entstanden Kamine unterschiedlichster Formen, von denen drei hier als Beispiele abgebildet sind. Eigentlich hat sich am Kamin bis in unsere Tage hinein wenig geändert, sieht man davon ab, daß Kamine heute überwiegend zum Vergnügen am Feuer und nicht zum Heizen gebaut werden. Der Kamin ist also von der bitteren Notwendigkeit zu einem Luxusgegenstand geworden. Die Bodenplatte ist stets vorhanden, auch die Rückwand, wenn auch in diversen Ausführungen. Unter B ist ein Kamin mit Rauchabzugshaube, ohne Seitenwände und mit geknickter Rückwand gezeichnet. Unter C ist ein Kamin mit Seitenwänden und Deckplatte dargestellt und unter D ein Kamin über Eck mit Rauchabzugshaube und schräger Rückwand, die Seitenwände werden hier durch die Raumwände gebildet.

Kamine in Burgen waren eher groß als klein, denn man mußte ja große Scheite verwenden, um nicht dauernd nachlegen zu müssen. Die Wirkung der Flammen oder der Glut auf das Raumklima blieb allerdings begrenzt, wie man noch heute an einem Kaminfeuer erfahren kann. Von einer optimalen Heizung, wie sie bereits die Römer gekannt hatten, war man im Mittelalter weit entfernt. Der Kultur- und Zivilisationsverlust nach dem Untergang Roms muß ungeheuer gewesen sein.

Sicherlich hat man auch mit Kohlebecken geheizt, in denen glühende Holzkohle Wärme abstrahlte, aber bei wirklicher Kälte war diese Heizung bestenfalls für die Erwärmung der Hände geeignet.

Ofen Ganz sicher ist man sich heute nicht, wann und wo der Ofen als Heizungsform entdeckt worden ist. Jedenfalls kann man seit der Zeit um die Mitte des 13. Jahrhunderts Reste von Öfen in Burgruinen entdecken.

Meist sind Ofenkacheln oder ein Anschluß an einen Schornstein erhalten, frühe Öfen leider nicht. Das Prinzip eines Ofens beruht darauf, daß man die heißen Abgase von der Feuerstelle bis zum Eintritt in den Schornstein einen möglichst langen Weg in sogenannten Zügen nehmen läßt, bei dem die Hitze von Schamottsteinen aus feuerfest gebranntem Ton gespeichert und an die Oberfläche weitergegeben wird. Die große Oberfläche des Ofens gibt die Hitze langsam an die Raumluft ab. Natürlich dauerte es seine Zeit, ehe sich der Ofen überall durchsetzte. Billig war eine solche Anlage zuerst bestimmt nicht, denn sie konnte nur von einem erfahrenen Ofensetzer erbaut werden. Man darf aber annehmen, daß Öfen beim wohlhabenden Adel und damit auf den Burgen zuerst verwendet wurden. Wo Öfen vorhanden waren, gab es selbst im kältesten Winter so etwas wie Gemütlichkeit, die noch heute weltweit von vielen Menschen geschätzt wird. Zum Inbegriff der Behaglichkeit wurde die Ofenbank, auf der man hinter dem Ofen saß. Vermutlich entstand diese Bezeichnung dadurch, daß der Ofen nicht in einer Raumecke stand und daher zwischen Ofen und Wand eine Nische blieb, die vom Raum aus hinter dem Ofen lag.

Abtritt

Während im alten Rom die Beseitigung menschlicher Exkremente mittels Wasserspülung weit entwickelt und weit verbreitet war, gab es im Mittelalter dergleichen nicht. Der bereits erwähnte Zivilisationsverlust hatte die Kenntnis derartiger Errungenschaften restlos verschüttet. Bis weit ins 19. Jahrhundert blieben der Abtritt und tragbare Behälter für Exkremente die übliche Ausstattung auch reicher Haushalte.

Abtritte waren oft zu ebener Erde, in nicht allzu weiter Entfernung von der Wohnung liegende Holzhäuser über einer Fäkaliengrube. Derartige Einrichtungen muß es auch auf den Burgen gegeben haben, doch ist von ihnen natürlich nichts übrig geblieben. Sie waren nur für temporäre Nutzung gedacht und mußten nach einiger Zeit an eine andere Stelle umgesetzt respektive dort neu errichtet werden. Auf Burgen findet man nicht selten die Reste einer für damalige Verhältnisse anspruchsvollen Einrichtung, dem Abtrittserker. Der Bewohner eines Gebäudes mit dieser Einrichtung mußte nicht bei Nacht und Nebel aus dem Haus gehen, sondern konnte im Haus selbst einen Abtritt benutzen. Dieser Luxus war selbstverständlich im Prinzip für die Herrschaften gedacht. Entstanden ist er vermutlich durch die Notwendigkeit, einen Wohnturm oder ein festes Haus über längere Zeit nicht verlassen zu können, weil man von Feinden umringt wurde.

Voraussetzung für die Anlage eines Abtrittes in einem der Burggebäude war, daß unter diesem Erker nicht gerade ein viel begangener Platz der Burg lag. Immerhin mußte man bei Dauerbenutzung mit Geruchsbelä-

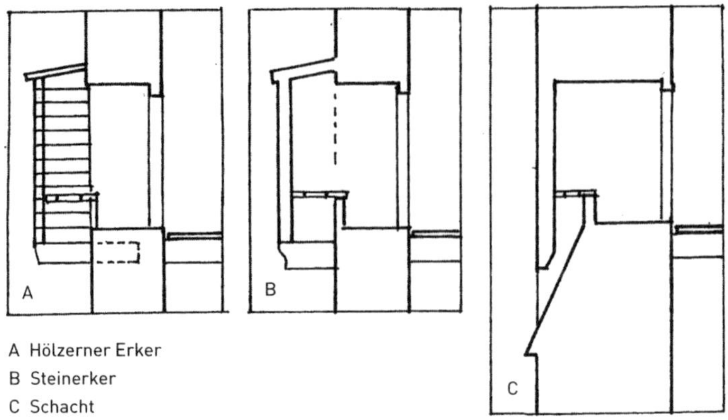

A Hölzerner Erker
B Steinerker
C Schacht

Abb. 115 Abtrittserker

stigung rechnen, die auch der hartgesottenste Ritter nicht wünschte. Die ideale Lage eines Abtritts für Dauernutzung war oberhalb eines Steilabfalls von großer Höhe. Auch der vermutlich ohnehin moderige Wassergraben oder Teich einer Wasserburg bot sich an. Andere Lagen, etwa oberhalb eines Zwingers oder dem Vorgelände einer Burg, sprechen eher dafür, daß der Abtrittserker nur im Notfall benutzt wurde. Es ist kaum anzunehmen, daß sich die Bewohner einer Burg ohne Not die Exkremente quasi vor die Burg legten. Besonders deutlich wird das beim Wohnturm in der Kaiserpfalz *Wimpfen* im Kreis Heilbronn, die Ende des 12. Jahrhunderts begonnen wurde. Der Abtrittserker im sogenannten Roten Turm hing über dem Zwischenraum von Turm und Mauer.

Drei Formen von Abtritten in Burgen kann man auf Abb. 115 erkennen: den wahrscheinlich am weitesten verbreiteten hölzernen Erker (A), von dem außer der Türöffnung meist nur die beiden Löcher für die Konsolen übriggeblieben sind, den wesentlich selteneren Erker aus Steinen (B) und den ebenfalls kaum vorkommenden Abtritt mit einen Schacht, der nach außen führt (C). Diese Lösung war, wie sich denken läßt, die am wenigsten hygienische und barg die Gefahr, daß der Abtritt im Winter einfror und dann verstopfte.

In diesem Zusammenhang erwähnenswert ist ein steinerner oder hölzerner Schacht, der vom Abtritt bis in eine Fäkaliengrube führte. So etwas glaubt man als Rest eines Steinschachtes an dem Wohnturm aus der Salierzeit der Ruine *Schlößli* in Klingenmünster in der Pfalz gefunden zu haben, vielleicht auch an der Wohnturmruine *Arnsburg* in Lich im hessischen Kreis Gießen und am Wohnturmrest *Elsau* im Bezirk Winterthur, Kanton Zürich. (Abb. 116) Hölzerne Schächte hat man an der Kernburg der *Marksburg* in Braubach am Rhein rekonstruiert. Die Lebensdauer solcher hölzerner Schächte war wie die aller Konstruktionen aus Holz natürlich begrenzt. Daher gibt es keine Reste, jedoch gelegentlich vertikale Verfärbungen an einer Mauer und an vermauerten Öffnungen, die auf einen einst vorhandenen Schacht hindeuten könnten.

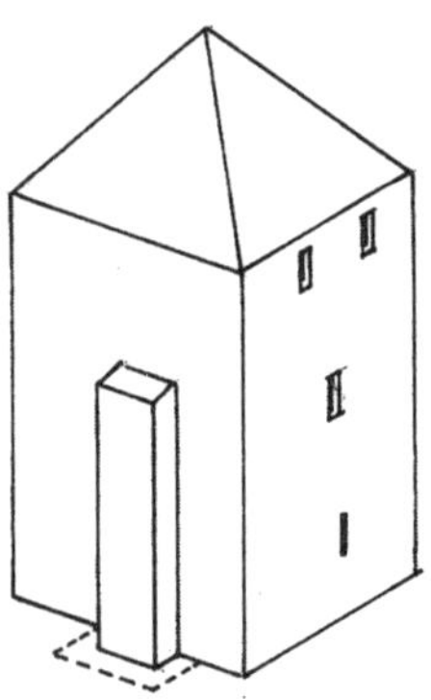

Abb. 116 Abortschacht

Die Abtritte auf Burgen waren, wie immer sie auch hergestellt worden sind, eine recht luftige Angelegenheit, denn der Wind pfiff stets durch das Loch im Sitzholz. Auch die schönste Burgenromantik vermag nicht über derartige Unannnehmlichkeiten hinwegzutäuschen. Die romantischen Vorstellungen entstanden allerdings in der ersten Hälfte des 19. Jahrhunderts, das in hygienischer Hinsicht noch keineswegs hohe Ansprüche stellte.

Brunnen und Zisterne

In einer Wohnfestung, die theoretisch ständig von Belagerung bedroht war, spielte die Wasserversorgung eine wichtige Rolle. Neben der Eignung eines Bauplatzes für die Verteidigung mußte ein Bauherr auch auf eine möglichst gute Versorgung seiner Burg mit Wasser achten.

Üblicherweise ließ man einen Brunnen graben, was bei Burgen in Höhenlagen wegen der großen Entfernung zum Grundwasser oft schwierig war. Bei der Burg *Stolpen* im sächsischen Kreis Sebnitz reichte der Brunnen in 96 m Tiefe, auf *Helfenstein* in Geislingen in Baden-Württemberg war der Brunnen einst 100 m tief und auf der *Harburg* im bayrischen Donau-Ries-Kreis sogar 128 m. Brunnen dieser Tiefe waren selbstverständlich teuer, auch wenn Preisangaben heute nicht mehr möglich sind. Tiefen bis 50 m waren jedoch durchaus keine Seltenheit.

Der Brunnen einer Burg lag üblicherweise im Hof der Kernburg, wo er für alle Benutzer gut zugänglich war. Für diese Regel gibt es aber unzählige Ausnahmen: Er konnte außerhalb der Kernburg im Zwinger liegen, wie bei der Ruine *Alt Bechburg* im Kanton Solothurn oder den Ruinen *Dreistein* in St. Odilien im Elsaß. Er konnte auch in der Vorburg liegen wie bei der *Homburg* im Main-Spessart-Kreis oder bei *Arras* in Alf im Kreis Cochem-Zell.

In einem Dutzend Burgen hat man einen Brunnenturm gebaut, der den bis zur Talsohle abgeteuften Brunnen schützte. Besonders schön ist der Brunnenturm der Burg *Trifels* bei dem Städtchen Annweiler im Kreis Landau-Bergzabern in der Pfalz. Der staufische Turm reicht rund 18 m in die Tiefe und ist zugleich ein Verteidigungswerk im Aufstieg zur Burg. (Abb. 117) Ob sich König Richard Löwenherz an diesem Brunnenturm erfreute, als er 1192 auf dem Trifels von Kaiser Heinrich VI. von Hohenstaufen zur Erpressung eines exorbitant hohen Lösegeldes gefangengehalten wurde, mag bezweifelt werden.

Abb. 117 Trifels, Brunnenturm

Aufwendiger ist die sogenannte Wasserkunst der Burg *Ortenburg* in der Stadt Bautzen in der Oberlausitz. Da die Stadt das Zentrum des Sechsstädtebundes gewesen ist, also eine gewisse Bedeutung in der Region besaß, war der Aufwand wohl gerechtfertigt. Weiter Beispiele sind *Falkenberg* in der Oberpfalz und *Scharzfels* im Harz.

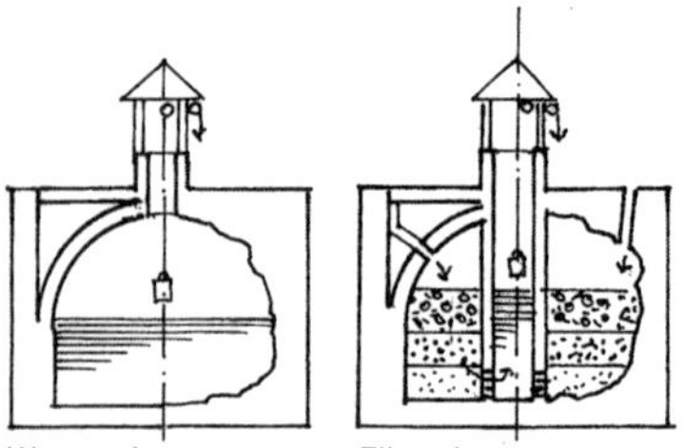

Abb. 118 Zisternen

Im Mittelmeergebiet kannte man bereits seit langem *Zisternen* als Wasserbehälter. Für ihre Herstellung gibt es grundsätzlich zwei Möglichkeiten: gemauerte oder in den Fels gehauene Anlagen, die ich vereinfacht in Abb. 118 dargestellt habe. Zwei Varianten waren möglich, die *Wasserzisterne* und die *Filterzisterne*. Im ersten Fall lief das gesammelte Wasser in ein Reservoir, im zweiten Fall in ein mehrschichtiges Sand- und Kiesfilter, in dem das Wasser gereinigt wurde. Löcher ließen das durch die Schichten gereinigte Wasser in den Brunnenschacht gelangen, von wo es über den Schöpfeimer nach oben geholt werden konnte. Über Zisternen standen stets Brunnen, die nach Möglichkeit überdacht waren, um Verschmutzung zu vermeiden. Man benötigte für die Aufhängung der beiden Räder für das Tau oder die Kette zum Herablassen des Eimers ohnehin ein festes Gestell. Die Einrichtung über einem Brunnen und einer Zisterne war identisch.

Für kurze Zeit konnte man Wasser auch in Holzfässern aufbewahren, zum Beispiel in einem Wohnturm, wenn dessen Einwohner von außen bedroht wurden. Doch hält sich Wasser in hölzernen Behältern nur kurze Zeit, wie noch die Seefahrer vor nur zweihundert Jahren immer wieder erfahren mußten. Daher war eine Zisterne oder ein Brunnen im Wohnturm gewiß wünschenswert, aber leider selten. Tatsächlich hat es beides gegeben. Beim zunächst allein stehenden Wohnturm von *Alt Bechburg* im Bezirk Oensingen, Kanton Solothurn, befand sich unter dem Keller eine Zisterne. Beim ebenfalls allein stehenden Wohnturm *Merxheim* im Kreis Bad Kreuznach, Rheinland-Pfalz, gab es einen Brunnen im Turm, der im Erdgeschoß zugänglich gewesen ist.

Zisternen findet man vor allem bei Burgen auf Felstürmen oder Felsmassiven, immer dann, wenn der Fels nicht zu porös war und Wasser gut hielt. Ich habe in der Brunnenöffnung der Zisterne der winzigen Burg *Brandstein* im Landkreis Hof in Oberfranken, die auf einem circa 4 m hohen Fels steht, in einem trockenen Sommer reichlich Wasser gefunden. Die Zisterne war auch nach sechshundert Jahren noch dicht.

Formen

Wenn man Burgengrundrisse in größerer Zahl betrachtet, wird man mit Erstaunen feststellen, daß sehr viele von ihnen überhaupt keine Formen mehr erkennen lassen. Etwa ein Viertel aller von mir gesammelten Grundrisse sind nicht mehr ausreichend komplett. Der Grundriß von weiteren 30 Prozent der Burgen ist von amorpher, also nicht definierbarer Gestalt. Nur etwa 46 Prozent, also weniger als die Hälfte aller Grundrisse, lassen sich als erkennbare Form definieren. Zieht man von diesen definierbaren Grundrissen jene ab, von denen sich lediglich feststellen lässt, daß sie unregelmäßig polygonal sind, verbleiben nur 37 Prozent, die man bestimmten Formen zuordnen kann.
Ein typisches Beispiel für eine Burg mit amorphem Grundriß ist die untere Burg *Alt Scharnstein* im Bezirk Gmunden in Oberösterreich. Ihr Zickzack-Grundriß aus dem 13. Jahrhundert, der dem Gelände angepaßt ist, zeigt besonders deutlich, was mit amorph gemeint ist. (Abb. 119) Als Beispiel für eine unregelmäßig polygonale Burg nenne ich die *Obernburg* in Gudensberg im hessischen Schwalm-Eder-Kreis, die auf die Zeit um 1200 zurückgeht. (Abb. 120)
Die Einordnung in bestimmte Grundrißformen ist nicht immer ganz einfach, denn es gibt einige Überläufer, also Grundrisse, die man zwei Formen zuordnen könnte. Von dieser Unschärfe einmal abgesehen, kann man folgende Formen ausmachen: rechtwinklig (53 Prozent), trapezförmig (20 Prozent), rund (14 Prozent) und polygonal (13 Prozent). Die genannten Formen schließen immer Annäherungen ein, also fast rechtwinklig oder fast rund usw. Auf Abb. 121 habe ich die verschiedenen rechteckigen und trapezförmigen Formen dargestellt und jeweils die Anteile an sämtlichen erkennbaren Formen vermerkt. Die drei rechtwinkligen Formen sind beinahe gleich oft vertreten. Die gezeigten Burgen sollen dem Betrachter die jeweiligen Grundrißformen als typische Beispiele verdeutlichen.

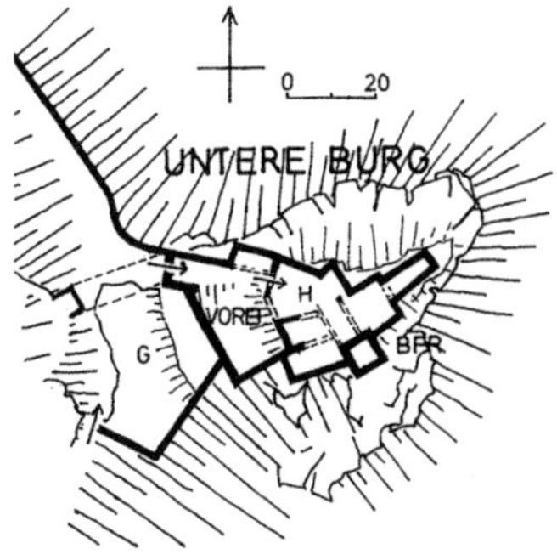

Abb. 119 Alt Scharnstein

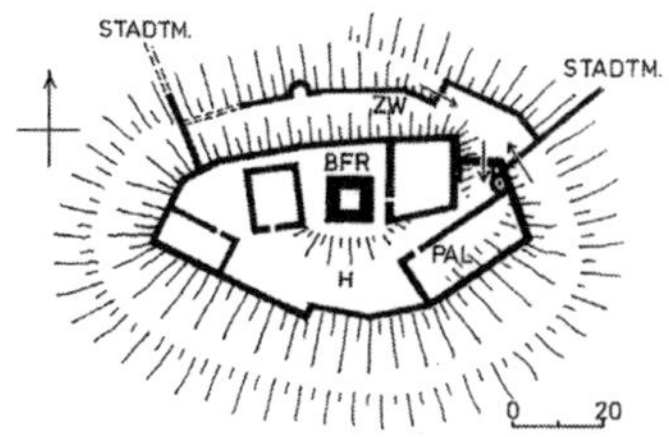

Abb. 120 Obernburg

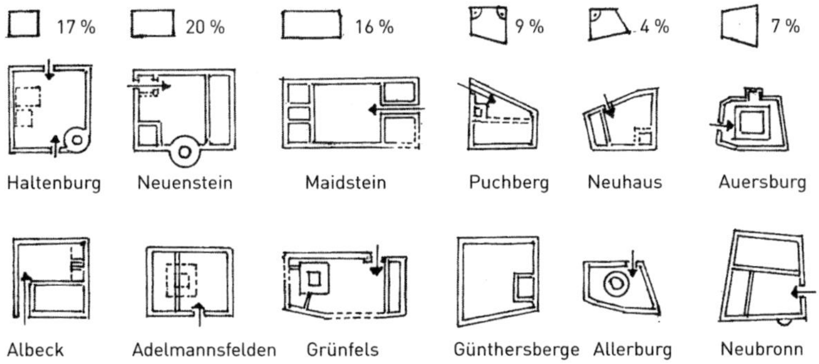

Abb. 121 Grundrißformen: rechtwinklig und trapezförmig

Quadrat Der Grundriß der Ruine *Haltenburg*, die um 1250 in recht ungeschützter Lage am Hochufer des Lech in Scheuring, Kreis Landsberg am Lech, erbaut wurde, ist ein exaktes Quadrat. Die Kernburg der Ruine *Albeck* in Sulz am Neckar wurde vermutlich 1240 begonnen. Für eine Höhenburg ist das Quadrat recht ungewöhnlich, denn es erscheint zu 75 Prozent bei den Burgen im Flachland. Das liegt vor allem an den oft quadratischen Grundrissen von Wasserburgen.

Kurzes Rechteck Diese Figur ist unter den rechtwinkligen Formen ein wenig häufiger. Die im 17. Jahrhundert umfassend erneuerte Burg *Neuenstein* im hessischen Kreis Bad Hersfeld, die heute als Forstamt dient, wurde 1318 nach einer Zerstörung neu erbaut. Sie liegt auf einem flachen Hügel. Das heutige Schloß *Adelmannsfelden* im Kreis Aalen, Baden-Württemberg, war ursprünglich eine Turmburg aus dem 12. Jahrhundert. Der Wohnturm wurde später durch einen Palas ersetzt. Dieser Grundriß kommt zu 43 Prozent im Flachland und zu 51 Prozent in Berglagen vor; er ist also in keiner Lage dominant.

Langes Rechteck Der Kern der Ruine *Maidstein* im böhmischen Krems (Kremze), Bezirk Krumau (Krumlov), wurde zur Zeit Kaiser Karls IV. 1348 erbaut. Auch die Ruine *Grünfels* bei Murau in der Steiermark stammt aus dieser Zeit. Sie wurde am Ufer der Mur errichtet. Das lange Rechteck findet man zu mehr als 75 Prozent in Berglagen. In dieser Kategorie sind nicht ganz rechteckige Formen sehr zahlreich.

Trapez mit zwei rechten Winkeln Die kleine Burgruine *Puchberg* am Schneeberg im Bezirk Neunkirchen, Niederösterreich, stammt aus der Mitte des 13. Jahrhunderts. Der Grundriß stellt die Form besonders deutlich dar. Die ausgegrabenen Ruine *Günthersberge* im Kreis Quedlinburg, Sachsen-Anhalt, stand in einer Ecke einer inzwischen abgegangenen Stadt. Die Trapezform mit zwei rechten Winkeln kommt zu jeweils 45 Prozent im Berglagen wie im Flachland vor, ist also ebenfalls in keiner Lage dominant.

Trapez mit einem rechten Winkel Die Anzahl dieser Grundrißform ist nicht besonders groß. Die im Barockschloß verbaute Burg *Neuhaus* im Triestingtal im Bezirk Baden, Niederösterreich, stammt aus dem 2. Viertel des 13. Jahrhunderts. Von der Turmburg *Allerburg* bei Namborn im Kreis St. Wendel, Saarland, ist wenig erhalten. Ihr Grundriß ist ebenfalls ein Trapez, wenn auch in einer Längsseite leicht geknickt. Diese Form ist in keiner Position auffallend oft vertreten.

Trapez ohne rechten Winkel Die Ruine der Turmburg *Auersburg* in Weichselburg in Slowenien wurde wohl Ende des 12. Jahrhunderts erbaut und später nach Westen erweitert, was hier nicht dargestellt ist. Das Schloß *Neubronn* im Kreis Aalen, Baden-Württemberg, enthält eine Wasserburg, die 1376 erstmals genannt wurde. Grundrisse dieser Form findet man vor allem im Bergland (64 Prozent), wo sie vermutlich durch Anpassung an topographische Gegebenheiten entstanden.

Die folgenden Grundrisse der Kategorien rund und polygonal stellen zusammen weit weniger als ein Drittel aller Burgengrundrisse mit erkennbaren Formen. Die auf Abb. 122 gezeigten Beispiele sind also nicht die Norm, sondern eher Ausnahmen. Dennoch sind einige von ihnen recht interessant, auch die sehr seltenen sechs- und achteckigen Beispiele.

Kreisrunde Formen Kreisrund ist der Grundriß des Schlosses *Habendorf* im Kreis Reichenbach in Schlesien als Rest einer Wasserburg des 14. Jahrhunderts. Polygonalrund ist das Schloß *Büdingen* im hessischen Wetteraukreis, das 1166 begonnen wurde. Das schöne Schloß im Besitz der Fürsten von Isenburg-Büdingen ist vorzüglich erhalten. Kreisrunde Grundrisse kommen nach meiner Erkenntnis nur im Flachland vor.

Halbrunde Formen Die kleine Kernburg der Ruine *Braunsberg* in Anhausen im Kreis Neuwied ist ab 1179 erbaut worden. Die halbrunde Seite scheint der Form des Geländes gefolgt zu sein. Die Kernburg von *Dilsberg* in Neckargemünd im Rhein-Neckar-Kreis wurde 1230 begonnen. Die halbrunde Form ist ebenfalls polygonal konstruiert. Die halbrunden Formen sind erstaunlicherweise zu zwei Dritteln in Berglagen zu finden. Man darf vermuten, daß diese Form durch das Gelände bedingt gewesen ist.

Ovale Formen Das gilt auch für viele der nicht gerade häufigen ovalen Grundrisse, von denen mehr als die Hälfte im Bergland liegt. Die ovale

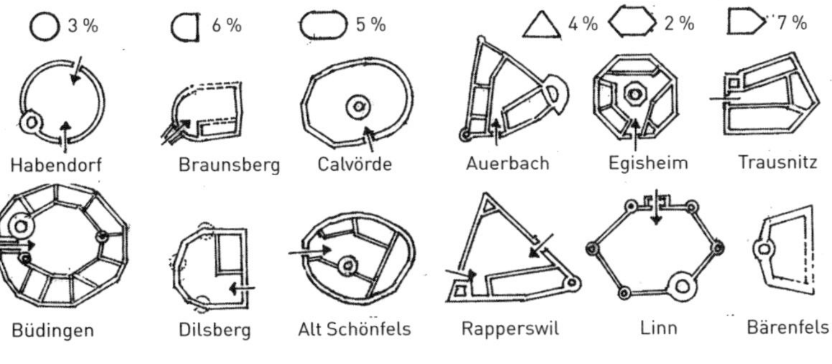

Abb. 122 Grundrißformen: rund und polygonal

Wasserburg *Calvörde* im Kreis Haldensleben, Sachsen-Anhalt, wurde vermutlich um 1200 erbaut und ist später größtenteils abgebrochen worden. Die Burg *Alt Schönfels* im sächsischen Kreis Zwickau liegt auf einem Basaltkegel, dessen Form beim Bau der Burg etwas nach 1200 vermutlich bestimmend war. Die ovalen Formen beider Beispiele sind durch häufig geknickte polygonale Mauern erreicht worden.

Die polygonalen Formen, denen ich der Einfachheit halber auch das Dreieck zugerechnet habe, sind so etwas wie Arabesken im Burgenbau.

Dreieckige Formen Das *Auerbacher Schloß* in Bensheim an der hessischen Bergstraße, dessen hier gezeigte Kernburg auf das 2. Viertel des 13. Jahrhunderts zurückgeht, ist ein nicht ganz ebenmäßiges Dreieck. Die auf Abb. 43 bereits gezeigte Burg von *Rapperswil* erhält die dreieckige Form aus der Lage in der Stadtmauer, mit der sie kurz nach 1200 erbaut wurde.

Sechs- und mehreckige Formen Grundrisse dieser Formen fallen in Publikationen immer auf, weil sie unter den Grundrissen mit erkennbaren Formen extrem selten sind. Die teilweise restaurierte Burg *Egisheim* im Oberelsaß stammt wohl aus staufischer Zeit, die oft behauptete römische Herkunft trifft gewiß nicht zu. Die aus Buckelquadern errichtete Wasserburg ist eines der seltenen Achtecke. Sechseckig ist dagegen die Burg *Linn* in Krefeld, deren heutige Gestalt von 1475 stammt, die jedoch auf einer Vorgängerburg des 13. Jahrhunderts basiert. Die Burg ist teilweise restauriert.

Fünfeckige Formen Merkwürdigerweise tauchen Fünfecke bei immerhin 7 Prozent der relevanten Grundrisse auf. Sie sind überwiegend ungleichmäßig und liegen zu drei Vierteln in Berglagen. Die Burg *Trausnitz an der Pfreimdt* im bayrischen Kreis Schwandorf ist ein beinahe regelmäßiges Fünfeck. Sie wurde um die Mitte des 13. Jahrhunderts erbaut und ist noch gut erhalten. Die Ruine *Bärenfels* in Wehr, Kreis Waldshut-Tiengen, Südbaden, wurde wohl um 1300 als flaches Fünfeck erbaut, in dessen Spitze der runde Bergfried steht, eine einmalige Figuration.

Die Vielfalt der Formen der Burgen des deutschen Mittelalters zeigt sich nicht nur in den so zahlreichen undefinierbaren Grundrissen, sondern auch in der erkennbaren Vielfalt der definierbaren Formen. Von Typen, also häufig vorkommenden, immer gleichen Grundrissen, kann man überhaupt nicht sprechen, von ganz wenigen Ausnahmen einmal abgesehen, wie den oft quadratischen Wasserburgen.

Dimensionen

Vergleicht man Grundrisse vieler verschiedener Burgen, fallen deren extrem unterschiedliche Dimensionen auf. Wohntürme, feste Häuser, Burgreste, Höhlen und ungeklärte Fälle sind nicht berücksichtigt. Von unter zweihundert bis zu vielen tausend Quadratmetern findet man jede Größe unter den deutschen Burgen. Tabelle 6 zeigt die Verteilung auf bestimmte von mir festgelegte Kategorien, nämlich *klein* bis 500 m^2, *mittelgroß* bis 1000 m^2, *groß* bis 2500 m^2, *sehr groß* bis 5000 m^2 und *riesig* über 5000 m^2.

Burgen	klein	mittelgroß	groß	sehr groß	riesig
Inhalt in m^2	0–500	500–1000	1000–2500	2500–5000	>5000
Anteil	25 %	35 %	31,7 %	6,1 %	2,2 %
Verteilung der Burgen bis zu 1000 m^2 Gesamtfläche					
	41,7 %	58,3 %			

Tab. 6 Dimensionen von Burgen

Ich habe für alle relevanten Burgen die Bruttoflächen ermittelt und das Ergebnis in diese Tabelle eingetragen. Weil die Burgen bis zu 1000 m^2 Gesamtfläche zusammen 60 Prozent aller untersuchten Burgen ausmachen, erschien mir eine Unterteilung in klein und mittelgroß sinnvoll. Zwinger und Vorburgen wurden in der Untersuchung der Größenordnung nicht berücksichtigt. Außerdem ist die Kernburg in der Regel wesentlich älter als alle weiteren Zubauten.

Tabelle 6 macht deutlich, daß die Burgen im deutschen Mittelalter überwiegend klein waren, denn fast zwei Drittel von ihnen besaß eine Grundfläche von unter 1000 m^2, die Burgen zwischen 1000 und 2.500 m^2 Größe addiert ergeben über 90 Prozent. Sehr große und riesengroße Burgen waren im deutschen Mittelalter ganz offensichtlich die Ausnahme.

Kleinburgen

Definition der Kleinburg

Als Kleinburgen werden hier alle Burgen und Gebäude anstelle von Burgen – also auch feste Häuser, die ja faktisch eine Burg ersetzten – mit einer beschränkten Dimension definiert, wobei ich die obere Grenze der Kleinburgen auf maximal 500 m^2 festgesetzt habe. Da ich mich seit langem mit Grundrissen deutscher Burgen beschäftige, habe ich die genannte Grenze als plausibel erkannt. Rund ein Viertel aller relevanten Burgen sind Kleinburgen im Sinne meiner Definition.

Die meisten Kleinburgen blieben klein. Kleinburgen sind entweder als solche auf uns gekommen oder als Kerne in größeren Burgen erkennbar. Ich habe, soweit dies möglich war, für alle Kleinburgen einzeln ermittelt, ob sie im Mittelalter ohne wesentliche Zubauten ausgekommen oder ob sie später erkennbar erweitert worden sind. Zu meiner Überraschung konnte ich feststellen, daß nur rund ein Viertel von ihnen tatsächlich im Verlauf der Burgenzeit wesentlich vergrößert worden sind. Daraus läßt sich ableiten, daß Kleinburgen während der Zeit ihrer Benutzung mit den geringen Dimensionen auskamen. Da kleine Burgen wegen ihrer vergleichsweise geringen Masse, oft auch schwächeren Mauern, vermutlich eher spurlos verschwunden sein können als große, darf man annehmen, daß der Anteil der Kleinburgen einst wohl größer gewesen ist als sich das heute anhand der überkommenen Anlagen erkennen läßt.

Ich schließe in diesem Zusammenhang nicht aus, daß bei Kleinburgen weitere Gebäude von einfacher Bauart gestanden haben könnten, von denen nichts erhalten geblieben ist. Auch können hölzerne Palisaden als Ersatz für Ringmauern oder Zwinger vorhanden gewesen sein, die naturgemäß keine Spuren hinterlassen haben. Hier interessieren jedoch nur die steinernen Reste von Kleinburgen. Erkennbar eingeebnete Flächen bei Kleinburgen habe ich als spätere Vorburg interpretiert und damit der späteren Erweiterung zugerechnet.

Bausteine von Kleinburgen

Insbesondere kleine Burgen lassen Bausteine erkennen, wie ich die einzelnen Teile der Burg der Einfachheit halber nennen möchte, auch wenn es sich nicht um Bausteine im engeren Sinn, also immer wieder vorkommende gleiche Teile, handelt. Diese Elemente, die ich auf den vorhergehenden Seiten ausführlich erläutert habe, sollen hier noch einmal in aller Kürze aufgeführt werden:

Palas oder Wohnturm Ein Gebäude, in dem, von extrem wenigen Ausnahmen abgesehen, eine ritterliche Familie mit oder ohne Bedienstete Platz fand. Es ist durchaus denkbar, daß Personal nicht im Herrenhaus wohnte, sondern in einfacheren separaten Gebäuden, insbesondere dort, wo, aus welchen Gründen auch immer, das Herrenhaus wenig Platz bot.

Ringmauer Nur in den Ausnahmefällen einzelner befestigter Gebäude, also beim festen Haus oder Wohnturm, ist eine burgähnliche Anlage ohne Ringmauer denkbar. Eigentlich wird erst durch die Ringmauer aus Gebäuden eine Burg.

Schildmauer Diese starke, eine Ringmauer um etliche Meter überragende dicke Schutzmauer kommt auch bei Kleinburgen vor.

Bergfried Diese wichtige Hauptturm einer Burg steht selbstverständlich auch in Kleinburgen.

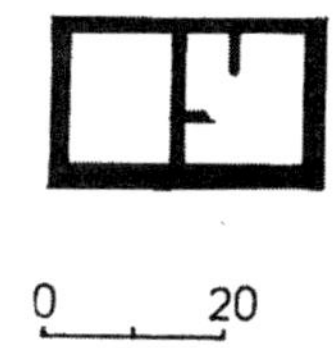

Abb. 123 Schopflen

Burghof Eine freie Fläche zwischen dem (meist einzigen) Gebäude der Kleinburg und der Ringmauer bleibt als Hof oder hofähnliche Fläche in den meisten Fällen übrig, wenn eine Ringmauer überhaupt vorhanden gewesen ist.

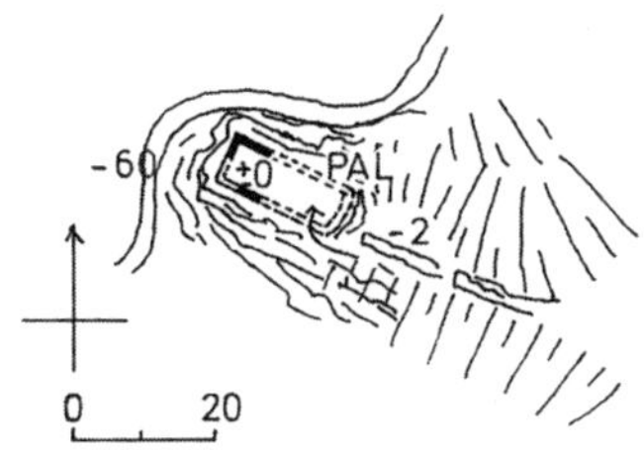

Abb. 124 Allmuth

Festes Haus Von diesen Bausteinen kommt der Palas als festes Haus ohne jede Zubauten vor. Über den allein stehenden Wohnturm wird in Band 2 ausführlich berichtet. Hier soll nur das feste Haus mit einigen Beispielen belegt werden.
Ein festes Haus besaß in wenig geschützter Lage nicht selten Mauern von 2,0 m Stärke und mehr, wie bei der Ruine *Schopflen* am Zugang zur Insel Reichenau im Bodensee zu erkennen ist. (Abb. 123) Das feste Haus wurde erst 1312 erbaut und wurde bereits 1382 durch Konstanz zerstört. In unzugänglicher Lage konnte ein solcher festes Haus durchaus weniger starke Mauern aufweisen, weil es kaum angreifbar war, übrigens einen mühsamen Angriff auch gar nicht lohnte, so bei der Ruine *Allmuth* bei Waldshut-Tiengen, die vielleicht schon Ende des 11. Jahrhunderts erbaut wurde und nur 0,9 m starke Mauern aufweist. Ende des 16. Jahrhunderts wird Allmuth als Ruine bezeichnet. (Abb. 124)
Zwei Drittel der mir bekannten festen Häuser liegen im Flachland. Die Dimensionen hingen also weniger von der Lage, wie bei Allmuth, sondern eher von den Bedürfnissen des Bauherrn ab. Die Gesamtzahl von nur 38 festen Häusern erlaubt keine verbindlichen quantitativen Aussagen. Offenbar wurden feste Häuser während der gesamten Burgenzeit erbaut. Nur wenige von ihnen wurden später zum Nukleus einer größeren Anlage, wie man das bei der Burg *Tarasp* im Graubündner Inntal konstatieren kann. (Abb. 125) Der Palas war einst am Ende des 11. Jahrhunderts ein festes Haus, das im Mittelalter zur kompletten Burg erweitert wurde. Die verfallende Burg wurde im Jahr 1910 vollständig erneuert.
Aus dem festen Haus wird am Ende des Mittelalters ein Burgschloß wie etwa *Sigmundsburg* bei Nassereith in Tirol, ein spätgotisches Gebäude, das 1451 erbaut wurde und seit dem 18. Jahrhundert verfiel. (Abb. 126)

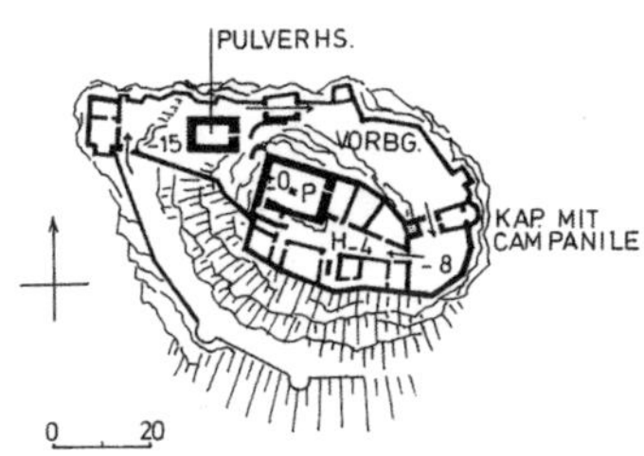

Abb. 125 Tarasp

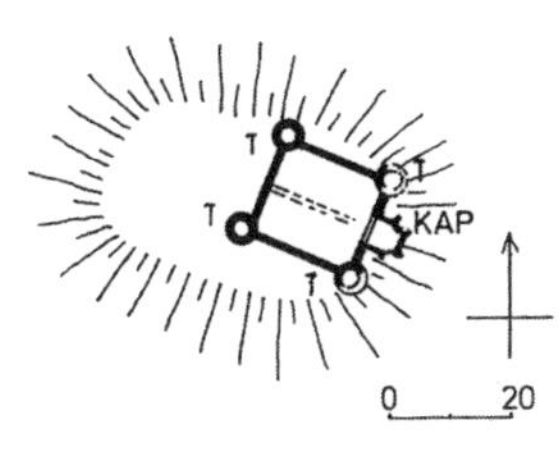

Abb. 126 Sigmundsburg

Kombinationen der Bausteine

Aus einigen oder allen dieser Bausteine waren, vereinfacht gesagt, die Kleinburgen zusammengesetzt, wie übrigens auch die größeren Burgen. Weitere Bausteine wie Zwinger, Torturm, Wehrturm und Kapelle waren bei Kleinburgen faktisch nicht vorhanden, sondern gehören eigentlich immer zu späteren Erweiterungen. Selbstverständlich gibt es davon einige wenige Ausnahmen, wie bei den Burgen insgesamt Aus-

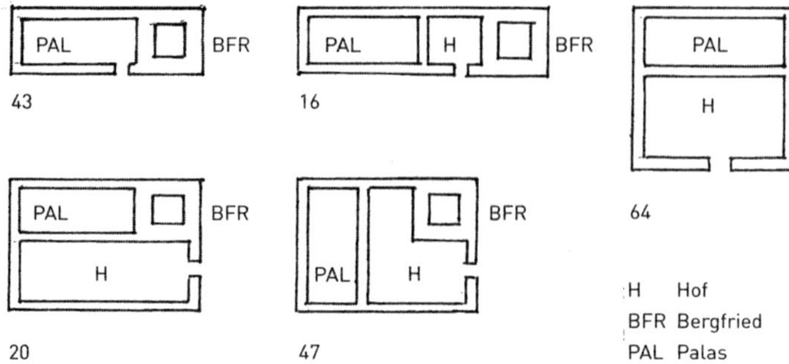

Abb. 127 Häufige Grundrisse von Kleinburgen

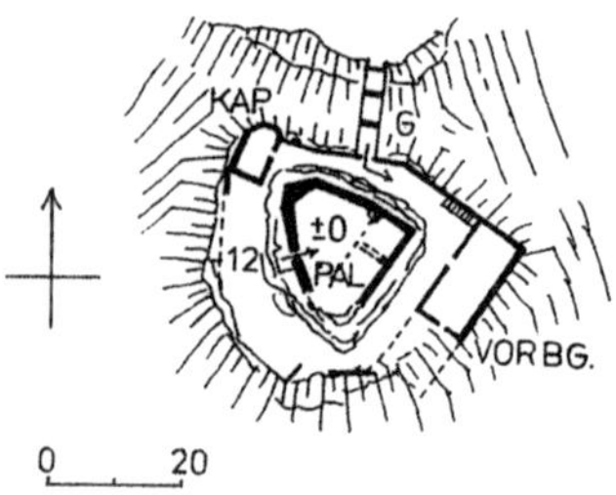

Abb. 128 Stein im Lavant

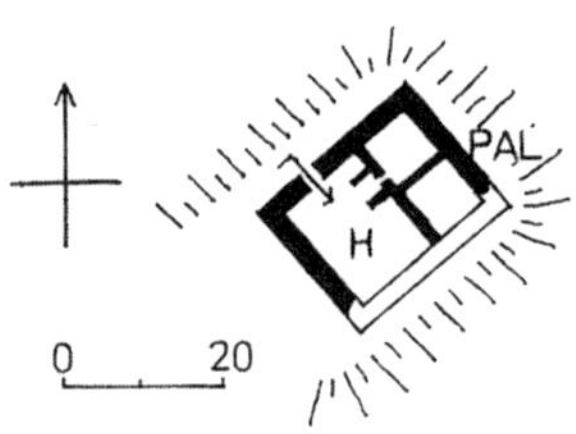

Abb. 129 Engelburg

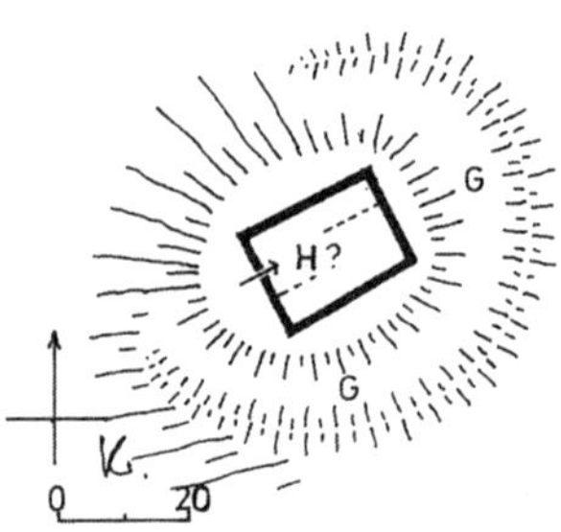

Abb. 130 Steinhart

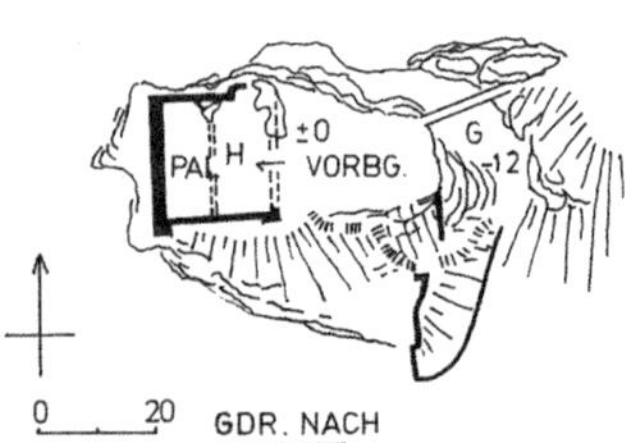

Abb. 131 Rosenstein

nahmen von der Norm überall zu verzeichnen sind. Das macht vieles in der Burgenkunde so unberechenbar und scheinbar regellos.
Aus der Kombination der verschiedenen Bausteine ließen sich theoretisch unendlich viele Grundrisse herstellen. Tatsächlich sind es jedoch nur wenige Formen, die immer wieder vorkommen. Ich habe sie in einfacher und leicht verständlicher Form auf Abb. 127 dargestellt. Die Zahlen unter den Grundrissen geben die Häufigkeit an. Die hier gezeigten typischen Grundrisse betreffen 180 Kleinburgen, die sich nach diesem Schema einordnen lassen. Sie machen nur etwa 25 Prozent aller Kleinburgen aus.

Palas + Hof Nicht selten mag zunächst nur ein festes Haus bestanden haben, das dann mit einer Ringmauer ergänzt wurde, wie man dies von der Ruine *Stein im Lavant* im Kärntner Bezirk Wolfsberg (Abb. 128) sagen kann, deren festes Haus auf einem circa 12 m hohen Felsblock im 12. Jahrhundert erbaut wurde. Die Ringmauer kam erst im 13. Jahrhundert hinzu. Die Teile unterhalb des Felsens sind jünger. Die kleine rechteckige Anlage *Engelburg* in Stuttgart entstand ab 1260 und wurde bereits 1312 zerstört. Ihre Ringmauer ist zwischen 1,8 und 2,2 m stark, für eine Kleinburg extrem viel. (Abb. 129) Die Burg *Steinhart* im bayrischen Donau-Ries-Kreis entstand wohl im 13. Jahrhundert. Sie zeigt noch Reste von Gebäuden, die jedoch die 1,4 m starke Ringmauer nicht überragten. (Abb. 130)

Palas + Hof + Schildmauer Bei der Ruine *Rosenstein* in Heubach, Kreis Aalen, in Baden-Württemberg, die um 1200 erbaut und im Bauernkrieg zerstört wurde, ist die Angriffsseite durch eine Schildmauer verstärkt. Der quadratische Grundriß ist für die topographische Lage nach meiner Kenntnis wohl eher ungewöhnlich. (Abb. 131)

Palas + Hof + Nebengebäude Die Ruine *Tannegg* in Bonndorf-Boll im Kreis Waldshut-Tiengen in Südbaden ist um 1160 oberhalb der Wutachschlucht erbaut worden. Ihr Palas liegt zwar am Hof, ist jedoch nur über eine hölzerne Brücke über dem Abhang zu erreichen gewesen. Am Hof liegt ein Nebengebäude. (Abb. 132) Bei der in einem anderen Zusammenhang bereits erwähnten Burg *Leuchtenburg* bei Kaltern in Südtirol (Abb. 17) ist der Hof zweiseitig umbaut, das Nebengebäude liegt quasi über Eck. Bei der ursprünglich kleinen Burg *Berlepsch* im hessischen Kreis Eschwege aus dem 14. Jahrhundert ist der Hof dreiseitig umbaut. Der Palas war vermutlich der westliche Gebäudeteil. Die Burg ist nach einer totalen Erneuerung im 19. Jahrhundert hervorragend erhalten und wird noch bewohnt. (Abb. 133) Eine seltsame Form des Grundrisses bietet die kleine Ruine *Sola* (Abb. 134) in Sool im Kanton Glarus, die vor 1200 erbaut und noch im 13. Jahrhundert aufgegeben wurde. Ihre Reste wurden 1929 ergraben. Der Grundriß läßt zwei relativ kleine Höfe erkennen, über deren Funktion nichts mehr bekannt ist. Da die 1,5 m starke Ringmauer nach außen vermutlich nicht für Fenster durchbrochen war, gingen die Fenster des Palas wohl auf den gößeren Hof.

Palas + Bergfried Diese Kombination kommt in den verschiedensten Formen vor, von denen ich wenigstens drei zeigen möchte. Die Graubündener Burg *Reams* im Albula wurde um 1200 als Kombination eines sehr geräumigen Palas mit einem Bergfried erbaut und ist erst im 19. Jahrhundert verfallen. (Abb. 135) Bei der Burg *Schallegg* in der ehemaligen Südsteiermark, jetzt Slowenien, fällt die Verbindung eines dreieckigen Palas mit einem ebensolchen Bergfried besonders auf. Die Anlage stammt wohl noch aus dem 12. Jahrhundert. (Abb. 136) Bei der Burgruine *Fluhenstein* bei Sonthofen im Allgäu, deren Kern im 14. Jahrhundert erbaut wurde, findet man ein abgerundetes Dreieck als Grundriß. Der Bergfried steht über einer halbrunden Nische des Erdgeschosses. (Abb. 137)

Palas + Bergfried + Hof Diese Form kommt wie die Form Palas + Hof am häufigsten vor, wie man auf Abb. 127 erkennen konnte. Es gibt drei erkennbare Formen, die ich anschließend zeigen möchte.

1. Lineare Anordnung; die drei Bausteine sind hintereinander aufgereiht.
2. Lineare Addition von Palas und Bergfried, der Hof liegt vor beiden.
3. Palas und Bergfried liegen sich gegenüber, durch den Hof getrennt.

Für die erste Form sollen zwei Beispiele belegen, wie unterschiedlich die Grundrisse trotz des gleichen Schemas sein können.

Die Burg *Manegg* bei Wollishofen im Kanton Zürich, die bereits 1409 zerstört worden ist und vielleicht nur an die hundert Jahre bestanden hat, läßt das Prinzip deutlich erkennen. (Abb. 138) Auch *Gechingen* im

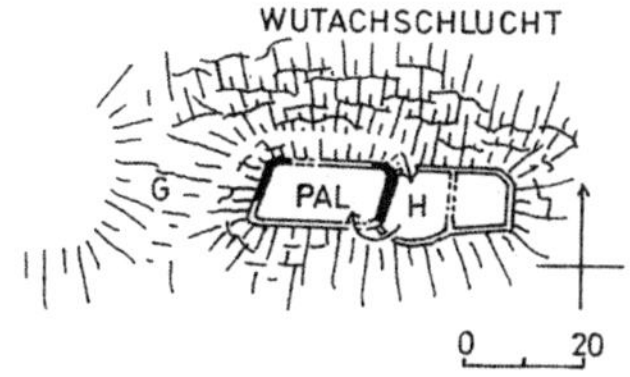

Abb. 132 Tannegg

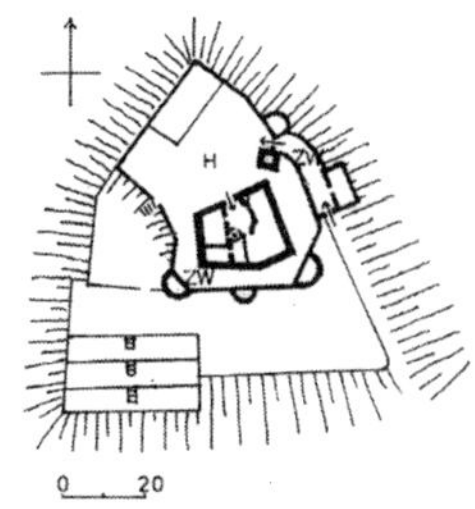

Abb. 133 Berlepsch

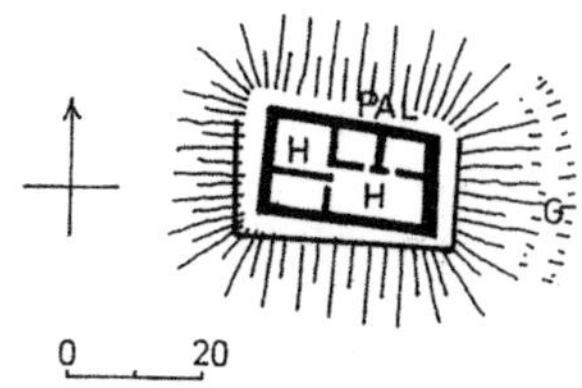

Abb. 134 Sola

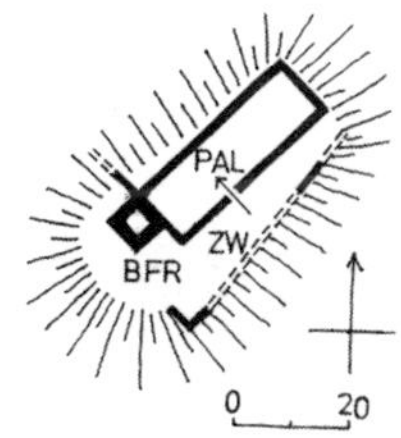

Abb. 135 Reams

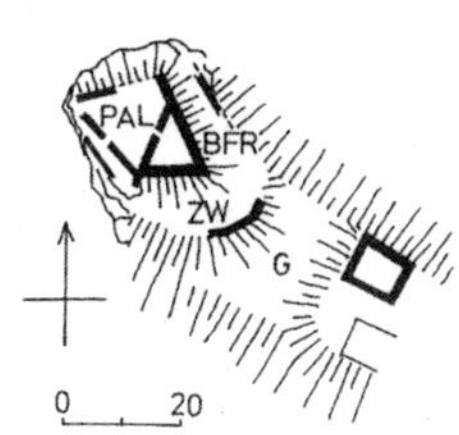

Abb. 136 Schallegg

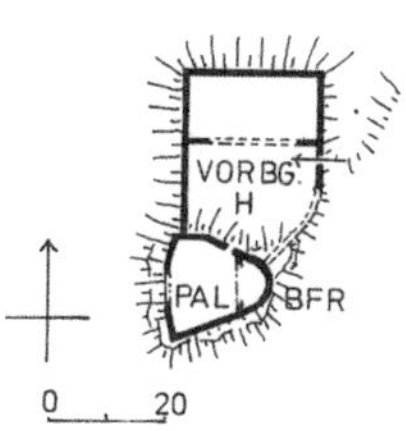

Abb. 137 Fluhenstein

württembergischen Kreis Calw, die möglicherweise noch im 12. Jahrhundert begonnen wurde, paßt ins System. (Abb. 139)
Für die zweite Form will ich ebenfalls zwei Grundrisse zeigen, die recht unterschiedlich ausgefallen sind, obwohl sie dem gleichen Prinzip unterliegen. *Alt Lichtenstein* im Kreis Reutlingen ist in der 2. Hälfte des 12. Jahrhunderts begonnen worden. Der Kern der Burg zeigt hinter einer Schildmauer Bergfried und Palas nebeneinander liegend und den Hof vor beiden. (Abb. 140) Trotz des gleichen Systems hat der Grundriß von *Salmendigen* aus dem Kreis Balingen in Südwürttemberg wenig Ähnlichkeit mit Manegg. Die Burg wurde wohl am Beginn des 13. Jahrhunderts erbaut und war bereits 1385 eine Ruine. (Abb. 141)
Von den vielen Grundrissen der dritten Form will ich wenigstens vier vorführen, um die Breite der Variation deutlich zu machen.
Bei der Ruine *Stauff* bei Haibach in Oberösterreich, deren Kernburg um die Mitte des 12. Jahrhunderts begonnen wurde, ist das Prinzip nach Abb. 127 am besten zu erkennen. (Abb. 142) Die Burg verfiel im 16. Jahrhundert. Auch der Grundriß der Kernburg von *Altnußberg* bei Geiersthal in der Oberpfalz aus der 2. Hälfte des 12. Jahrhunderts läßt das Prinzip deutlich werden. (Abb. 143) Bei der *Heinrichsburg* im Kreis Quedlinburg am Harz steht in der Kernburg der Bergfried frei im Hof zwischen Palas und Ringmauer. (Abb. 144) Entstanden ist der Burgkern wohl am Anfang des 13. Jahrhunderts, im 16. Jahrhundert war sie bereits wüst. Der Kern der Burg *Hugstein* in der Nähe von Gebweiler im Elsaß, die 1216 begonnen und 1542 zerstört wurde, stehen sich Palas und Bergfried auf eine im Burgenbau einmalige Art gegenüber, die Burg in zwei Höfe teilend. (Abb. 145)

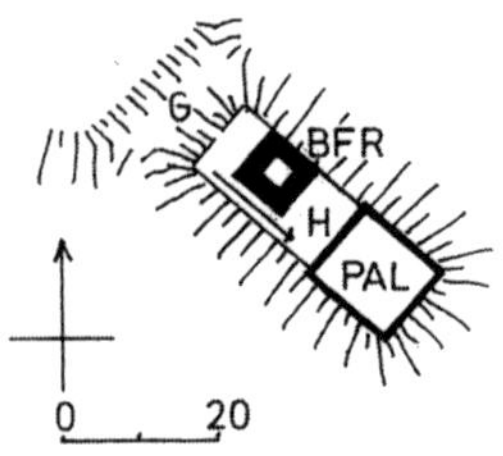

Abb. 138 Manegg

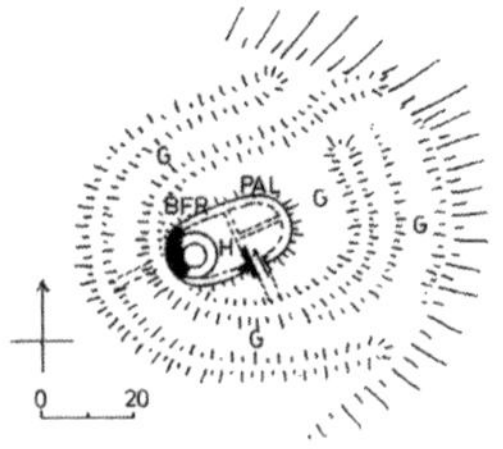

Abb. 139 Gechingen

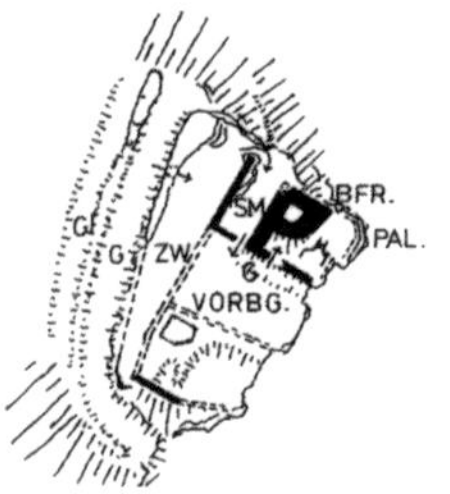

Abb. 140 Alt Lichtenstein

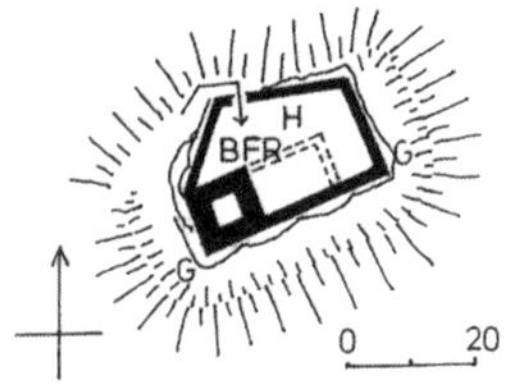

Abb. 141 Salmendingen

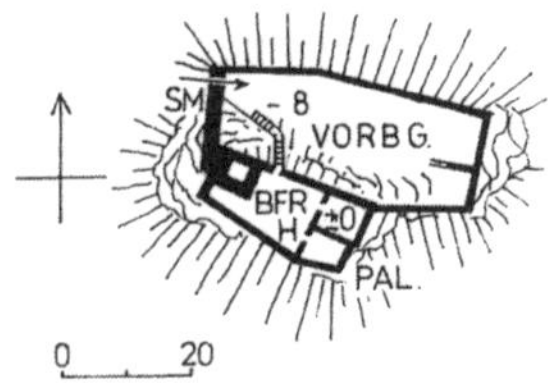

Abb. 142 Stauff

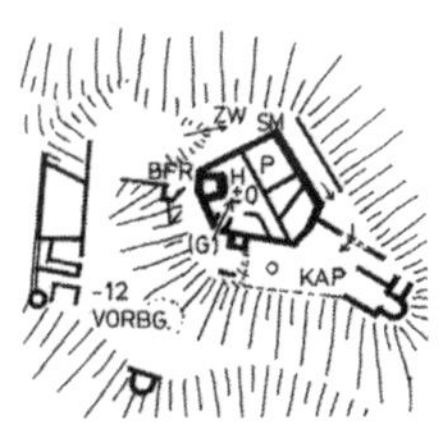

Abb. 143 Altnußberg

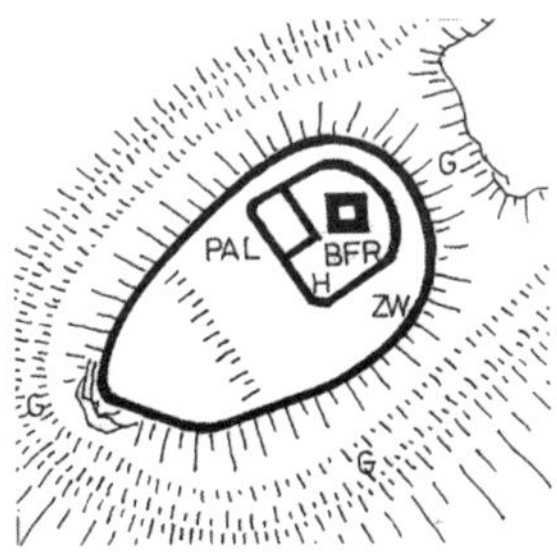

Abb. 144 Heinrichsburg

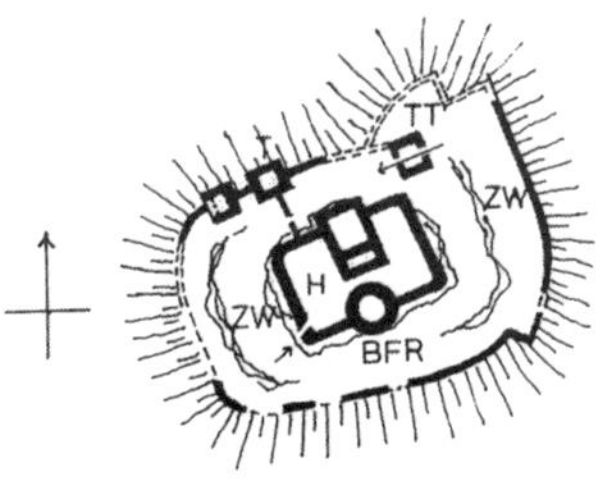

Abb. 145 Hugstein

Wasserburg, Kastellburg und Felsenburg

Unter dieser Überschrift will ich drei sehr verschiedene Erscheinungsformen von Burgen erläutern, von denen jede unter den Burgen des deutschen Mittelalters eine mehr oder weniger wichtige Rolle gespielt hat.

Wasserburgen

Unter den Burgen im Flachland nimmt die von einem mit Wasser gefüllten Graben umgebene oder in einem Teich plazierte Burg mit dem Anteil von rund 75 Prozent die wichtigste Position ein. Nach Tabelle 2 (siehe S. 23) nimmt sie unter den allgemein bevorzugten topographischen Lagen die dritte Position ein. Erbauer von Wasserburgen waren frei vom Zwang, auf Geländeformen Rücksicht zu nehmen. Sie konnten ihre Burg nach eigenem Gusto planen. Drei Viertel aller Wasserburgen, deren Form noch erkennbar ist, sind regelmäßig angelegt, was offensichtlich bevorzugt wurde. Diese Feststellung wird dadurch unterstrichen, daß selbst in schwierigen Lagen regelmäßige oder fast regelmäßige Grundrisse zu finden sind. Letztere Form ist wahrscheinlich dem Unvermögen der Durchführung zuzuschreiben und nicht der Planung.

Die Grundrißformen der Wasserburgen sind, wenn auch überwiegend regelmäßig, so doch überraschend vielfältig, wie man auf Abb. 146 erkennen kann. Dem aufmerksamen Leser wird nicht entgangen sein, daß die Anteile sich nicht zu 100 Prozent addieren lassen. Der Grund hierfür ist, daß 15 Prozent der Wasserburgen nicht einzuordnen sind, weil der Grundriß nicht mehr komplett erkennbar ist oder weil er eine amorphe Form aufweist.

Die Burg *Falkenburg* (Zolondowo) in Stargard in Pommern, jetzt Republik Polen, wurde am Anfang des 14. Jahrhunderts als Quadrat mit starken Mauern erbaut und 1904 wiederhergestellt. Die kleine Burgruine

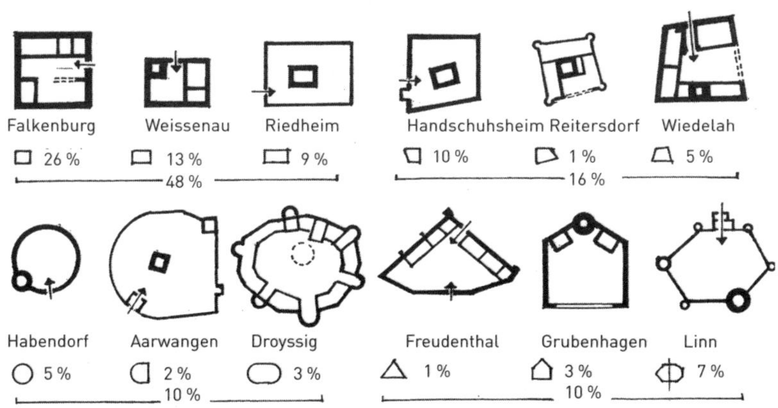

Abb. 146 Formen und deren Anteile bei Wasserburgen

Weissenau bei Interlaken, Kanton Bern, ist Ende des 13. Jahrhunderts begonnen worden. Sie ist ein typisches kurzes Rechteck. Ein langes Rechteck ist die um 1300 erbaute Burg *Riedheim* im Kreis Konstanz. Der im Zentrum stehende Wohnturm ist noch gut erhalten. Bei der Burg *Handschuhsheim* bei Heidelberg, die in ihrer heutigen Form wohl aus dem 14. Jahrhundert stammt, sind nur zwei rechte Winkel im Trapez vorhanden. Die Burg diente, umgebaut zu einem Schloß, lange Zeit als Jugendherberge. Die kleine Wasserburg *Reitersdorf* in Bad Honnef am Rhein mit dem Wohnturm im Zentrum wurde 1981 ausgegraben. Sie stammt wohl vom Beginn des 13. Jahrhunderts. Die Burg *Wiedelah* in Vienenburg im Kreis Goslar, Niedersachsen, wurde später zum Schloß umgebaut und ist noch bewohnt. Ihr Grundriß besitzt nicht einen rechten Winkel.

Runde Formen sind bei den Wasserburgen nicht ganz so selten wie im Burgenbau insgesamt. Das Schloß *Habendorf* (Owiesno) im schlesischen Kreis Reichenberg, jetzt Republik Polen, umschließt eine kreisrunde Wasserburg vom Anfang des 14. Jahrhunderts mit etwa 27 m Durchmesser. Ein beinahe kompletter Halbkreis schloß die Wasserburg *Aarwangen* im Schweizer Kanton Bern ab, die wohl im 13. Jahrhundert begonnen wurde. Der Grundriß ist heute nach zahlreichen Umbauten so nicht mehr zu erkennen. Ovale Formen wie bei der ehemaligen Burg *Droyssig* im sächsischen Kreis Zeitz, wohl aus dem 13. Jahrhundert, sind selten so regelmäßig wie in diesem Fall. Das Dreieck von *Freudenthal* entstand aus der Lage in einer Ecke der Stadt in Nordmähren (Bruntál) zum Ende des 14. Jahrhunderts. Fünfeckige Grundrisse sind wohl vorsätzlich realisiert worden. Sie sind jedoch keineswegs immer so exakt wir der von *Grubenhagen* im mecklenburgischen Kreis Waren, dessen anspruchsvolle Form kurz vor 1400 entstanden ist. Schließlich ist noch die Burg *Linn* in Krefeld zu nennen, die hier für regelmäßige polygonale Grundrisse steht. Die gut erhaltene Burg wurde 1475 auf der Basis einer älteren Anlage aus dem 13. Jahrhundert erneuert.

Eine Besonderheit, die vorwiegend bei Wasserburgen mit regelmäßigem Grundriß vorkommt, sind mehrere Ecktürme. Abb. 147 zeigt eine solche Burg. Als Gebäude im Burginneren wurde zum besseren Ver-

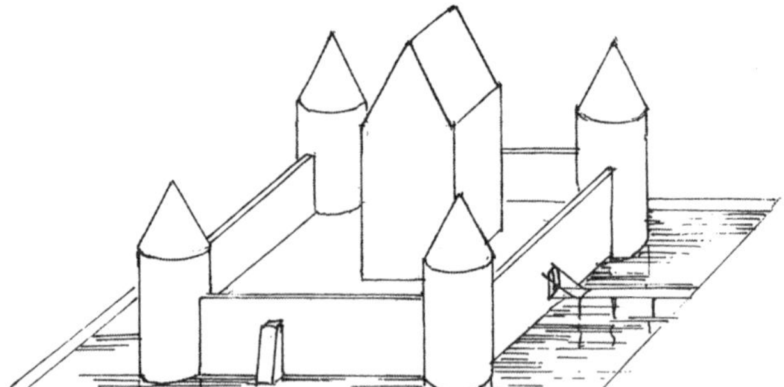

Abb. 147 Wasserburg mit Ecktürmen

ständnis nur ein Wohnturm eingezeichnet. Burgen dieser Art sind vermutlich das Ergebnis der Erfahrungen aus den Kreuzzügen, von denen die Ritter die Kenntnis der flankierenden Türme mitbrachten. Die arabische Welt war fortifikationstechnisch den europäischen Rittern am Anfang weit überlegen.

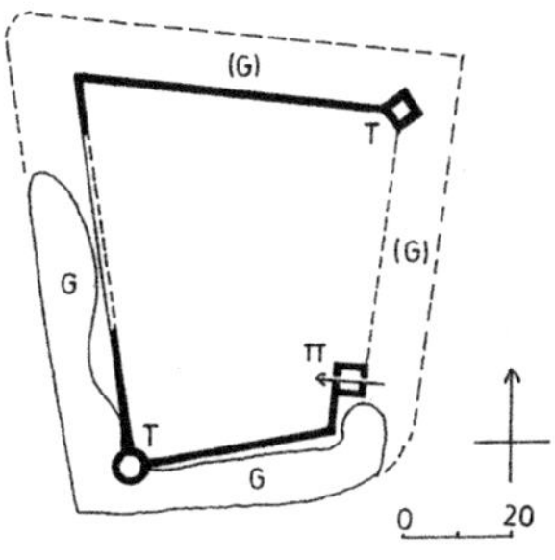

Abb. 148 Merten

Rund 25 Prozent der Wasserburgen mit erkennbarem Grundriß besitzen Wehrtürme an zwei bis vier Ecken. Bezogen auf die rechtwinkligen Grundrisse ist es sogar die Hälfte dieser Gruppe. Anhand einiger Grundrisse sollen hier die verschiedenen Erscheinungsformen gezeigt werden. Es sind: zwei Ecktürme, zwei Ecktürme und Bergfried in einer weiteren Ecke, drei Ecktürme und Bergfried in der vierten Ecke und schließlich vier Ecktürme.

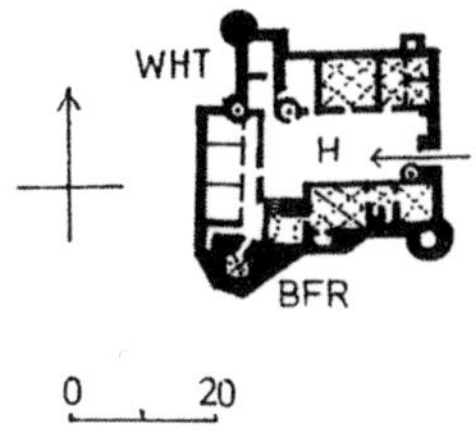

Abb. 149 Martinsburg

Die Ruine *Merten* in Bornheim im Rhein-Sieg-Kreis stammt in ihrer heutigen Form aus dem 15. Jahrhundert. (Abb. 148) Zwei verschiedene Wehrtürme an gegenüberliegenden Ecken sind eine Rarität. Die *Martinsburg* in Lahnstein am Rhein besitzt zwei Wehrtürme in diagonaler Lage, von denen einer die Ecke eines Wohnturmes einnimmt; die dritte Ecke besetzt der Bergfried. (Abb. 149) Die Burg in Lahnstein ist im 14. Jahrhundert begonnen und mehrfach umgebaut worden. Die kleine, aber starke Ruine *Uda* oder *Oedt* in Gefrath im Kreis Viersen, Nordrhein-Westfalen, läßt drei Ecktürme erkennen, die vierte Ecke nimmt der Bergfried ein. Entstanden ist die Anlage wohl nach 1300. (Abb. 150) Für eine Wasserburg mit vier Ecktürmen findet man viele Beispiele, denn diese Figuration macht etwa zwei Drittel der betürmten Wasserburgen aus. Das heutige Schloß *Dautenstein* im Badener Ortenaukreis ist in der Mitte des 13. Jahrhunderts mit Buckelquadern erbaut worden, von denen einige noch zu sehen sind. (Abb. 151) Die viertürmige rechtwinklige Wasserburg mit vier Ecktürmen kann man wohl ohne Übertreibung als Norm der Wasserburgen bezeichnen.

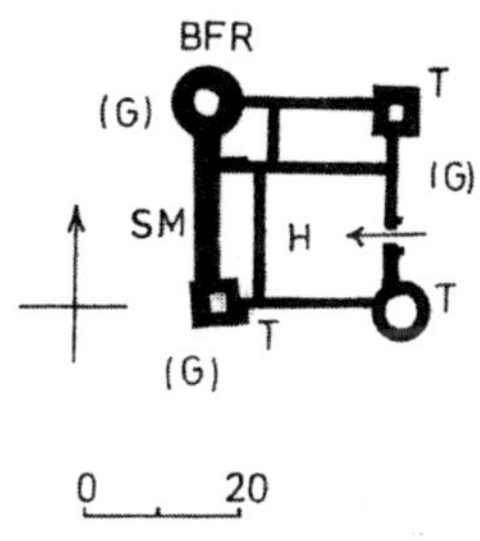

Abb. 150 Uda

Kastellburgen

Eine ganze Anzahl von Wasserburgen sind zugleich auch Kastellburgen, aber nicht alle Kastellburgen waren Wasserburgen. Diese stellen neben den Wasserburgen einen weiteren Sonderfall des Burgenbaues dar. Der Name ist vom lateinischen *castellum*, der Lagerfestung der römischen Armee, abgeleitet und bezeichnet eine fast oder vollkommen regelmäßige Burg, für die folgende Bedingungen gelten:

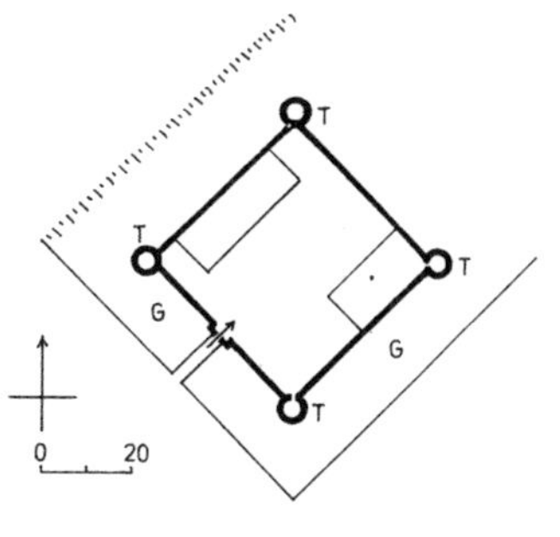

Abb. 151 Dautenstein

1. Auf allen Seiten befinden sich gleich hohe Ringmauern, die mindestens 7,5 m hoch sind.
2. Auf allen Seiten sind gleich starke Ringmauern in einer Stärke von mindestens 1,5 m.
3. Alle Ringmauern müssen gleichzeitig entstanden sein.

4. Ihr Grundriß ist regelmäßig und ganz oder beinahe rechtwinklig.
Diese meiner Meinung nach unverzichtbaren Bedingungen klammern viele Burgen aus, die man zunächst aufgrund des regelmäßigen Grundrisses für eine Kastellburg halten könnte. So schließt zum Beispiel eine Schildmauer auf einer Seite der Burg die Einordnung unter die Kastellburgen aus, ebenso zu schwache Ringmauern, ein deutlich unregelmäßiger Grundriß oder unterschiedliche Mauerhöhen. Ohne die genannten Einschränkungen wäre beinahe jede regelmäßige und rechtwinklige Burg zugleich eine Kastellburg.
Der Burgenforscher Tomás Durdík, Autor des Buches »Kastellburgen«, Wien 1994, zieht die Grenze nicht so eng, was freilich auch unregelmäßige Anlagen zu Kastellburgen macht, wenn sie denn nur mit vielen Türmen ausgestattet sind. Da sich nahezu jeder unter einem Kastell mit Recht eine regelmäßige Anlage vorstellt, wie sie die Römer bevorzugten, scheinen mir meine Rahmenbedingungen plausibel zu sein.

Abb. 152 Kastellburg

Auf Abb. 152 habe ich versucht, mit einer Skizze den Eindruck von einer typischen Kastellburg zu vermitteln und klarzumachen, was man sich unter diesem Begriff vorzustellen hat.
Unter meinen Bedingungen habe ich unter den von mir gesammelten Grundrissen von Burgen lediglich 60 Anlagen herausgefunden, die Kastellburgen waren oder wenigstens mit einiger Wahrscheinlichkeit gewesen sein könnten. Das sind weniger als 2 Prozent aller Burgen. Die Kastellburgen waren also recht selten.
Etwa 85 Prozent der von mir ermittelten Kastellburgen lagen im Flachland. Ihre regelmäßige Form ließ sich dort am leichtesten verwirklichen und ihre Stärke, die die ungeschützte Lage ausglich, kam hier am ehesten zum Tragen.
Offensichtlich hat eine starke Ringmauer in manchen Fällen ausgereicht, um die ungünstige topographische Lage aufzuwiegen, denn ein Drittel der Kastellburgen besitzt überhaupt keinen Turm, weder einen Hauptturm noch einen bescheidenen Wehrturm.
Einige typische Kastellburgen sollen die hier folgenden Grundrisse zeigen:

Kastellburg ohne Turm Die kleine Burg Zilly im Kreis Halberstadt entstand nach 1160 und erhielt ihr heutiges Aussehen im 16. und 17. Jahrhundert. Sie war die Erweiterung einer alten Rundburg. Die Ringmauer ist 2,5 m stark. (Abb. 153)

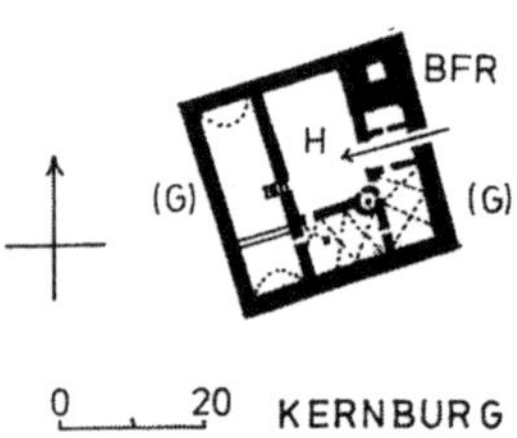

Abb. 153 Zilly

Kastellburg mit einem Turm Die Burg *Westerburg* im Kreis Halberstadt, Sachsen-Anhalt, wurde um 1200 in die ältere Burganlage aus dem 11. Jahrhundert eingebaut, wie das auch in Zilly im gleichen Landkreis geschah. Der Bergfried überragt mit seinen 33 m Höhe die alte wie die neue Wasserburg gleichermaßen. (Abb. 154)

Kastellburg mit zwei Türmen Im Zentrum des Schlosses *Rabensburg* im niederösterreichischen Bezirk Mistelbach steht, durch Umbauten stark verändert, die Kastellburg des 13. Jahrhunderts mit der gut 2 m starken Ringmauer; sie war eine Wasserburg. (Abb. 155)

Kastellburg mit vier Türmen Das Schloß *Ebenfurth* im Bezirk Wiener Neustadt, Niederösterreich, ist in die Kastellburg aus dem 12. Jahrhundert hineingebaut worden, die mit ihrer 2,3 m starken Ringmauer und ihren Ecktürmen sehr wehrhaft wirkt. (Abb. 156)

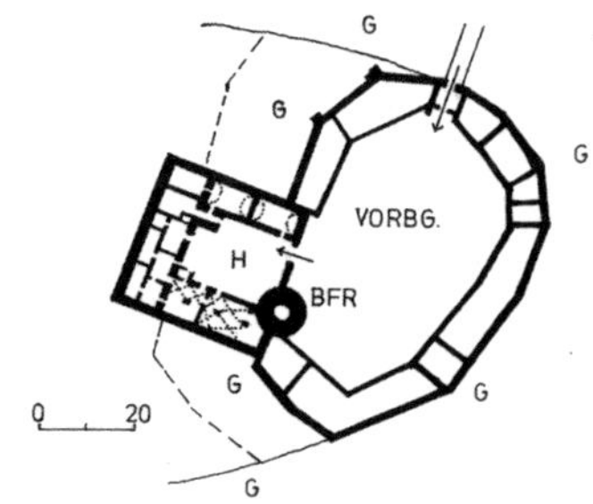

Abb. 154 Westerburg

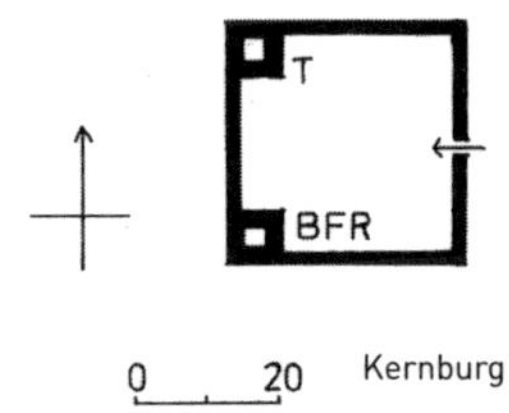

Abb. 155 Rabensburg

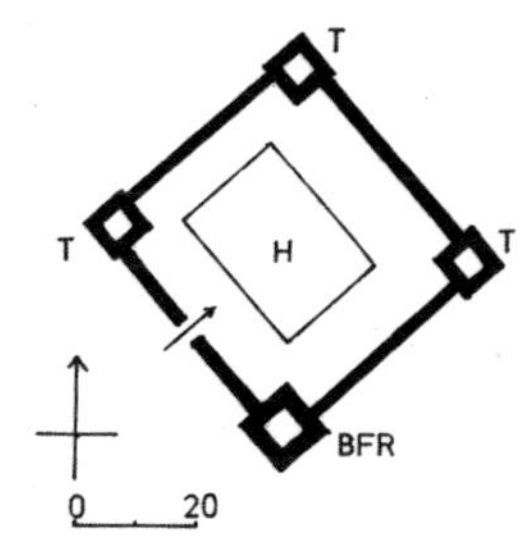

Abb. 156 Ebenfurth

Fast die Hälfte der Kastellburgen liegen im Osten des Reiches. Hierfür gibt es zwei Gründe. Erstens bestand im Südosten die Bedrohung durch die Ungarn und andere Reitervölker, denen die Kastellburgen in den Niederungen einigermaßen widerstanden. Im Nordosten machte sich zweitens der Einfluß des Deutschen Ordens bemerkbar, dessen Burgen ich später gesondert behandeln werde. Der Deutsche Orden erbaute auf seinem Gebiet besonders gern Kastellburgen, soviel sei hier im Vorgriff bereits gesagt.

Felsenburgen

Eine Skizze erläutert besser, was unter diesem Begriff zu verstehen ist, als jede verbale Erklärung. (Abb. 157) Felsenburgen liegen also auf, an oder in Felsen.

Ein *Felsturm* fällt nach allen Seiten mehr oder weniger steil ab, wirkt also von weitem tatsächlich wie ein Turm, wenn er wie dieser im Prinzip höher als breit ist, was allerdings nicht immer zutrifft. Es gibt auch Felstürme, die eher niedrig als hoch sind und trotzdem so bezeichnet werden.

Ein *Felsblock* ist ein kompakter, umfangreicher Felsen, mit Dimensionen, die das Wort Turm unangemessen erscheinen lassen. Felsblöcke besitzen oft Oberflächen ungleicher Höhe, sie sind dann faktisch gestuft. Wie auch die Basen auf anderen Felsen mußten sie häufig erst für den Bau vorbereitet werden – keine einfache Aufgabe.

Abb. 157 Topographische Lagen von Felsenburgen
von links: Felsturm, Felsblock, Felswand, Überhang, Höhle

Eine *Felswand* ist im Schnitt mit dem Felsturm identisch, aber in einer Richtung wesentlich länger als breit. Wenn ein solcher Felsen aus der Umgebung herausragt, wirkt er wie eine Wand, etwa bei der Burg *Fleckenstein* im Unterelsaß.

Der *Überhang* bezeichnet einen Felsen, der weit über seine Basis herausragt, hier an einem *Felsband* dargestellt, das eine lineare horizontale Unterbrechung in einer sehr steilen oder senkrechten Felswand bedeutet. Es mußte wenigstens einige Meter breit sein, um für Gebäude Platz zu bieten.

Eine *Felshöhle* ist jedem ein Begriff. Schon die Urmenschen bewohnten solche Höhlen, die optimale Sicherheit vor Mensch und Tier boten. Auch einige Ritter machten sich die Felsenhöhlen zu Nutzen.

Die hier geschilderten topographischen Gegebenheiten standen jedoch nicht überall im deutschen Reich zur Verfügung, sondern waren, wie ich noch zeigen werde, auf einige Gegenden des Reiches konzentriert.

In einigen Fällen sieht es von fast allen Seiten so aus, als läge eine Burg auf einem isolierten Felsklotz, während sie in Wirklichkeit jedoch eine begehbare Verbindung mit dem Gelände hat. Das gilt zum Beispiel für die Burg *Greifenstein* in Südtirol. In solchen Fällen kann man nicht von einer Felsenburg sprechen. Dies gilt auch für *Prunn* im Altmühltal. Immerhin boten solche Lagen auf drei Seiten absolute Unangreifbarkeit.

Felsenburgen konnten nur dort errichtet werden, wo das Gelände dafür Möglichkeiten bot; es mußten also Felsen der geschilderten Art vorhanden sein, die einem kundigen Ritter für seine Burg eine nahezu unangreifbaren Bauplatz boten. Eine bessere Lage war jedenfalls vor der Erfindung von Kanonen nicht denkbar. Den mühseligen Zugang nahm man vermutlich gern in Kauf.

Aber selbstverständlich hat es, wie wir heute wissen, zu keiner Zeit absolute Sicherheit durch eine wie auch immer geartete Befestigung gegeben, von der gewaltigen Chinesischen Mauer bis zur angeblich unüberwindbaren Maginot-Linie, die ihrem Anspruch nicht gerecht wurden. Daß sich die Ritter zu ihrer Zeit einer solchen Einschränkung bewußt waren, darf man wohl bezweifeln.

Felsenburgen kommen in deutschen Mittelalter nur in einigen Gegenden massiert vor, insbesondere in den Nordvogesen und im Pfälzer Wald, in denen zusammen etwa 40 Prozent stehen. Nimmt man die Schwäbische Alb dazu, sind es über die Hälfte aller Felsenburgen des Reiches. Mit den Felsenburgen der Nordschweiz addieren sie sich zu zwei Dritteln. Die meisten Felsenburgen lagen demnach in den damaligen Herzogtümern Schwaben und Lothringen, weil dort besonders günstige Bedingungen für diese Burgen vorlagen.

Felsenburgen sind in der frühen Burgenzeit häufiger gebaut worden als später. Im 11. und 12. Jahrhundert entstanden nur 30 Prozent aller Bur-

gen, jedoch 50 Prozent der Felsenburgen. Am Ende des 13. Jahrhunderts standen rund 75 Prozent aller Burgen, aber 90 Prozent der Felsenburgen. Eine Erklärung hierfür dürfte sein, daß die topographischen Möglichkeiten weitgehend ausgeschöpft waren.
Meine Untersuchung der Entstehungsdaten, so weit sie bekannt sind, scheint die Hoffnung der Bauherrn auf viel Sicherheit in Felsenburgen zu bestätigen: Die Zahl der vor 1500 zerstörten oder aufgegebenen Felsenburgen ist im Vergleich zu derjenigen aller Burgen gering.

Bei Felsenburgen waren die Vorgaben der Topographie für die Form ausschlaggebend. Ein Bauherr hatte hier keine Möglichkeiten, eigene Vorstellungen einer nach seiner Meinung idealen Burg zu realisieren. Er mußte sich dem Felsen unterordnen. Darum erkennt man bei Felsenburgen so gut wie keine Ansätze zu anspruchvollen, regelmäßigen Formen. Die Grundrisse der Felsenburgen sind alle individuell, ihre Vielfalt ist fast unendlich.
Von den mir bekannten Felsenburgen lassen etwas mehr als ein Drittel keine Aussagen über die Gestalt ihres Grundrisses zu. Zieht man die Höhlenburgen auch noch ab, schrumpft die Zahl der Felsenburgen, über die man Aussagen tätigen kann, auf etwa 110 zusammen, eine bescheidene Basis, wohl zu gering für exakte quantitative Aussagen.
Da auf Felsen in der Regel wenig Platz vorhanden war, standen auf ihnen vor allem Kleinburgen aller Arten, nämlich in 56 Prozent der Fälle. Weitere 25 Prozent waren allein stehende Wohntürme, die man den Kleinburgen zurechnen darf. Nur 16 Prozent der Felsenburgen waren »komplette« Burgen, wenn auch relativ kleine.
Vier Schnittzeichnungen sollen zeigen, wie unterschiedlich große Burgen auf den Felsen standen, dessen Oberfläche sie in aller Regel bis an den Steilrand ausfüllten. Die Herstellung solcher Burgen war aus verschiedenen Gründen schwierig. Das Baumaterial mußte mühsam an die Baustelle gebracht und dort hochgehievt werden. Die meist unregelmäßige Oberfläche eines Felsens war für die Aufnahme der Fundamente mit Hammer und Meißel vorzubereiten. Und schließlich mußten die Bauleute am Rande des Abgrundes mauern, keine ungefährliche Arbeit.
Vier häufiger vorkommende Bebauungen auf Felsen habe ich auf den nachfolgenden Abbildungen skizziert, um die heiklen Situationen anschaulich zu machen.
Bei der Burg *Stein im Lavanttal* stand zunächst nur das feste Haus, das nachträglich durch eine schildmauerartig verstärkte Ringmauer zur Kleinburg aus Palas und Hof wurde. Diese Ringmauer saß am Rande des Felsens. (Abb. 158) Die Kernburg von *Aufseß* im Kreis Bayreuth stand auf einem 5 m hohen Felsen und wurde vermutlich im 12. Jahrhundert

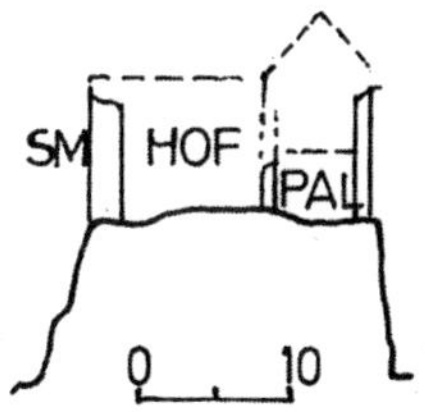

Abb. 158 Stein im Lavant

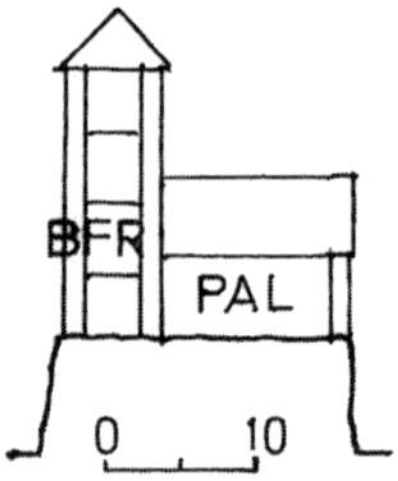

Abb. 159 Aufseß

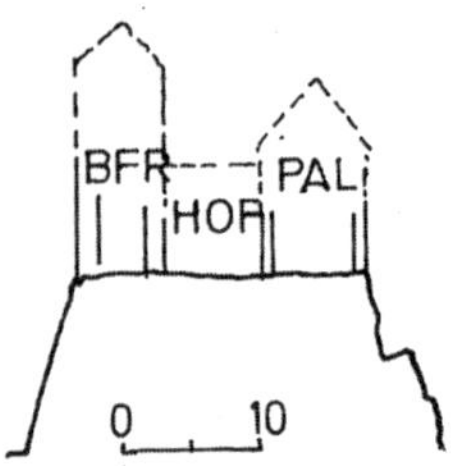

Abb. 160 Bilstein-Urbeis

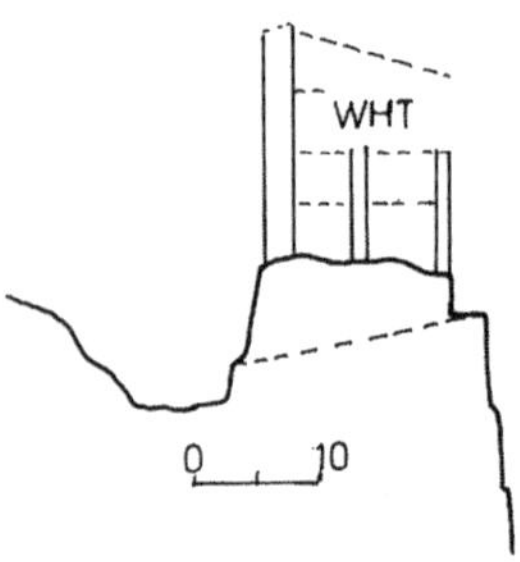

Abb. 161 Obertagstein

als Kleinburg aus Palas und Bergfried erbaut. Die später erweiterte und dann zum Schloß veränderte Anlage befindet sich noch immer im Besitz der Freiherren von Aufseß. (Abb. 159) Der Felsen, auf dem die Kleinburg *Bilstein* bei Urbeis im Unterelsaß erbaut wurde, war über eine steile, in den Stein gehauene Treppe zu erklimmen. Trotz der isolierten Lage wurde die Burg im 18. Jahrhundert als Steinbruch mißbraucht. (Abb. 160) Der Felsen *Obertagstein* im Heinzenberg, Kanton Graubünden, wurde am Ende des 13. Jahrhunderts erbaut. Eine Schildmauer schützt den Wohnturm, dessen Zugang erst später aus Sicherheitsgründen auf die Rückseite verlegt wurde. (Abb. 161)

Kavernen Man hat nicht nur natürliche Höhlen benutzt, sondern auch künstliche Höhlen in den Fels geschlagen. Bei 23 Felsenburgen in den Nordvogesen und im anschließenden Pfälzer Wald findet man unterhalb der Oberfläche des Felsens künstlich geschlagene Kavernen, die zum Wohnen genutzt werden konnten. In einigen Fällen dienten Kavernen zum Aufstieg mit Leitern, doch waren die Treppen meist in den Fels geschlagen.

Ringmauern Die kaum angreifbare Lage von Felsenburgen hatte zur Folge, daß ihre Ringmauern schwächer ausgebildet werden konnten als bei anderen Burgen. Während die Ringmauer bei allen Burgen nach meiner Untersuchung einen Mittelwert von 1,5 m Stärke aufweist, liegt dieser bei den Felsenburgen bei knapp 1,15 m. Dabei muß gelten: Je höher und isolierter ein Felsen war, um so geringer durfte die Ringmauer ausfallen. Gab es eine gefährdete Seite, dann wurde die Mauer, wenn nötig, verstärkt, wie bei der Felsenburg *Hauenstein* an der Seiser Alpe in Südtirol oder bei der schon erwähnten Burg *Stein im Lavant*.

Türme Man sollte meinen, daß auf einem hohen Felsen ein Turm überflüssig gewesen wäre, weil schließlich der Bauplatz selbst oft so etwas wie ein Turm war. Jedoch besitzt knapp ein Drittel der Felsenburgen einen Bergfried, auf den man selbst in der sicheren Lage wohl nicht verzichten wollte. Hier scheint der Bergfried als Symbol gefragt gewesen zu sein und nicht aus Gründen der Verteidigung. Dies kann man als Beweis dafür anführen, wie wichtig den Rittern der Bergfried auch als Symbol der Macht gewesen sein muß.

Wasserversorgung Die Wasserversorgung einer Burg war, wie bereits berichtet, für den Fall einer Belagerung von ungeheurer Wichtigkeit. Auf den meisten Burgen gab es daher einen Brunnen respektive einen Brunnenturm, der einen sicheren Zugang zum Wasser gewährte. Auf

Felsen war an einen Brunnen nicht zu denken, doch bot die Anlage einer Zisterne im gewachsenen Fels normalerweise wenig Schwierigkeiten. Auch wenn heute auf vielen Felsenburgen keine Zisternen zu erkennen sind, darf man doch annahmen, daß solche früher gegeben hat. Wie hätte sonst eine Belagerung durchgestanden werden sollen?

Der nur 12 m hohe Felsen, auf dem die Burg *Falkenberg* in der Oberpfalz errichtet wurde, ließ die Anlage einen Brunnenturmes zu, eine seltene Ausnahme, die nur bei niedrigen Felsen denkbar gewesen ist.

Höhlenburgen Schon die Urmenschen haben Höhlen als Wohnungen benutzt, weil sie sich dort besonders sicher vor Tiere und Feinden fühlten. Die Verteidigung einer nur über eine Leiter zugängliche Höhle war mit wenigen Menschen gut zu bewerkstelligen. Doch im deutschen Reich des Mittelalters waren brauchbare Höhlen selten. Daher gibt es nur recht wenige von ihnen. Die Höhle war, sieht man von den oben bereits genannten generellen Schwierigkeiten einmal ab, ein preiswerter Bauplatz, denn man mußte ja nur die Höhlenöffnung durch eine Mauer schließen, und fertig war die Burg.

Es gibt vier verschiedene Lagen von Höhlenburgen, die ich jeweils durch eine Skizze erläutern möchte.

a. Höhle in einer Steilwand. (Abb. 162) Der Vorteil liegt auf der Hand. Eine hölzerne Treppe konnte im Notfall hochgezogen werden, und man war vor Angriffen sicher. Nur Hunger oder Durst hätten eine Aufgabe der Burg bewirkt. Ob eine Höhlenburg bedeutend genug gewesen ist, um überhaupt belagert zu werden, sei dahingestellt.

b. Höhle über einem Hang. (Abb. 163) Diese Lage war weniger günstig. Man mußte eine wesentlich stärkere Abschlußmauer mit einen Hocheingang herstellen. Nur bei einem steilen Hang am Fuß der Höhle wäre dies vielleicht überflüssig gewesen.

c. Felsband mit überhängendem Fels auf einem Band. (Abb. 164) Nur fünf Burgen lassen sich unter dieser Kategorie einordnen, von denen die bekannteste *Wolkenstein* im Grödnertal in Südtirol ist, weil hier der Minnesänger *Oswald von Wolkenstein* seinen Ursprung hatte. Wenn man das Felsband an seiner engsten Stelle durch einen Scharte unterbrach, über die eine Zugbrücke gelegt wurde, war man ziemlich sicher.

d. Für die Burg unter einem Überhang über einem Hang (Abb. 165) gilt das gleiche, was ich zu Abb. 163 gesagt habe. In einigen Fällen war mehr als eine Höhle vorhanden, die man nutzen konnte, zum Beispiel bei der *Ziegelhöhlenburg* im Kreis Sigmaringen.

Da bei den Höhlenburgen der Fels in jedem Fall mindestens die Rückwand der Burg war, oft wesentlich mehr, waren sie kalt und vermutlich auch feucht, denn Regenwasser lief die Steilwand hinab oder tropfte von

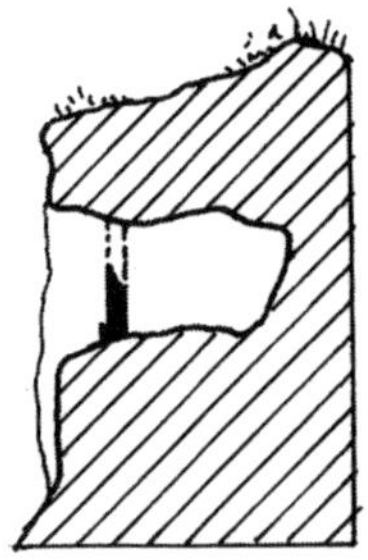

Abb. 162 Höhle im steilen Fels, Kallenberghöhle

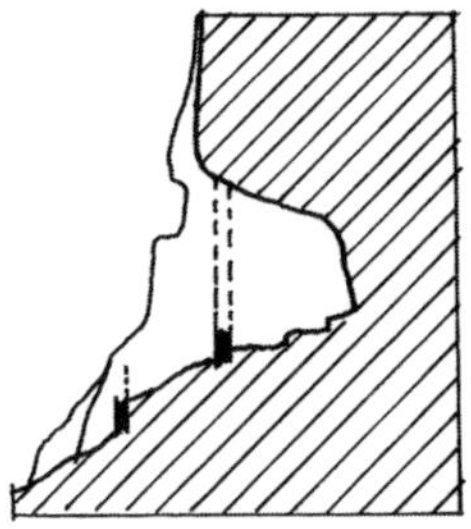

Abb. 163 Höhle über einem Hang, Weiler

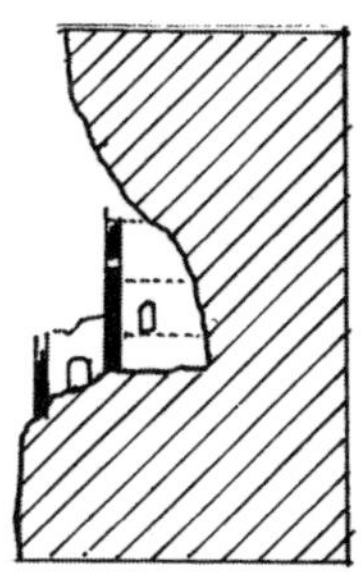

Abb. 164 Burg unter Überhang auf einem Felsband, Wolkenstein

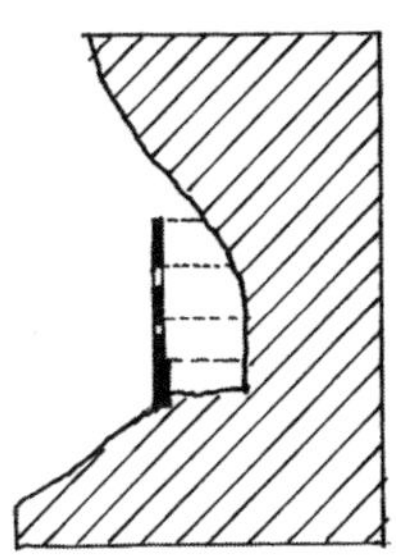

Abb. 165 Burg unter Überhang am Hang, Fracstein

ihr ab. Daher hatte die Burgen unter dem Überhang stets eigene Dächer. Obwohl so vor dem Regenwasser einigermaßen geschützt, dürften auch diese Burgen stets ungemütlich und feucht gewesen sein. Die Sicherheit verlangte von den Bewohnern der Höhlenburgen einen hohen Preis – vermutlich Rheuma.

Burgen mit Felsen

Im Anschluß an die Felsenburgen seien noch Burgen erwähnt, die unter Ausnutzung von Felsen erbaut wurden, wie Abb. 166 anschaulich zeigt. Es sind dies keine Felsenburgen im engeren Sinn, aber sie gehören in diesen Zusammenhang.

A. Felsrippe als Teil der Ringmauer Diese Art der Integration des Felsens habe ich bei mindestens 14 Burgen entdeckt, zum Beispiel bei der Burg *Wolfstein* in der Oberpfalz aus dem 13. Jahrhundert.

B. Felsen mit Wohnturm oder Bergfried als Ecke der Ringmauer Ein Felsen als Eckpfeiler der Burg kommt bei mindestens 20 Burgen vor. Ein schönes Beispiel hierfür ist die Burg *Lobenstein* in Oberösterreich aus der Mitte des 13. Jahrhunderts.

C. Burg in einem Felsengarten Burgen, die mehrere Felsen einbeziehen, gibt es meines Wissens 18. Bei der Ruine *Rudolfstein* bei Weißenstadt in Oberfranken sind fünf Felstürme durch eine Mauer miteinander verbunden und umschließen einen Innenraum von etwa 1300 m^2. Reste von Gebäuden sind dort allerdings nicht mehr vorhanden.

D. Turm auf Felsen in der Burg Von dieser Variante kenne ich wenigstens elf Beispiele, wie die Burg *Lichtenstein* im Kreis Haßberge in Unterfranken, deren Nordburg einen Bergfried auf einem gewachsenen Felsen besitzt, der am Anfang des 13. Jahrhunderts errichtet wurde.

E. Felsentor als Eingang zur Burg Eine solche Situation habe ich bei sieben Burgen gefunden, unter anderem bei der böhmischen Burg *Friedstein* (Frydštyn) in Nordböhmen, die im 14. Jahrhundert unter Ausnutzung einer Felsenbarriere entstanden ist.

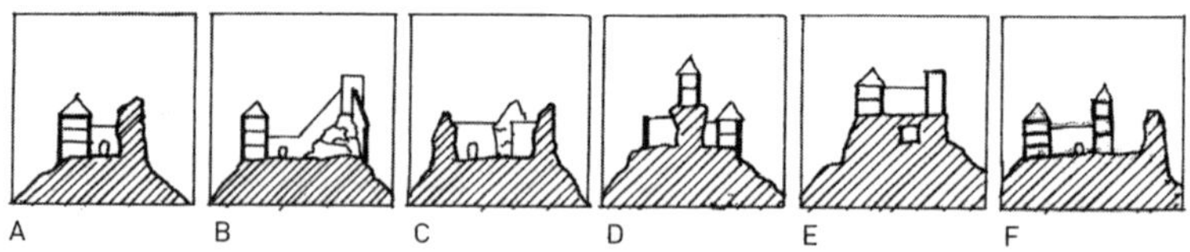

Abb. 166 Burgen mit Felsen

F. Schildmauer aus Felsen Bei der Burg *Hohenecken* bei Kaiserslautern haben die Erbauer eine 11 m hohe Felsrippe als Schildmauer benutzt. Etwas ähnliches findet man bei *Nannstein*, das nur wenige Kilometer von Hohenecken entfernt ist.

Man sieht also, unter gegebenen Umständen haben Ritter als Bauherren die vorhandene Situation pfiffig auszunutzen verstanden. Die Zahl der Burgen, die Zeugen dieser Phantasie sind, ist allerdings gering. Sie stellen eher eine Arabeske im Burgenbau dar, aber eine interessante, die ich hier nicht unerwähnt lassen wollte.

Burgengruppen

Unter dieser Überschrift behandle ich fünf verschiedene Konzentrationen von Burgen auf engem Raum, nämlich:
1. Mehrfachburgen.
2. Burgen in enger Nachbarschaft bis circa 100 m.
3. Burgen in Gruppen, deren Distanz zwischen 100 m und 2 km beträgt.
4. Konzentrationen von Burgen in einem Gebiet.
5. Burgenketten.

Mehrfachburgen

Mir sind rund 40 Burgen bekannt, die zwei, drei oder mehr Burgen innerhalb einer umschließenden Ringmauer aufweisen, quasi Burgen in der Burg. Die überwiegende Zahl dieser Burgen sind Doppelburgen, ziemlich genau zwei Drittel. Das übrige Drittel verteilt sich auf drei, vier und fünf Burgen in einer gemeinsamen Anlage.
Sehr viele dieser Anlagen sind nacheinander entstanden, etwa *Alt Bechburg* im Kanton Solothurn oder *Hiltenburg* im württembergischen Kreis Göppingen. Einige jedoch sind von vornherein als Mehrfachburg angelegt worden, wie die Burgen *Kyffhäuser* im gleichnamigen Thüringer Bergzug.
Die Burg *Salzburg* an der fränkischen Saale, nicht zu verwechseln mit Hohensalzburg oberhalb der Stadt Salzburg, die mindestens fünf, vielleicht auch sieben Burgen in einer Ringmauer einschloß, ist ein schönes Beispiel für eine Mehrfachburg. Sie wurde bereits im 11. Jahrhundert als Königshof begonnen, war später im Besitz der Würzburger Bischöfe und wurde in der heutigen Form ab der Mitte des 12. Jahrhunderts für deren Dienstmannen ausgebaut. Die Sitze der Dienstmannen waren von unterschiedlicher Größe, die möglicherweise auf die jeweilige Bedeutung der einzelnen Herren in der Rangordnung zurückgeht. (Abb. 167)

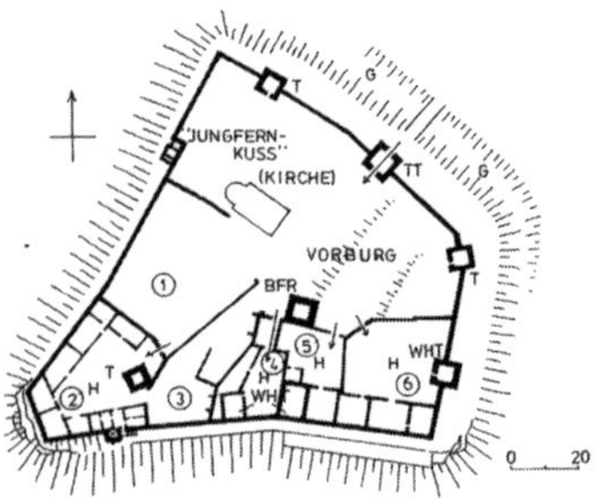

Abb. 167 Salzburg an der fränkischen Saale

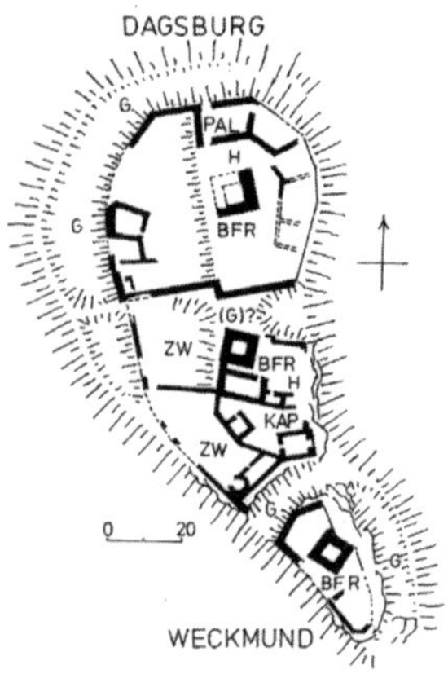

Abb. 168 Hoch Egisheim

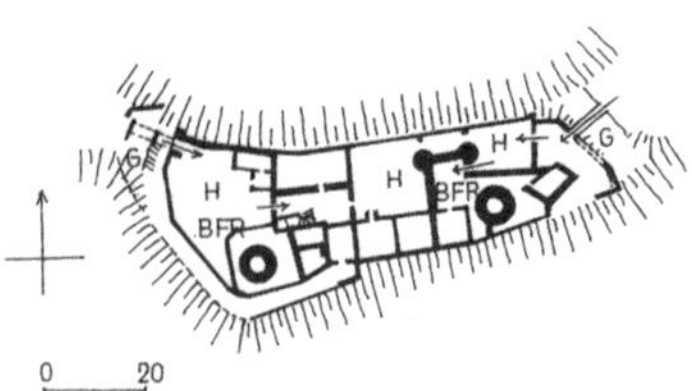

Abb. 169 Thurandt

In einem Zug entstand um 1220 wohl auch die *Asseburg* bei Denkte im Kreis Wolfenbüttel, die drei bis vier Burgen einschließt. Dagegen wurden die drei Burgen von *Hoch Egisheim* im Hochelsaß mit den Namen *Dagsburg*, *Wahlenburg* und *Weckmund* im 12. und 13. Jahrhundert nacheinander erbaut. (Abb. 168)

Die Burgherren der einzelnen Burgen in einer Mehrfachburg können enge Verwandte, aber auch völlig fremde Personen gewesen sein. In diesem Zusammenhang spricht man auch von *Ganerben*, womit man eine Burg bezeichnet, die sich verschiedene Ritter, verwandt oder nicht, teilen müssen, wie die *Salzburg*. Eine Ganerbenburg muß nicht aus einzelnen Burgen bestehen, es kann auch eine Burg mit verschiedenen Häusern sein wie *Friedberg* in Tirol (Abb. 66) oder *Schauenburg* im Badener Ortenaukreis.

Berühmt ist die Burg Eltz in einem Moselseitental durch ihre einst vier Zweigen der Familie von Eltz gehörenden fünfstöckigen Turmhäuser. Die Teilung der Burg *Thurandt* an der unteren Mosel erfolgte erst, nachdem die Erzbischöfe von Köln und Trier gemeinsam in ihren Besitz gelangt waren, und zwar so, daß durch eine Quermauer und einen weiteren Bergfried zwei Burgen entstanden. (Abb. 169)

Burgen in enger Nachbarschaft

Unter enger Nachbarschaft verstehe ich Distanzen von weniger als 100 m, die garantieren, daß die Burgen gegenseitig schützen oder bedrohen konnten. Letzteres wäre immerhin denkbar, wenn zum Beispiel zwei feindliche Familien dicht beieinander wohnen oder eine Burg von Feinden erobert wurde. Bei größeren Abständen wäre das jedenfalls im Hochmittelalter nicht unbedingt der Fall gewesen.

Auch von diesen Burgen sind mir etwa 40 bekannt, deren Nachbarschaft wiederum verschiedene Gründe hatte, welche den unter Mehrfachburgen geschilderten ähnelten. Die vier Burgen *Wilandstein* bei Lenningen im württembergischen Kreis Esslingen liegen gemeinsam auf einem steilen Kamm und sind jeweils maximal 50 m voneinander entfernt. Sie sind nacheinander entstanden, im 12. Jahrhundert die Alt- und Hinterburg, die beiden anderen im darauffolgenden Jahrhundert. *Alt Wilandstein* wurde schon im 13. Jahrhundert aufgegeben. (Abb. 170)

Bei den beiden Burgen *Falkenstein* in Thiergarten im Kreis Sigmaringen

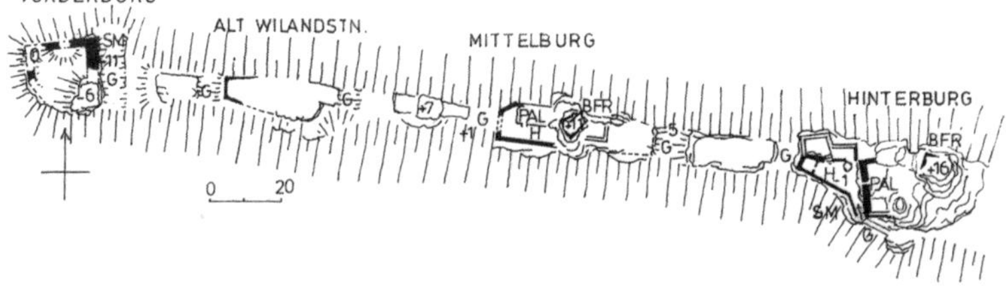

Abb. 170 Burgengruppe Wilandstein

ist die Unterburg um 1150, die Oberburg um 1200 erbaut worden, beide durch Herren von Falkenstein. (Abb. 171) Die Unterburg war eine winzige Kleinburg auf einem Felsturm von nur 225 m^2 Gesamtfläche.

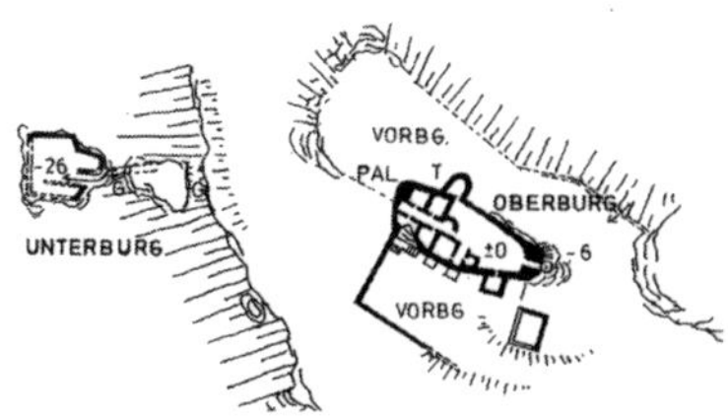

Abb. 171 Falkenstein/Hohenzollern

Die Burgengruppe *Dreistein* in St. Odilien im Unterelsaß bestand ursprünglich aus drei Burgen, von denen A und B auf Abb. 172 nachträglich durch eine Mauer verbunden wurden. Alle sind wohl um oder kurz nach 1200 (oder erst 1270?) erbaut worden. Vermutlich waren die Burgherren Ministerialen der Abtei Hohenberg. Alle drei sind Kleinstburgen, was eine geringe Bedeutung der Eigentümer annehmen läßt. (Abb. 172)

Die Burgen in enger Nachbarschaft kommen meines Wissens fast ausschließlich in Berglagen vor. Zu erklären vermag ich diese Tatsache nur damit, daß man eine günstige Lage besser ausnutzen wollte, wovon im Flachland keine Rede sein konnte. Da im Flachland solche Burgen nicht vorkommen, scheint mir ein gegenseitiges Beschützen als Grund nicht in Frage zu kommen, denn das wäre im ungünstigen Flachland viel dringlicher gewesen als in Berglagen.

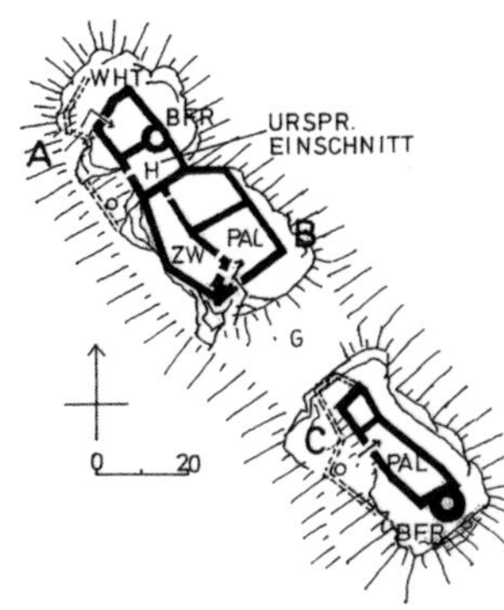

Abb. 172 Dreistein

Burgen in Gruppen

Legt man den maximalen Abstand zwischen zwei Burgen, die als eine Gruppe angesehen werden können, auf 2.000 m fest, findet man unter den existenten Burgen oder Burgruinen wenigstens 100 solcher Gruppen, ebenfalls überwiegend in Berglagen.

Einige dieser Burgen sind als Gegner zu einer anderen errichtet worden, wie zum Beispiel die Burg *Ramstein* 1293 als Rückhalt bei der Belagerung der um 1200 erbauten *Ortenburg* in Scherweiler bei Schlettstadt (Sélestat) im Elsaß. Ein solches Paar gibt es auch mit *Trutzeltz* und *Eltz* und *Oedenburg* und *Hohkönigsburg*. Die Unterstützung einer voraussichtlich lang anhaltenden Belagerung war demnach ein, allerdings nicht häufiger Grund.

Ein anderer war der Besitz einer günstigen Lage in der Hand einer Familie, von der mehrere Mitglieder diese Lage nutzten. So war es wohl auf dem Kamm bei *Neckarsteinach*, wo die Herren von Steinach sich drei Burgen bauten, die *Hinterburg*, auch *Alt Schadeck* genannt, um 1150, die *Mittelburg* um 1185 und die *Vorderburg* um 1200. Schließlich kam in ungünstiger Hanglage im 2. Viertel des 13. Jahrhunderts die Burg *Schadeck* hinzu. Diese Burgengruppe wird auf dem anderen Neckarufer ergänzt durch den *Dilsberg*, die sich im Besitz anderer Herren befand, womit man auf fünf Burgen in einem relativ engen Bereich kommt.

Berühmt geworden ist die Burgengruppe bei Rappoltsweiler (Ribeauvillé) im Oberelsaß wegen der drei schönen Burgen *Hohrappoltstein* vom Beginn des 12. Jahrhunderts, *Girsberg* aus der 2. Hälfte des 12. Jahrhunderts und der *Ulrichsburg* vom Anfang des 13. Jahrhunderts, die alle auf die Mitglieder einer großen Familie zurückgehen. Die Burgengruppe *Rudelsburg* und *Saaleck* bei Bad Kösen an der Saale sind durch die Markgrafen von Meißen um 1150 erbaut worden, waren aber wohl mit deren Vasallen als Burgmannen besetzt. Verschiedene Lehnsherren hatten die Ritter des Burgendreiecks *Breitenstein* (13. Jahrhundert), *Erfenstein* (Mitte des 13. Jahrhunderts) und *Spangenberg* (vielleicht noch Ende des 11. Jahrhunderts) bei Elmstein-Appenthal im Pfälzer Wald. Die Felsenburgen gehörten Vasallen des Bischofs von Speyer (Spangenberg) und der Grafen von Leiningen. Ob die Burgen gegeneinander erbaut wurden, ist nicht mehr klar, man möchte jedoch eine Konkurrenz der Leininger zu den Bischöfen von Speyer vermuten.

Burgengruppen wurden also miteinander und gegeneinander erbaut. Das konnte sich leicht umkehren, denn Burgen bestanden ja meistens über einige Jahrhunderte, in denen sich regionalpolitische Situationen mehrfach ändern konnten. Auch aus Burgen einer Familie konnten durch Erbschaft, Verkauf oder Neubelehnung feindliche Brüder werden.

Konzentrationen von Burgen in einem Gebiet

Jeder Deutsche weiß, daß es am Rhein und an der thüringischen Saale viele Burgen gegeben hat, nicht zuletzt durch allgemein bekannte Lieder. Doch sind Burgen in den beiden genannten Gebieten zwar keineswegs selten, aber auch nicht auf relativ kleinem Raum so zahlreich wie in einigen anderen Regionen. Warum es zu solchen Ballungen kam, ist nicht immer ganz klar. Doch drei Gründe zeichnen sich ab.

1. Das Gebiet war wegen seiner ökonomischen Attraktion in der Lage, viele Lehen zu tragen, wie man das für Südtirols Etschtal en bloc annehmen darf.
2. In dem Gebiet hat Erbteilung die Lehen immer kleiner werden lassen und so nahezu zwangsläufig viele Burgen entstehen lassen, wie man es für den Südwesten des Reiches vermuten darf.
3. Ein hoher Lehnsherr, der über weite Gebiete verfügte, hat aus strategischen Gründen oder um möglichst viele Lehen vergeben zu können, bewußt kleine Lehen vergeben, auch wenn die ökonomische Situation nicht ideal war.

Welche Gründe in der Schwäbischen Alb und im Gebiet am und im Harz eine Rolle gespielt haben, wissen wir heute nicht mehr, aber beide Gebiete haben jeweils um 250 Burgen aufzuweisen, die belegt und wenigstens als Burgstelle zu erkennen sind. Diese Gebiete gehörten traditionell den Herzögen von Schwaben und von Sachsen, die dort ihre Hausmacht konzentriert hatten. Das bedeutet allerdings nicht, daß zu allen Zeiten des Mittelalters dort nur die entsprechenden Herzöge das Sagen hatten. Selbst in der frühen Burgenzeit gab es nebeneinander

Reichsinteressen und solche von großen Adligen, die oft genug gegeneinander wirkten. Burgen waren in diesem Zusammenhang immer eine unsichere Größe, denn Lehnsmänner wechselten gern von einem Lehnsherrn zu einem anderen, wenn dies gewinnbringend zu werden versprach. Vasallentreue war in der Burgenzeit keine Selbstverständlichkeit. Aus diesem Grund sicherten sich viele Lehnsherren gegenüber den Vasallen ein Öffnungsrecht von Burgen, das ihnen jederzeit Zugriff auf sie garantieren sollte. Allerdings half das nur, solange die Vasallen diese Regelung anerkannten. Ein großer Lehnsherr mußte eben ständig auf der Hut sein und, wie ein Schäfer seine Schafe, die Vasallen gut an sich binden. Wer an Ansehen verlor, warum auch immer, war bald auch seine Anhänger los. Die Fürsten zeigten durch ihr Verhalten dem Niederadel immer wieder, wie wenig Treue bedeutete, etwa gegenüber dem König, und wie hoch die eigenen Interessen bewertet wurden. Wer wollte da Vasallentreue erwarten?

Burgenketten

Dieses Wort drängt sich auf, wenn man in vielen Gebieten des deutschen Reiches Burgen einer Kette gleich an einem Fluß findet. Zu nennen wären hier im Kanton Graubünden Vorder- und Hinterrhein, sowie nach deren Zusammenfluß der oberste Teil des Rheines. Hier findet man rund 75 Burgen und Wohntürme, die den Fluß begleiten. Ursprünglich waren es wohl noch viel mehr, aber einige sind spurlos verschwunden. Eine weitere Burgenkette findet man an der jungen Donau im ehemaligen Hohenzollern zwischen Sigmaringen und Fridingen, wo 35 Burgen den Fluß begleiten. Auch hier waren es früher vielleicht mehr. Zu erwähnen ist auch die Burgenkette am Kamp in Niederösterreich, wo 17 Burgen dicht beieinander liegen. Entlang der großen Lauter in Ostwürttemberg drängen sich 16 Burgen auf 15 km Luftlinie. Burgen folgten den Flüssen nicht zuletzt deshalb, weil sich das Leben an den Flüssen abspielte, weniger um Zölle von den Händlern zu fordern. Aber auch das gab es: Als Rudolf von Habsburg 1273 deutscher König wurde, gab es entlang des Rheines nicht weniger als 40 Zollstellen. Der neue Mann an der Spitze des Reiches hat sie, so wird berichtet, alle aufgehoben.

Wohnen in der Burg

Burgen waren über Jahrhunderte **die** Behausung des Adels, dessen hierarchische Gliederung sich im hohen Mittelalter so verfestigt hatte, wie es der Sachsenspiegel im Zusammenhang mit den Heerschilden erwähnt. Die Rangfolge war: König, Herzöge, Markgrafen, Grafen, Freiherrn, schöffenbare freie Lehnsleute, also jene Menschen, die auf Burgen oder in Wohntürmen beziehungsweise festen Häusern wohnten. Auch Bischöfe, ebenfalls Teil der Heerschilde, wohnten auf Burgen. Äbte, die ja in ihrem Kloster wohnen mußten, fand man nicht in Burgen, doch haben sich einige im Kloster Wohntürme erbaut.

Diese ausgeprägte Hierarchie läßt erkennen, wie unterschiedlich die Ansprüche an eine Burg gewesen sein müssen, deren Größe und Stärke insbesondere auch ein Zeichen der gesellschaftlichen Bedeutung ihres Inhabers war. Der Inhaber mußte übrigens keineswegs immer auch der Eigentümer einer Burg sein. Denn anstelle des Eigentümers saß auf der Burg nicht selten deren Vertreter, *Vogt* oder *Meier* genannt, Begriffe, die noch heute als Eigennamen zu finden sind. Da bedeutende Familien oft viele Burgen oder Teile von Burgen besaßen, waren solche Stellvertreter durchaus nicht selten und immer von Adel. Auch Klöster, deren Mitglieder selbst in aller Regel an ihr Kloster gebunden waren, also keine Burgen bewohnen durften, ließen die ihnen gehörenden Burgen durch Vögte verwalten. Teileigentum wurde auch von sogenannten *Burgmannen* wahrgenommen, die entweder selbst Träger dieses Teileigentums, also Miteigentümer einer Burg, waren oder aber von einem höhergestellten Eigentümer eingesetzt wurden.

Burgen wurden während eines halben Jahrtausends erbaut. In dieser langen Zeit von fünfhundert Jahren hat es natürlich eine Entwicklung des Wohnstandards, wenn auch eine bescheidene, in Städten und auf Burgen gegeben, die allerdings die kleinen Leute, die riesige Menge von Hörigen, Kleinbauern und Knechten, gar nicht oder nur mit großer zeitlicher Verzögerung erreichte. Man darf annehmen, daß die Burgen als Wohnsitze der führenden Schicht an der Spitze der Entwicklung des Wohnkomforts standen. Wenn die ökonomische Potenz des Adels die ungeheuren Kosten des Burgenbaues ermöglichte, darf man vermuten, daß sich diese Kaste auch beim Wohnen die modernsten Errungenschaften geleistet hat, die man zum Beispiel auf den Kreuzzügen kennengelernt hatte.

Man muß wohl die Burgenzeit und das Leben auf Burgen in zwei Zeiträume teilen, nämlich vor und nach der Einführung von Öfen und Fensterglas. Grob vereinfacht kann man die Wende zum bequemeren Wohnen zwischen 1200 und 1250 ansetzen. Allerdings verbreiteten sich diese beiden wichtigsten Errungenschaften erst langsam im Land. Es dürfte ein Jahrhundert gedauert haben, bis sie sich durchsetzten. Möglicherweise spielte der Einfluß der Burgfrauen in dieser Hinsicht eine Rolle.

In den ersten beiden Jahrhunderten waren Burgen im Winter dunkel und kalt. Kienspäne oder Fackeln lieferten neben flackerndem Licht Unmengen von Ruß, der sich überall festsetzte. Öllämpchen waren eher Funzeln, die noch dazu blakten und stanken. Wachskerzen waren teuer und dürften bestenfalls bei reichen und bedeutenden Rittern und in der Kirche zu finden gewesen sein. Die schon im Mittelalter bekannten Unschlittkerzen, Kerzen aus Talg, brannten und rochen nicht besonders gut. Die Stearinkerzen wurden erst um 1800 erfunden, Petroleumlampen nicht viel früher. Die Beleuchtung im Mittelalter war also eher bescheiden, und man ging gewiß auch deswegen häufig mit den Hühnern ins Bett. Aber der Mangel an Beleuchtung hatte auch zur Folge, daß man oft beieinandersaß und Erbsen pulte oder spann und sich dabei Geschichten erzählte. Lesen konnten damals ohnehin die wenigsten.

Tageslicht drang durch die kleinen Fenster nur in geringem Umfang in die Wohnräume und das, wie bereits berichtet, nur im Sommer. Im Winter hingegen herrschten in den Räumen der Burgen überwiegend Dunkelheit und Mief. Kein Wunder also, wenn die Menschen des Mittelalters die Wiederkehr des Lichtes und des Frühlings hymnisch begrüßten. Noch im 19. Jahrhundert wurde der Frühling fröhlich und erleichtert besungen, zum Beispiel in Hoffmann von Fallerslebens »Alle Vögel sind schon da«. Die Generation der Deutschen, die wie der Verfasser in einer zerbombten Großstadt nach 1945 die Nachkriegszeit erleben mußten, bekam eine leise Ahnung davon, wie schrecklich das Leben im Winter des Mittelalters überwiegend in Dunkelheit, Gestank und Kälte gewesen sein mußte.

Die Schweizer Burgenforscher Werner Meyer und Eduard Widmer nennen in ihrem Buch »Das große Burgenbuch der Schweiz«, Zürich 1977, die Burg eine dürftige und unbequeme Behausung: »Der Boden starrte vor Schmutz und Unrat, in den Wänden und Böden tummelten sich Ratten und Mäuse, Wanzen und anderes Ungeziefer. Durch die schmalen Fensterscharten pfiff der Wind. Deshalb holte man bei strenger Kälte Schweine, Ziegen und Hunde in die Wohnräume, um durch die Wärme der Tiere die ungenügende Leistung des Feuers zu verstärken.« Werner Meyer hat durch seine jahrzehntelange Beschäftigung mit den Burgen und vor allem viele Grabungen tiefe Erkenntnisse über das Leben auf den Burgen erhalten; man darf ihm wohl glauben. Tiere als wärmende Hausgenossen im Winter waren bei Bauern vielerorts noch lange nach dem Mittelalter üblich. Offenes Feuer im Kamin oder auf der Tenne erwärmte einen Raum jedenfalls nicht sehr.

Natürlich waren die Menschen nichts anderes gewöhnt und ein Blick zurück aus unserer Zeit in die ferne Vergangenheit birgt immer die Gefahr des unzulässigen Vergleiches in sich. Daß die Menschen ihre winterlichen Lebensumstände aber selbst als unerfreulich empfanden, darf man aus den Hymnen auf den Frühling und der Begeisterung über die warme Jahreszeit ableiten. Man darf annehmen, daß im Winter das Leben in den Burgen mehr oder weniger erstarrte und auf ein Minimum der Kommunikation mit anderen außerhalb von Burg, Dorf oder Stadt reduziert wurde. Noch viel später stellte man den Krieg im Winter faktisch ein und bezog die sogenannten Winterquartiere. Kriegführung im Winter war unzumutbar.

Über Stroh auf dem Boden in Wohnräumen gehobener Kreise mit ähnlicher Funktion wie in einem Stall wird noch lange nach dem Mittelalter berichtet. Im Schloß Versailles, hört man, waren Flure mit Stroh belegt, wurden Kamine als Abtritt mißbraucht. Wen wundert es, wenn im Mittelalter die Zustände nicht besser gewesen sind?

Mit der Hygiene war es jedenfalls nicht weit her. Zwar kannte man, wie ich gezeigt habe, auf den Burgen Aborterker oder -schächte, aber keineswegs überall und vermutlich nicht für alle zugänglich. Vor allem in der frühen Burgenzeit waren solche Einrichtungen außerdem eher selten. Man benutze auch in besseren Kreisen vermutlich überwiegend einen tragbaren Abtritt aus Holz mit eingehängtem Eimer, wie ich persönlich ihn im Herrenhaus eines sehr entlegenen Gutes 1940 in Ostpreußen erlebt habe. Die gesellschaftliche Hierarchie sorgte im Mittelalter dafür, daß es genügend Untertanen gab, die Exkremente der Herrschaft klaglos beseitigten.

Die Lebenserwartung im Mittelalter war in Stadt und Land gering. Gevatter Tod war, wie man auf vielen Kirchenfresken erkennen kann, immer präsent. Das lag nicht nur an den unzulänglichen hygienischen Verhältnissen, sondern auch an Unterernährung, medizinischer Unkenntnis und Ignoranz. Hungersnöte traten immer wieder auf und Möglichkeiten, Grundnahrungsmittel in großen Mengen zu transportieren, waren faktisch nicht vorhanden. Der Fernhandel beschränkte sich weitgehend auf Luxusgüter, die größere Gewinne versprachen und deshalb das damit verbundene Risiko rechtfertigten. Es konnte also durchaus geschehen, daß in einer Grafschaft schreckliche Hungersnot herrschte, während fünfzig Kilometer entfernt keinerlei Mangel zu erkennen war, woran sich während des gesamten Mittelalters wenig änderte. Verheerungen durch Kriege – das Wort ist nicht umsonst von dem Wort Heer abgeleitet – verringerten die Lebenserwartung der Menschen erheblich.

Sicher ist jedoch, daß die Wohnverhältnisse sich im späten Mittelalter deutlich verbesserten. Die Verbreitung des Kachelofens als günstige und vergleichsweise sparsame Wärmequelle sowie die Verglasung der Fenster schufen angenehmere Lebensbedingungen.

Nun blieb, war man nicht grade bettelarm,
das eigne Haus sogar im Winter warm,
so daß des Winters Sorgen man vergaß,

wenn man gemütlich hinterm Ofen saß.
(F.-W. Krahe, »Leben im Mittelalter«,
in: »Geschichte-Gedichte«, Berlin 1997.)

Glas war zunächst sündhaft teuer, so daß man anfangs nur kleine Ausschnitte in den Holzläden verglasen konnte, immerhin ein deutlicher Fortschritt im Vergleich zum bis dahin üblichen, wenig Licht durchlassenden Pergament. Das »finstere Mittelalter« wurde also etwas freundlicher. Aber sehr primitiv blieben die Lebensumstände dennoch, und der Schwarze Tod fand, als er im 14. Jahrhundert über Europa herfiel, daher leicht seine Opfer und raffte fast ein Drittel der Bevölkerung hinweg. Übrigens hat er im 17. Jahrhundert noch beinahe die gleichen Zustände angetroffen wie dreihundert Jahre zuvor. Die Entwicklung der Hygiene verlief selbst im Zeitalter der Aufklärung im Schneckentempo. Küchen waren im Mittelalter dunkel, weil in der Regel nur durch winzige Fenster belichtet und schwarz von Ruß, der vom offenen Feuer unter dem Rauchabzug Decke und Wände überzog. Immerhin besaßen die Burgküchen und solche in den Patrizierhäusern nach 1200 überwiegend Rauchabzüge, während in den Hütten der Untertanen der Rauch durch den Raum zu einem Loch im Dach ziehen mußte. Als Nebeneffekt konnte man die tierischen Wintervorräte in diesen Rauch hängen, wo sie unerreichbar für Schmarotzer durch Räuchern konserviert wurden. Rauchhäuser, die bei uns nur noch in Freiluftmuseen besichtigt werden können, gibt es in vielen Ländern dieser Erde noch heute. Gekocht wurde bis zum Ende des 18. Jahrhundert fast ausschließlich über offenem Feuer. Wegen der Brandgefahr wurden Küchen in Burgen zuweilen als eigene Gebäude errichtet. Lag die Küche im Erdgeschoß eines Wohngebäudes, was häufig vorkam, wurde sie gern gegen die übrigen Stockwerke durch ein Gewölbe gesichert, das nicht brennen und einem Brand unter Umständen sogar widerstehen konnte.
Aber der Umgang mit offenem Feuer, in welcher Form auch immer, erhöhte in den Burgen die Brandgefahr. Da man ohne Feuer und Licht nicht existieren konnte, mußte man jedoch damit leben. Trat ein Brand auf, konnte man bestenfalls versuchen, Nachbargebäude zu retten. Gegen den Brand selbst war man faktisch hilflos. Mit Stroh oder Holzschindeln gedeckte Dächer entzündeten sich im Falle eines Blitzeinschlages wie ein Scheiterhaufen. Die Bewohner einer Burg fürchteten die Gewitter so sehr wie noch Jahrhunderte später ihre Nachfahren. Erst Benjamin Franklin hat um 1800 durch die Erfindung des Blitzableiters die Menschheit von einer Urangst befreit. Doch in ländlichen Gebieten, selbst dort, wo Blitzableiter existierten, stand man bei nächtlichen Gewittern auf, um im Notfall das Vieh evakuieren zu können. Ich habe das selbst vor sechzig Jahren erlebt und immer wieder von anderen gehört.

Die Wohnräume auf Burgen waren meist schmucklos, oft nicht einmal verputzt. Wandbehänge konnten sich nur ganz reiche Leute leisten. Solche Textilien verrußten natürlich mit der Zeit und wurden daher oft nur zur Verschönerung des Raumes zu festlichen Anlässen angebracht. Fresken in Wohnräumen wie auf der Burg *Runkelstein* bei Bozen in Südtirol waren eine extreme Seltenheit und bewiesen Reichtum und Bedeutung des Burgherrn, so auch in der Burg *Tirol* bei Meran in Südtirol und der Burg in *Lauf* nördlich von Nürnberg, die Kaiser Karl IV. ausschmücken ließ. Im großen Wohnraum oder Saal einer Burg, der meist im ersten Obergeschoß des Palas zu finden war, gab es während der gesamten Burgenzeit nur wenig Möbel: Tische, Stühle für die Herrschaft und Bänke für die Untertanen waren die ganze Einrichtung. Vielleicht fand man noch eine große Truhe, die bis ins 14. Jahrhundert hinein das einzige Möbel zur Aufbewahrung von Kleidung, Wäsche und Besitz überhaupt darstellte und die Schränke ersetzte. Man geht sicher nicht fehl in der Annahme, daß auf kleinen Burgen oder in anspruchslosen Wohntürmen die Familie des Burgherrn gemeinsam mit dem Gesinde speiste, ähnlich wie bei einem Großbauern.

Die Hierarchie war vom Niederadel über die reichen Patrizier bis zu den Bauern eigentlich gleich. Es gab einen Patriarchen, dem alle anderen Mitglieder der Familie und das Gesinde Gehorsam schuldeten. Daß der in der Mitte der Tafel oder an einem Kopfende Platz nahm, versteht sich von selbst. Vom König bis zum Bauern war das Schema das gleiche. Bei bedeutenden Personen gehobenen Standes darf man vermuten, daß die bäurische Gemeinsamkeit von Herrn und Gesinde nicht mehr existierte.

Bei Rittern jeden Ranges mußte man stets mit längerer Abwesenheit des Patriarchen rechnen. Ritter waren Krieger und erhielten ihr Lehen vor allem zu dem Zweck, daß sie mit dessen Erträgen die unabdingliche Ausstattung mit Rüstung, Waffen und Schlachtroß beschaffen konnten, die sie zum Kriegsdienst stets bereithalten und pflegen mußten. Wurde der Ritter zum Kriegsdienst gerufen, mußte er nebst Knappen und Kriegsknechten, wenn er denn überhaupt welche hatte, zum Aufgebot seines Lehnsherrn stoßen und mit diesem zum Heer seines Herzogs oder des Königs ziehen, um möglicherweise an einem Zug nach Italien teilzunehmen, was ja oft genug vorgekommen ist. Daß häufig nur die Hälfte der Aufgebotenen oder noch weniger wieder heimkehrte, war ein Berufsrisiko der Kriegerkaste. Bei Abwesenheit des Burgherrn vertrat ihn vermutlich seine Frau, allerdings nur, wenn kein würdiges männliches Mitglied der Familie anwesend war. Und so haben Ehefrauen während des gesamten Mittelalters immer wieder ihre Männer vertreten und vorübergehend die Spitze der Burghierarchie eingenommen.

Der Wohnraum oder große Saal einer Burg entsprach in seiner Dimension der Bedeutung des Burgherrn. Je wichtiger ein Burgherr gewesen ist, um so größer war der Saal, der ja bei Festen vielen Gästen an der Tafel Platz bieten mußte. Für den Sommer gab es auf vielen Burgen einen unbeheizbaren Saal, der mit schönen Fensterarkaden geschmückt war, über die ich bereits berichtet habe. Vermutlich spielte sich das gesellschaftliche Leben vornehmlich im Sommer ab. Wie man aus Berichten weiß, schliefen die Gäste nach einem Gelage im großen Saal auf den Bänken ihren Rausch aus. Genügend Schlafplätze für Besucher gab es vermutlich nirgendwo, und man war nicht verwöhnt.

Übrigens schliefen die Menschen damals selten allein. Das Bett war wesentlich wärmer, wenn man es mit einem anderen Menschen teilte. Nur Mönche und Nonnen durften ihr Bett mit niemandem teilen, um nicht in Versuchung zu geraten. Es scheint unter Erwachsenen von Rang eine Art von Zuneigung oder sogar Auszeichnung gewesen zu sein, wenn man mit einem anderen das Bett teilen durfte. Die Schlafstellen waren für die verschiedenen Mitglieder der Gesellschaft recht unterschiedlich. Der Mensch von Stand schlief in einem Bett, bei dem Dach und Vorhänge dafür sorgten, daß so wenig Wärme wie möglich verloren ging. Entgegen immer wieder geäußerten Meinungen halfen Dach und Vorhänge nicht gegen Ungeziefer.

Es gab auch dreiseitig geschlossene Bettnischen, die man mit einem Vorhang oder Türen schließen konnte, wie man sie aus bäuerlichen Häusern in Norddeutschland kennt. Bettkästen, offenbar noch aus dem Mittelalter stammend, hat man im Wohnturm der Burg *Reifenstein* bei Sterzing in Südtirol gefunden. In den meisten Fällen reichte vermutlich ein Strohsack als Nachtlager. Aber auch die Bettkästen werden selten mehr geboten haben. Die Prinzessin auf der Erbse aus Andersens Märchen hätte im Mittelalter wohl kein adäquates Nachtlager gefunden.

Der Anspruch eines unbedeutenden Adligen an Zahl und Größe von Wohnräumen war vermutlich gering. Die Familien waren nach der Erkenntnis von Historikern im allgemeinen recht klein, weil die Kindersterblichkeit viele Nachkommen frühzeitig hinwegraffte. Daher war auch die Zahl notwendiger Wohn- und Schlafräume gering. Benötigt wurde ein großer Wohnraum von mindestens 35–40 m^2, in dem ein Kamin vorhanden war. Ferner brauchte man eine Küche von vielleicht 20 m^2, die nicht notwendigerweise im Palas selbst liegen mußte. Man hat ja bis ins 19. Jahrhundert hinein in Schlössern für den Transport fertiger Mahlzeiten weite Wege und damit oft lauwarme Mahlzeiten in Kauf genommen. Bei Wohntürmen mit Hocheingang hingegen hätte die Lage der Küche außerhalb des Turmes bedeutet, daß man warme Speisen die steile Treppe zu Eingang hätte hinaufschaffen müssen, und im Falle des einzeln stehenden Wohnturmes, daß man in der Zeit der Belagerung über keine Küche verfügte.

Der Schlafraum des Burgherrn und seiner Ehefrau war vermutlich beheizbar, wenn man sich diesen Luxus erlauben konnte, und vielleicht 20 m^2 groß. Mehr war gewiß nicht notwendig, denn außer dem Bett stand vielleicht noch eine Truhe darin. Viel Kleidung zum Aufbewahren besaßen selbst die Ritter selten. Zwei weitere Schlafräume für Töchter und Söhne mit je 15 m^2 rundeten den Raumbedarf ab. Für das Gesinde gab es keine eigenen Schlafräume. Es schlief in der Küche, wo es immerhin angenehm warm war, auf dem Dachboden, unter einer Treppe oder in einer Ecke eines tagsüber anders genutzten Raumes. Die Zofe der Burgfrau und ihrer Töchter schlief vielleicht in einem Vorraum auf einer Schlafstatt, die tagsüber verstaut war, so wie noch um die Wende zum 19. Jahrhundert die Kammerdiener und Zofen im Schloß Schwetzingen auf einer Art Klappliege im Vorzimmer der jeweiligen Herrschaft nächtigten.

Hatte die Burgherrschaft selbst nur wenige Kleidungsstücke, so besaß die Dienerschaft wohl meist nur das, was sie auf dem Leibe trug. Viel Platz zur Aufbewahrung von Garderobe benötigte sie daher nicht, ein oder zwei Kleiderhaken mögen genügt haben.

Die hier genannten Flächen zusammen ergaben einen Bedarf von wenigstens 120 m^2 als gewissermaßen unterste Dimension ritterlichen Lebens, die ein Wohnturm oder ein Wohngebäude – das Wort Palas ist hier gewiß unangebracht – bieten mußten. Für diese Nutzfläche brauchte man einen Wohnturm mit drei Wohngeschossen à 40 m^2, bei einer Wandstärke von 1,5 m ein Quadrat von etwa 9 m, oder einen »Palas« mit zwei Wohngeschossen à 60 m^2, der bei einer Wandstärke von circa 1 m die Dimension von etwa 8 x 12 m aufwies, beides durchaus häufig vorkommende Dimensionen solcher Gebäude.

Die hier errechnete Wohnfläche für eine ritterliche Familie war die unterste Grenze. Einzelne Herren vom Stand benötigten geringere Flächen, wenn sie tatsächlich allein wohnen wollten, was selbstverständlich die Bedienung immer einschloß. So hat es auch Wohntürme mit geringeren Nutzflächen gegeben, etwa 70–90 m^2, die für einen Abt beziehungsweise einen Bischof bestimmt waren, oder nur dem vorübergehenden Aufenthalt eines Vogtes oder Burgmannes dienten. Hier hätte ein großer Wohnraum mit 35 m^2, ein Schlafraum mit 25 m^2 und eine Küche von circa 20 m^2 ausgereicht.

Beim Versuch, das Leben auf den Burgen zu rekonstruieren, gibt es eine große Schwierigkeit: Erhaltene Burgen sind immer wieder verändert worden, sie stellen längst keinen Urzustand mehr dar. Burgruinen, die schon vor dem Ende des Mittelalters solche waren, lassen so gut wie keine Aussagen über das tägliche Leben mehr zu. Wir sind jedenfalls für die Frühzeit der Burgen, etwa bis 1250, auf Vermutungen angewiesen. Mit Sicherheit läßt sich jedoch eines feststellen: Das Leben auf den Burgen, wie das Leben im Mittelalter überhaupt, war gewiß nicht sehr bequem, vor allem, wenn man zum Dienstpersonal gehörte, das viele Pflichten und kaum Rechte besaß.

Die Burgenromantik des 19. Jahrhunderts, deren Vorstellungen sich bis weit in unsere Zeit hinein erhalten haben, hat mit ihrer Verklärung des Mittelalters sich eine eigene Welt geschaffen, jedoch kein Abbild des Mittelalters. Möbel, wie die Neugotik sie erfand, Bilder der Historienmaler, etwa der Präraffaeliten, die ja bewußt auf Malweisen der Zeit vor der Renaissance zurückgriffen, und Romane von Scott oder Hauff waren Wunschbilder einer bürgerlichen Epoche. Die rauhe Wirklichkeit auf den Burgen war sicher weniger schön, zumindest aus heutiger Perspektive. Doch die Menschen des Mittelalters kannten keine andere Realität als die ihres bescheidenen Lebens und der angeblich von Gott gewollten Teilung der Gesellschaft in Oben und Unten. Sie können also durchaus mit ihrem Leben zufrieden gewesen sein, auch wenn wir uns das heute nicht vorzustellen vermögen.

Die Großen des Reiches, also Könige, Herzöge, Landgrafen und andere Fürstlichkeiten, reisten im Mittelalter mit dem gesamten Gefolge meistens von Pfalz zu Pfalz, weil die Nahrungsmittel für den Hofstaat an einem Ort nicht allzu lange reichten, aber auch, weil sie in ihren Ländern überall präsent sein wollten und sollten. Fürsten hausten demnach das Jahr über in verschiedenen Pfalzen oder Burgen. Spätestens seit dem 12. Jahrhundert gab es keinen Unterschied mehr zwischen Pfalz und Burg. Die Pfalzen der Stauferkaiser waren richtige Burgen wie *Kaiserswerth* bei Düsseldorf oder *Gelnhausen* in Hessen. Der Hausrat wurde vermutlich mitgeschleppt, zumindest einige Truhen und gewiß die Wandbehänge. Die Burgpfalz war nach dem Auszug der Herrschaft jedoch nicht ganz verlassen, denn eine Besatzung und ein Burggraf oder Vogt blieben dort und bereiteten den nächsten Besuch des Fürsten vor, mit dem spätestens nach Ablauf eines Jahres zu rechnen war. Die Großen des Reiches besaßen nicht nur mehrere Burgen, sondern bewohnten sie auch abwechselnd.

Ordensburgen

Mit der Gründung der Stadt Riga 1201 durch ein Kreuzfahrerheer begann die gewaltsame Christianisierung der Länder Estland, Livland und Kurland durch die *Schwertbrüder*. Der *Deutsche Orden* trat erst 25 Jahre später im Kulmer Land in Erscheinung, wohin ihn der Fürst von Masovien zur Abwehr der heidnischen Pruzzen (Preußen) gerufen haben soll. Die erste Burg, die der Orden errichtete, war die von Thorn (Torún), die bereits 1236 anstelle einer Holzburg aus Stein erbaut wurde.

Der Fürst von Masovien wurde die Geister, die er gerufen hatte, nicht mehr los. Er hatte den Orden vermutlich unterschätzt, dessen Hochmeister, Hermann von Salza, sich seine Ostmission von seinem Freund, Kaiser Friedrich II., in einer Bulle legalisieren ließ. Dieser Beginn deutscher Kolonisierung wurde in unseren Geschichtsbüchern stets gefeiert und galt durch die Bulle des Kaisers als legitimiert. Doch lag das Gebiet weit außerhalb der Grenzen des Reiches, wo der Kaiser eigentlich keine Rechte ausüben konnte.

Der Orden entwickelte, nachdem er sich in dem ihm zugewiesenen Gebiet konsolidiert hatte, einen mächtigen Landhunger und übernahm 1237 auch den Orden der Schwertbrüder in Livland, nachdem diese bei Schaalen gegen die Litauer eine schwere Niederlage erlitten hatten.

Die mehr oder weniger gewaltsame Landnahme wurde sofort durch Burgen gesichert. Im Süden, also in West- und Ostpreußen, erfolgte alsbald die Kolonisierung mit deutschen Bauern, nicht jedoch im Baltikum. Dort blieb die Ordensherrschaft, solange sie bestand, eine Fremdherrschaft, die deutschstämmige baltische Barone in einer Art Adelsrepublik später fortsetzten, bis sie ihrerseits 1712 vom Zarenreich vereinnahmt wurden. Die letzten Reste der baltischen Feudalherrschaft haben erst die beiden Weltkriege hinweggeschwemmt.

Die Zahl der Burgen im Ordensland war weitaus geringer als im Reich. Der Orden bestand ja aus Mönchsrittern, die selbst kein Eigentum, also auch keine eigene Burg, besitzen durften. Zu vererben gab es ohnehin nichts, und im Süden waren Vasallen faktisch nicht vorhanden, die ein Lehen an ihre Nachkommen hätten weitergeben können. Im Baltikum verlief die Entwicklung etwas anders. Hier gab es Vasallen, jedoch nur eine kleine Anzahl.

Gebiet	Ordensburgen	Bischofsburgen	Vasallenburgen	insgesamt
Baltikum	58	35	26	119
Preußen	117	29	0	146
insgesamt	175	64	26	265

Burgendichte: km^2 je Burg

Reich	Baltikum	Preußen
38	790	370

Tab. 7 Verteilung der Ordensburgen auf die beiden Gebiete und Burgendichte

Die Burgendichte in den Ordensgebieten betrug nur ein Zwanzigstel beziehungsweise ein Zehntel derjenigen des Reiches. Während in Deutschland im Durchschnitt alle 6 km eine Burg stand, fand man in Preußen nur alle 20 km eine Burg, im Baltikum sogar nur alle 40 km. Die Herrschaftsgebiete waren im Osten viel weiträumiger als im Mutterland, selbst dort, wo es immerhin Vasallen gegeben hat, wie im Baltikum. Die Ordensburgen zeigen zwar die gleichen Bausteine, die eine

Burg im Reich ausmachen, die gleichen Details und sehr ähnliche fortifikatorische Notwendigkeiten, sind aber dennoch anders und in den meisten Fällen als Burgen des Ordens leicht zu erkennen. Fast 70 Prozent von ihnen weisen einen regelmäßigen oder beinahe regelmäßigen Grundriß auf, überwiegend in Form eines Quadrats oder eines Rechtecks.

Sie waren auch im Durchschnitt viel größer als Burgen im Reich, denn dort waren 60 Prozent aller Burgen kleiner als 1000 m^2, im Ordensland jedoch nur 8 Prozent. Und umgekehrt waren in den Ordensgebieten rund 25 Prozent aller Burgen größer als 2500 m^2, im Reich dagegen nur etwas mehr als 8 Prozent. Kleine Burgen waren also beim Orden die Ausnahme, im Reich die Regel.

Für diese Tatsache gibt es eine einfache Erklärung: Auf den Ordensburgen lebten viel mehr Menschen als auf unseren mitteleuropäischen Burgen. Kein Wunder, denn die Ordensritter wohnten ja in einer klosterähnlichen Gemeinschaft. Die Kirche nahm in der Burg eine wichtige Stelle ein, die nicht mit derjenigen der Burgkapelle bei uns zu vergleichen ist. Darüber hinaus dienten die meisten Ordensburgen als Verwaltungszentrum eines größeren Gebietes, als Stapelplatz für Kriegsausrüstung und gegebenenfalls als Sammelplatz für militärische Aktionen. Einige Burgen des Ordens im heutigen Lettland waren als Lagerburgen erbaut worden, wie die Burgen *Goldingen* und *Ludsen*. Sie dienten also überwiegend der Sammlung und Sicherung des Nachschubes und im Ernstfall als Heerlager.

Im Reich hat es nicht einmal 2 Prozent Kastellburgen gegeben, im Ordensgebiet waren es rund 25 Prozent. Erstaunlich bleibt, daß bei dem auf Ordnung nahezu versessenen Orden über 20 Prozent der Burgen nicht regelmäßig waren. Die Erklärung ist einfach: Hier bestimmte das unebene Gelände die Form. Daher liegen auch die meisten der Burgen ohne regelmäßigen Grundriß im eher hügeligen Baltikum und nicht in Ost- oder Westpreußen.

Ein weiterer, nicht unbedeutender Unterschied zwischen den Ordensgebieten und dem Reich besteht darin, daß die ersten Ordensburgen aus Stein am Ende der Stauferzeit entstanden, als der Burgenbau im Reich im Zenit stand. Frühere slawische Burgen haben so gut wie keine Spuren hinterlassen. Außerdem wurden die Ordensburgen in Preußen überwiegend aus Backsteinen errichtet, die im 13. Jahrhundert auch im Norden des Reiches verwandt wurden, freilich weniger beim Burgenbau. Der Ritterorden hat mit seinen Backsteinburgen einen unverwechselbaren eigenen und ausdrucksvollen Stil entwickelt, wie er sich an der *Marienburg*, dem Sitz des Hochmeisters, aber auch einigen anderen Burgen manifestiert.

Der Deutsche Orden hat knapp zweihundert Jahre eine bedeutende Rolle gespielt und sich gegen die polnische Krone behaupten können. Bei Tannenberg verlor er jedoch 1410 die Schlacht und infolgedessen seine Vormachtstellung an der Ostsee.

Der Niedergang des Ordens geschah am Ende des Mittelalters, also zu einem Zeitpunkt, nach dem Burgen ohnehin nicht mehr gebaut wurden. Der Burgenbau in den Ordensländern fand also insgesamt nur zweihundert Jahre lang statt, während im Reich Burgen über eine Zeitspanne von fünfhundert Jahren gebaut wurden.

Die Burgen des Ordens sind durch die Veränderungen der Grenzen nach dem 2. Weltkrieg heute fast gänzlich aus unserem Blickfeld gerückt. Sie haben das nicht verdient. Denn die Ordensburgen insbesondere in Ost- und Westpreußen sind Zeugnisse deutscher Baukultur und deutscher Geschichte, auch wenn sie vom heutigen Deutschland weit entfernt liegen.

Die Burgen des Deutschen Ordens weisen einige charakteristische Merkmale auf. So besitzen einige Burgen eine Einrichtung, die es in Mitteleuropa sonst nicht gibt, den sogenannten *Danzker*. Damit ist ein Abtritt für viele Personen gemeint, der mit der Burg über einen auf Stützen stehenden sicheren Gang verbunden war, den man auch im Falle einer Belagerung noch gefahrlos benutzen konnte. Er brachte den unschätzbaren Vorteil, daß die Exkremente der zahlenstarken Burgbesatzung in einer Entfernung von mindestens 10 m bis zu maximal 50 m entsorgt wurden. Mir sind elf Burgen mit einem Danzker bekannt, aber vermutlich waren es weit mehr. Selbst ein Abstand von nur 10 m von der Kernburg war im Ernstfall eine Wohltat.

Die an die Westseite des Domes direkt angebaute Burg in *Marienwerder*, ehemals Westpreußen, besaß zwei Danzker, von denen einer über einem Nebenarm der Weichsel stand, sicherlich die beste Art der Entsorgung. (Abb. 173)

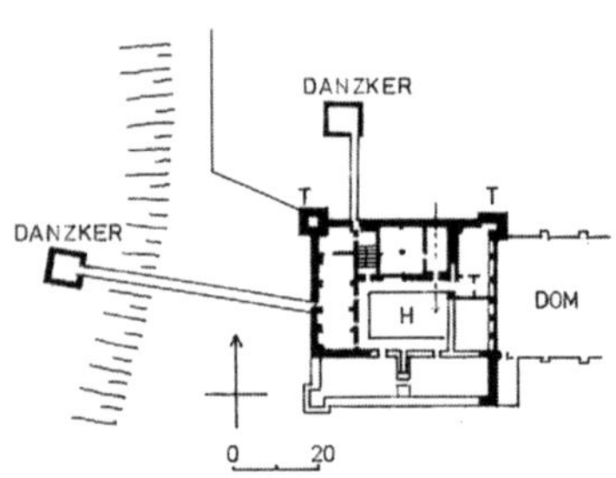

Abb. 173 Marienwerder

Die Ordensburgen lassen durch ein wichtiges Detail erkennen, daß sie in vielen Fällen eine Art Kloster waren, wie man auf Tabelle 8 sehen kann, denn der Anteil der vollständig oder beinahe vollständig umbauten Burghöfe liegt bei über 75 Prozent. Dieser allseits von Gebäuden umgebene Hof glich einem Klosterhof, besonders wenn er auf einigen Seiten Arkaden aufwies, die an einen Kreuzgang erinnern. Das war häufig der Fall, nämlich bei circa 25 Burgen, davon zwei Drittel in Preußen und ein Drittel im Baltikum, unter anderem in *Heilsberg* im ehemaligen Ostpreußen und in *Arensburg* auf der Insel Ösel in Estland. Bei vielen Ruinen ist die Bebauung der Kernburg gar nicht mehr oder nur noch teilweise zu erkennen. Höfe sind für die meisten Burgen des Ordens typisch.

Bebauung der Kernburg auf			
4	3	2	1 Seiten
57 %	19 %	16 %	8 %

Tab. 8 Umbauung der Höfe in Ordensburgen

Die Burg *Rheden* im Kreis Graudenz im ehemaligen Westpreußen, die wohl erst um 1329 in Stein erbaut wurde, ist ein typisches Beispiel für einen allseits umbauten Hof. Auffallend sind der achteckige Bergfried und der Danzker. (Abb. 174) Der Hof der Burg *Soldau* im ehemaligen Westpreußen ist nur auf drei Seiten bebaut gewesen. Ein Teil der Burg ist bis auf die Grundmauern verschwunden. Die Burg stammt ebenfalls vom Anfang des 14. Jahrhunderts. (Abb. 175)

Für die zweiseitige Bebauung eines Hofes gibt es grundsätzlich zwei Möglichkeiten: gegenüberliegend und über Eck. Die Burg *Allenstein* im Ermland wurde erst 1335 gegründet. Die Gebäude stehen auf zwei gegenüberliegenden Seiten des Rechteckes. (Abb. 176)

Bei der Burg *Rößl* im Kreis Rastenburg im ehemaligen Ostpreußen sind sie über Eck angeordnet. Gegründet wurde die Burg zwar schon 1240, doch erst mehr als ein Jahrhundert später, 1350, wurde sie in eine Steinburg umgebaut. Obwohl der Hof nur zweiseitig umbaut ist, sind die Arkaden auf allen Seiten angeordnet. In der Mitte des Hofes steht ein Brunnen. Der Bergfried wechselt in der Höhe von 7 m seinen Grundriß von quadratisch auf kreisrund. Einen Torturm besitzen nicht viele Ordensburgen. (Abb. 177)

Die im 14. Jahrhundert entstandene Burg *Bäslack* im Kreis Rastenburg im ehemaligen Ostpreußen steht als Beispiel für eine einseitige Bebauung eines Hofes. (Abb. 178) Bäslack war lediglich eine Jagdburg und benötigte daher weniger Flächen für die Herren Ordensritter. Vielleicht haben aber noch einige primitive Gebäude für Gesinde und Pferde im Hof gestanden. Jedenfalls werden die Ritter kaum zu Fuß und ohne ausreichende Begleitung von Hilfskräften auf die Jagd gezogen sein. Allein hätte man in den riesigen Wäldern wegen der Gefahr, überfallen zu werden, kaum gejagt.

Auffallend ist, daß nur circa 25 Prozent aller Burgen des Deutschen Ordens einen Bergfried besaßen. Verglichen mit dem Reich ist das ausgesprochen wenig, denn dort war der Anteil der Burgen mit Bergfried dreimal so hoch. Vermutlich haben die starken Kernburgen auch ohne die Existenz eines Hauptturmes ihre Aufgabe erfüllt. Achteckige Grundrisse sind bei den Bergfrieden des Ordens achtmal so häufig wie bei Burgen im Reich. Die Ordensritter waren offensichtlich mehr auf Regelmäßigkeit bedacht als die Ritter im Reich. In der 1329 erbauten Burg *Rheden* gibt es einen solchen Bergfried. (Abb. 174) Runde Türme sind mit einem Anteil von etwa 20 Prozent seltener als bei deutschen Burgen, bei denen der Anteil ungefähr ein Drittel beträgt.

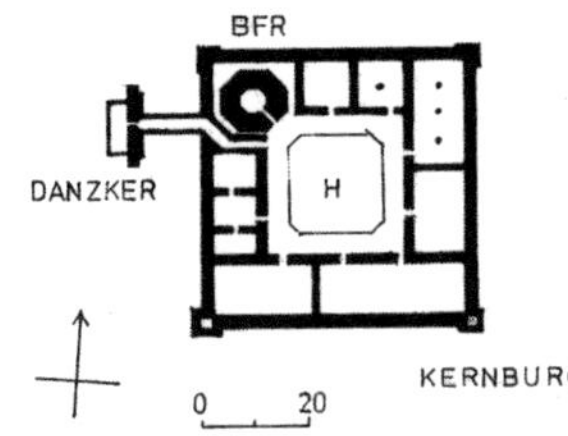

Abb. 174 Rheden

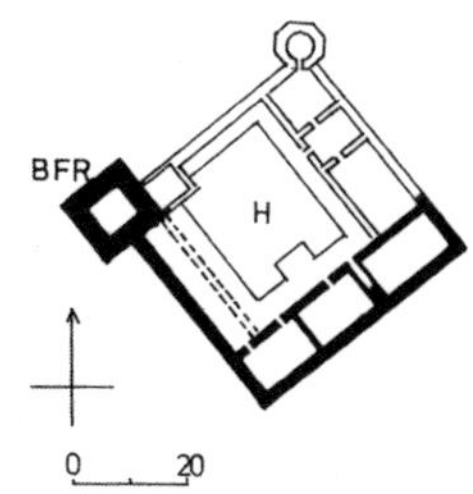

Abb. 175 Soldau

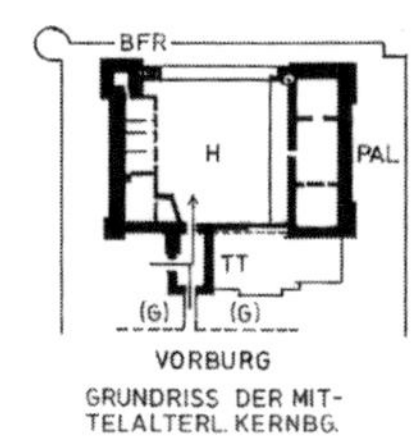

Abb. 176 Allenstein

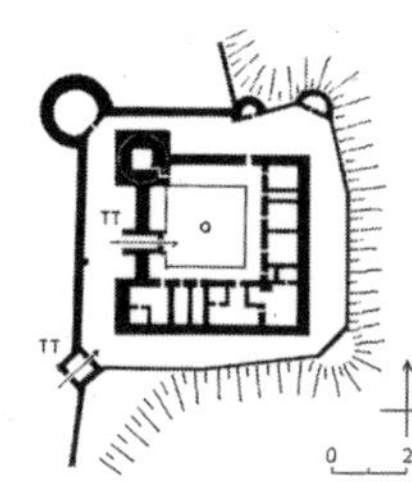

Abb. 177 Rößl

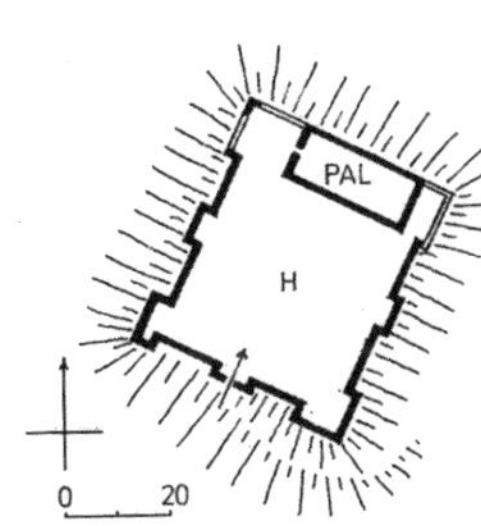

Abb. 178 Bäslack

Erwartungsgemäß sind Wohntürme selten. Diese Art ritterlichen Wohnens reichte bestenfalls für eine kleine Außenstelle wie *Lyck* im ehemaligen Ostpreußen, die nur von wenigen Ordensbrüdern bewohnt wurde. Im Baltikum findet man jedoch sechs Wohntürme in Ordens-, aber auch in Vasallenburgen.

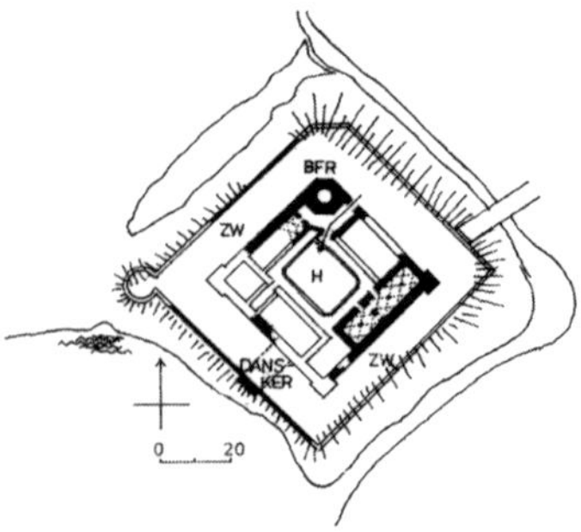

Abb. 179 Straßburg

Eine Besonderheit des Ordenslandes Preußen, die jedoch nicht sehr häufig war, waren Ecktürme an den Kernburgen, die bis zur Höhe der Ringmauer lediglich als Mauervorlagen zu erkennen sind. Viele Ordensburgen besaßen zudem einen *Parcham*. Damit ist ein Zwinger gemeint, der eine Kernburg allseitig umgab. Einen solchen Parcham, im Grundriß von mir als Zwinger gekennzeichnet, kann man bei der Burg *Straßburg* im früheren Kreis Kulm, ehemals Westpreußen, erkennen, deren Steinbau wie die meisten steinernen Ordensburgen erst zwischen 1330 und 1340 entstanden ist. Die starke Kernburg besaß ebenfalls einen achteckigen Bergfried und einen Danzker am Wasser. (Abb. 179)

Vorburgen gab es mit Sicherheit bei den Ordensburgen, die aus einer regelmäßigen Kernburg und einem Parcham bestanden. Denn solche Anlagen boten ja nur den klosterähnlichen Kern, jedoch keine Gebäude für die Unterbringung der Pferde und für eine burggebundene Landwirtschaft, die man wohl bei den meisten Ordensburgen annehmen darf. In der frühen Zeit des Ordens dürften einige Vorburgen auch für den Schutz der deutschen Siedler gedacht gewesen sein, die sich bei einem Aufstand der einheimischen Bevölkerung dort in Sicherheit bringen konnten. Die Eindringlinge hatten in einem solchen Fall keinen Pardon zu erwarten. Im Baltikum, wo es deutsche Bevölkerung lediglich in den Städten gab, entfiel diese Funktion. Nur geräumige Kernburgen ohne repräsentativen Hof hätten auf eine Vorburg verzichten können. Das könnte zum Beispiel bei der mit 5500 m^2 Fläche reichlich bemessenen Burg *Schönberg* im Kreis Rosenberg im ehemaligen Westpreußen der Fall gewesen sein.

Ordensburgen, die man im Grundriß nicht als solche erkennt, waren unter anderen die Burgen *Rujen* in Lettland und *Engelsburg* im ehemals westpreußischen Kreis Graudenz, deren Grundrisse hier folgen.

Die Burg *Rujen* (Rujiena) im ehemaligen Kreis Wolmar (Valmiera), Lettland, wurde im 14. Jahrhundert vermutlich als Lagerburg erbaut. Sie bot in ihrem Innern mehr als einen Hektar Fläche zur freien Verfügung. Gebäude entlang der etwa 2 m dicken Ringmauer beherbergten wahrscheinlich so etwas wie eine Besatzung, denn einen Stapelplatz wird man wohl kaum unbewacht und ohne Verwalter belassen haben. Die Burg besaß einen bescheidenen Torturm, einen Wehrturm auf der Nordseite und einen Ausgang zum Wasser, möglicherweise für den Notfall. (Abb. 180)

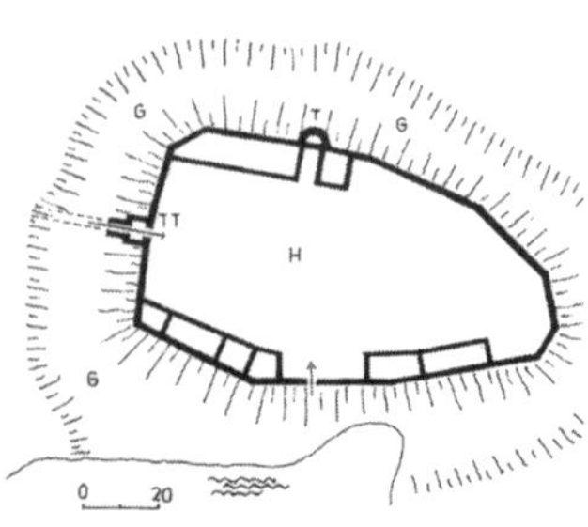

Abb. 180 Rujen

Die turmlose *Engelsburg* wurde wohl Ende des 13. Jahrhunderts begonnen. Ihre Form wird von den topographischen Bedingungen bestimmt, auf die nahezu alle nicht regelmäßigen Grundrisse von Ordensburgen zurückgehen, wie ich bereits erwähnte. (Abb. 181)
Ordensburgen wurden auch nach dem Mittelalter noch als Festungen benutzt, nachdem man sie mit runden Batterietürmen ausgestattet hatte. Solche Batterietürme gibt es jedoch nach meiner Kenntnis nur an Burgen im Baltikum, das härter umkämpft war als das nach 1410 unstrittig zur polnischen Krone gehörende Preußen. Im Nordischen Krieg wurden einige der baltischen Burgen zerstört, einige andere, die mittlerweile in Schlösser verwandelt worden waren, während der Revolution nach dem Russisch-Japanischen Krieg. Im Baltikum versuchten die Litauer, Letten und Esten erfolglos, die Unsicherheit im Zarenreich 1905 zu nutzen, um sich von der verhaßten Herrschaft der Deutschen zu befreien. Dies gelang aber erst nach dem 1. Weltkrieg, als die drei neuen baltischen Länder die deutsche Oberschicht bis auf einen Restbesitz enteigneten und so deren Lebensbasis auf dem Lande vernichteten. Das Verhältnis der Balten zu den Burgen als Resten der Fremdherrschaft ist vermutlich weniger freundlich als das der Polen zu den Burgen des Deutschen Ordens, der ja immerhin über zwei Jahrhunderte der polnischen Krone unterstand. Damit sind die Ordensburgen auch Teil der nationalen polnischen Identität und werden entsprechend gepflegt.

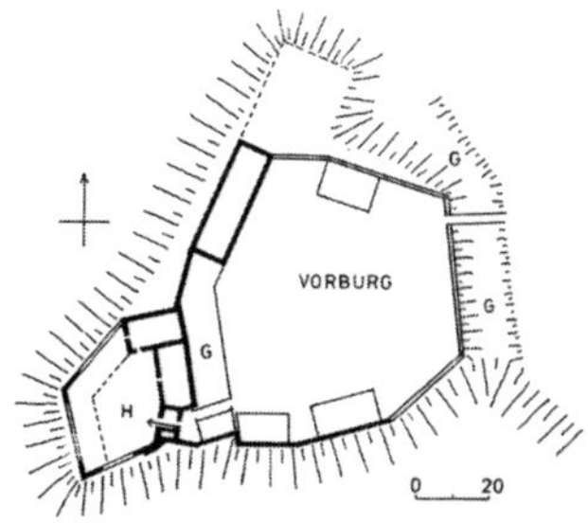

Abb. 181 Engelsburg

Das Ende der Burgenzeit

Die angenommene Dauer der Burgenzeit von 1000 bis 1500 begann nicht pünktlich und endete auch nicht abrupt. Vielmehr deuten die beiden Jahreszahlen nur eine ungefähre Grenze an. Ich habe bereits erwähnt, daß es vereinzelt steinerne Wohntürme oder feste Häuser vor der Jahrtausendwende gegeben haben kann, aber eben nicht als typische Wohnform der Zeit. Auch das Ende läßt sich nicht genau datieren; die Veränderungen wurden erst gar nicht wahrgenommen.
Burgen wurden so angelegt, daß sie möglichst uneinnehmbar waren. Dennoch sind sie immer wieder erobert worden, sei es durch einen Handstreich, durch eine Belagerung oder durch Verrat. Verrat war in adligen Kreisen im Mittelalter durchaus keine Seltenheit. So edel, wie sie das 19. Jahrhundert sehen wollte, waren die Ritter keineswegs. Eine Belagerung wurde nicht immer durch Anwendung von Gewalt, sondern auch durch Aushungern der Besatzung beendet. Eine Belagerung war stets verbunden mit dem Einsatz technischer Hilfsmittel, mit denen man versuchte, Burgen zu brechen oder zu überwältigen. Viele derartige Hilfsmittel sind uns bekannt. Manche von ihnen gingen schon

auf die Römer zurück, die Fachleute im Belagern waren, wie wir spätestens seit Julius Caesars Bericht über die Eroberung Galliens wissen.
Es gab *bewegliche* und *stationäre Schutzschilde*, die den Angreifer vor einem Beschuß von vorn oder von oben schützen sollten. Sie ermöglichten eine Annäherung an die Burg, um zum Beispiel den Graben zuzuschütten oder die Mannschaft beim Einsatz des Rammbocks gegen das Burgtor zu decken, den man damals treffend als *Widder* bezeichnete. Die Wirkung einer solchen Maschine wurde durch Pendelwirkung verstärkt, wenn der Widder an einem Gestell beweglich an Seilen aufgehängt war. Starke Mauern konnte man mit einem Widder aber kaum brechen.
Bliden nannte man Wurfmaschinen, die als Vorgänger der Kanonen schwere Steine gegen die Mauern der belagerten Burg oder in deren Inneres schleuderten. Man hat sie auch dazu benutzt, Unrat oder stinkendes Aas in die eingeschlossene Burg zu werfen; auch ein hingerichteter Gegner, dem ein Ausbruch mißlungen war, ließ sich so als Abschreckung in die Burg befördern. Die Herren des Mittelalters waren meistens äußerst grausam. Den Staufern sagt man besondere Grausamkeit nach, was angesichts der zeitgenössischen Berichte über sie kaum bestritten werden kann. Eine Freude war die Belagerung für die Eingeschlossenen jedenfalls nicht.
Zum Angriff auf die Burg kannten die Ritter *Seilleitern mit Wurfankern* und *lange Leitern*, mit deren Hilfe man die Mauern zu überwinden versuchte, ein gefährliches Unterfangen. Die Angreifer rechneten jedoch mit wenigen Verteidigern, denn üblicherweise waren Burgen nicht mit starken Besatzungen belegt. Ein Angriff an mehreren Stellen, wenn die Lage dies zuließ, zwang die schwache Burgmannschaft, an vielen Stellen zugleich zu sein, und schwächte so die Verteidigung entschieden.
Auch setzte die Ritter *Belagerungstürme* ein, die auf Rollen an die Ringmauer herangefahren wurden und über eine Zugbrücke mit der Mauerkrone verbunden werden konnten. Der Einsatz einer solchen Riesenmaschine setzte allerdings voraus, daß die Bedeutung der Burg den Einsatz lohnte und daß die Umgebung der Burg ihn ohne großen Aufwand zuließ. Bei einer Burg auf einem Felsturm zum Beispiel wäre ein solcher Turm nicht zum Einsatz gekommen. Ähnliches Belagerungswerkzeug wie das hier geschilderte wurde auch nach dem Mittelalter für die Erstürmung einer Festung verwendet, ein wenig verfeinert vielleicht.
Die größte Gefahr für die Verteidiger dürfte Feuer gewesen sein. Daß Burgen eine Art potentiellen Scheiterhaufen darstellten, habe ich bereits berichtet. Feuer konnte durch Brandpfeile oder glühende Wurfgeschosse leicht in die belagerte Burg geschossen werden. Die Abwehr eines Brandes war ein schwieriges Problem, denn brennbares Material war reichlich, aber Löschwasser kaum vorhanden, und vernünftige

Löschpumpen kannte man damals ohnehin noch nicht. Es gab aber in einer gut geplanten Burg Gebäudeteile, die der Brand nicht zerstören konnte, so daß nicht alles verbrannte und die Besatzung Deckung behielt. Vermutlich sind die meisten Burgen durch Aushungern erobert worden.

Burgen konnten immer nur relative Sicherheit bieten. Selbst als unbezwingbar geltende Festungen wie Odessa fielen irgendwann den Belagerern in die Hände. Burgen waren in den seltensten Fällen uneinnehmbar, sie mochten noch so hoch und noch so isoliert liegen. Wenn der Belagerer Zeit und Geduld mitbrachte, half der Hunger immer. Oft genug wurde eine Burg nach einer erfolgreichen Belagerung zerstört und danach nicht wieder aufgebaut. Dies geschah während der gesamten Burgenzeit. Die Reste blieben als Ruine erhalten oder verschwanden im Laufe der Zeit oft genug vollständig, so daß keine Burgstelle mehr zu erkennen war. Je früher eine Burg zerstört liegen gelassen wurde, um so größer war die Wahrscheinlichkeit, daß ihre Reste völlig verschwanden. Wo das nicht der Fall ist, bieten sich dem Burgenforscher Ruinen, die den Urzustand einer Burg ohne spätere Zubauten oder Entstellungen aufzeigen, gewissermaßen wertvoll wie ein ungestörtes Pharaonengrab.

Von etwa einem Drittel aller ruinierten Burgen kennt man den Grund der Zerstörung nicht. 35 Prozent der Burgen, bei denen man den Grund der Zerstörung oder des Verfalls kennt, sind irgendwann aufgegeben worden. Die Gründe hierfür waren außerordentlich vielfältig:

1. Die Burg war aus ökonomischen oder machtpolitischen Gründen ins Abseits geraten, wahrscheinlich kein seltener Fall.
2. Eine neu erbaute Burg in einer möglicherweise günstigeren Position machte die alte Burg obsolet, ebenfalls kein seltenes Ereignis.
3. Die Unmöglichkeit, die vorhandene Burg dem Bedarf entsprechend zu vergrößern, machte sie wertlos, man verließ sie.
4. Die Erbauung eines Schlosses in bequemerer Lage und mit weitaus besserer Wohnqualität entwertete die Burg, besonders im späten Mittelalter.

Selbstverständlich sind viele Burgen durch Kriege zerstört worden, ebenfalls etwa 34 Prozent, davon ein Drittel im Mittelalter, zwei Drittel erst durch spätere Kriege. Kriege gab es während des ganzen Mittelalters immer wieder. Die feudalen Herren mochten ohne Krieg nicht leben, er war so etwas wie ihr Lebenselixier. Die Fehde brachte Abwechslung und vielleicht auch Beute. Bei den ständigen Kriegen gingen immer wieder Burgen verloren. Der Dreißigjährige Krieg und die Pfälzer Kriege spielten nach dem Mittelalter eine besonders unheilvolle Rolle, weniger dagegen die Bauernkriege in Deutschland (1525) und Österreich (1526).

Auch Brand und sogar Erdbeben findet man als Grund für die Zerstörung von Burgen. Die Erde hat, wie berichtet wird, im Süden des deutschen Reiches im Mittelalter an verschiedenen Stellen zu verschiedenen Zeiten gebebt, zum Beispiel im Südwesten des Reiches 1356.
Manche Burgen wurden geschleift, das bedeutet vorsätzlich zur Strafe zerstört. So machte man es mit Raubnestern, wenn man sie erobert hatte. Viel hat das scheinbar nicht geholfen, denn die ungünstigen Zeiten und der Verlust an Ansehen durch Söldnertruppen, die sich zum Kriegsdienst anboten, drängte immer wieder Ritter dazu, Handlungsreisende auszurauben oder mit ungerechtfertigten, ruinösen Zöllen zu belegen. Es wird berichtet, daß König Rudolf nach dem Interregnum in Thüringen sechzig Burgen von Raubrittern zerstören ließ, da während der chaotischen Zustände in der Zeit zwischen dem letzten Staufer und dem ersten Habsburger die Ritter verwildert waren. Lag eine zerstörte Burg in der Nähe von Orten und war einigermaßen bequem zugänglich, wurde die Ruine oft genug als Steinbruch mißbraucht. Viele Burgen, etwa 15 Prozent, sind ab dem 17. Jahrhundert sogar zu diesem Zweck verkauft und dann auch abgebrochen worden worden.
Als Friedrich von Hohenzollern als neuer Kurfürst von Brandenburg mit der Faule Grete genannten Kanone die aufsässigen Herren von Quitzow in ihrer Burg *Plaue* durch wirkungsvollen Beschuß zur Aufgabe zwang, war das Ende der Burgen abzusehen. Mit der relativen Sicherheit hinter den Burgmauern war es für immer vorbei. Burgen mußten zu Festungen nach italienischem Vorbild umgebaut werden, sollten sie weiterhin Sicherheit bieten. Das geschah mit einigen wichtigen Burgen durch Herren, die sich so etwas leisten konnten, wie auf dem *Hohentwiel* oder dem *Königstein*. Auch neue Burgenfestungen wurden erbaut, wie man sie von *Mörsberg* im Südelsaß oder *Pürnstein* in Oberösterreich kennt. Doch die Zeit der Burgen war vorbei. Abb. 182 und 183 machen deutlich, wie sehr sich das Aussehen der neuen Burgen geändert hatte. Beide sind in der heutigen Form am Ende des Mittelalters erbaut worden und wirken wie kleine Forts.

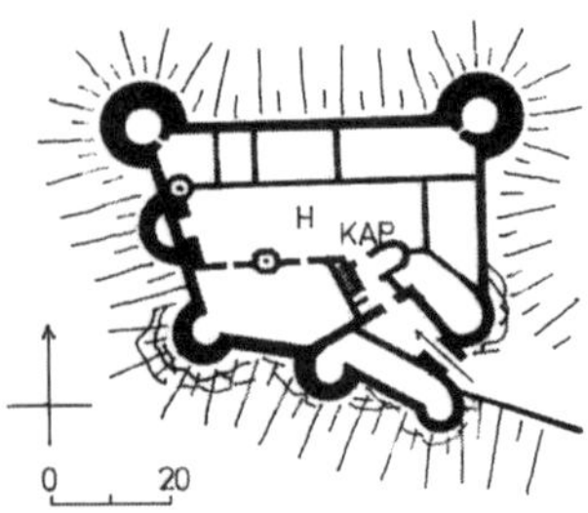

Abb. 182 Moersberg

Die Verstärkungen an Burgen sahen ähnlich aus. Viele Burgen hörten mit dem Umbau auf, Burgen zu sein. Ich kenne etwa 60 Burgen, die zu Festungen umgebaut und erweitert wurden, das sind nicht einmal 1,5 Prozent aller Burgen.

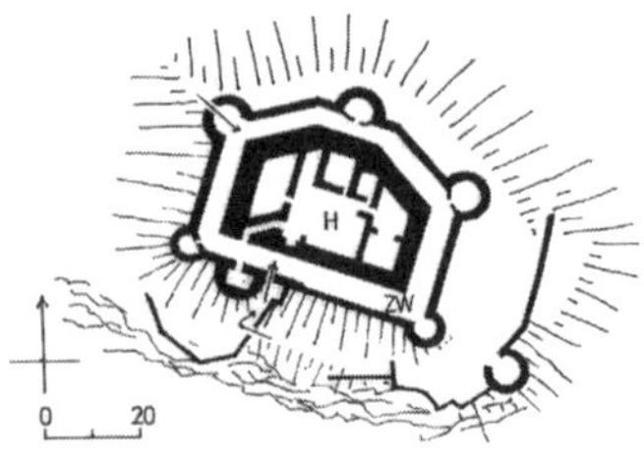

Abb. 183 Pürnstein

Das Ende der Burgen hat viele Gründe:

1. Die Verarmung der Grundherren, die schon im hohen Mittelalter angefangen hatte. Sie ist ursächlich verknüpft mit der Ablösung der Naturalleistungen von Hörigen durch langfristig festgelegte Pachtverträge mit einem Pachtzins, der durch die ständige Inflation entwertet wurde. Der verarmende Adel war oft nicht mehr in der Lage, seine Burgen zu erhalten oder gar neue zu errichten.

2. Die Einführung der Söldnerheere in Westeuropa vor 1200, im Reich seit dem Interregnum, entwertete die Leistung der Ritter so weit, daß sie als Krieger bald nicht mehr gefragt waren. Einige Niederlagen von Ritterheeren ließen die zunehmende Wertlosigkeit der Ritter und ihrer Kampfweise deutlich sichtbar werden: Kortrijk (1302), Sempach (1386), Nikopolis (1396) und Tannenberg (1410).
3. Die Erfindung der Handfeuerwaffen machte den Panzer der Ritter beinahe wertlos. Zwar hatten sich die Ritter im 14. Jahrhundert gegen die stählernen Bolzen der Armbrüste durch den Wechsel vom Kettenpanzer zum Plattenpanzer sichern können, gegen die Bleikugeln aus Flinten halfen diese aber nur noch wenig. Die Ritter waren verwundbar geworden.
4. Die Geschütze wurden im 15. Jahrhundert zu richtigen Burgenbrechern. Hatten die Handfeuerwaffen den Ritter im Kampf verunsichert, so machte ihn die Kanone in seiner Burg in wenigen Jahrzehnten schutzlos. Das Machtsymbol Burg, das bis dato wirkungsvollen Schutz geboten hatte, verlor schließlich jede Bedeutung. Man nahm den Ritter und seine Vorstellungen von ritterlichem Kampf schließlich nicht mehr ernst. Die Geschichte war über ihn und sein Lebensbild hinweggegangen.
5. Im Verlauf des Mittelalters nahm die Bedeutung der Städte im Reich immer mehr zu. Sie wurden partiell zu Schutzbefohlenen der Zentralgewalt, die sich mit ihnen gegen den aufsässigen Adel verbündeten. Dem liefen die Hörigen reihenweise in die Städte davon, denn »Stadtluft macht frei« hieß damals die Parole. Die Städte erwarben eigene Territorien und wurden zu Grundherren, was auch für einzelne Patrizier galt. Aus der Bankiersfamilie Fugger wurden die grundsässigen Grafen, später Fürsten Fugger. Der Adel verschwägerte sich, nicht zuletzt aus ökonomischen Gründen, mit den Patriziern und verstädterte. Es hatte allerdings auch schon vorher in geringem Umfang Stadtadel gegeben.

Eine Reihe von miteinander verwobenen Gründen führte also gegen Ende des Mittelalters zum Niedergang der Ritter, die nun, wollten sie als Krieger überleben, selbst zu Söldnern werden mußten, die sie doch so sehr haßten. Viele der alten Ritterfamilien bestanden weiter, manche von ihnen gibt es heute noch. Man könnte aus dem »Gotha«, dem genealogischen Handbuch des Adels, ohne große Mühe mehrere hundert adlige Familien heraussuchen, deren Herkunft aus dem Mittelalter gesichert ist, den sogenannten Uradel, der vor 1400 urkundlich erwähnt wird, wie die Herren von Arnim oder von Zitzewitz, um zwei bekannte Familien am Anfang und Ende des Alphabetes zu nennen. Wie dieser Uradel führen auch die meisten Fürstenfamilien ihre Herkunft auf das

Mittelalter zurück, das also mit den Erben dieser Familien bis in unsere Tage hineinreicht

Übrig geblieben von der einstigen Fülle sind circa 5000 Burgen des deutschen Mittelalters, die als Ruinen, Burgen oder zu Schlössern umgebaut von der ritterlichen Vergangenheit zeugen. Doch die meisten der einst im Mittelalter so zahlreichen Burgen sind nur noch als Burgstellen erkennbar oder restlos verschwunden. Erhalten blieben von früher auch die teilweise wohlklingenden Namen einstiger Adelssitze, meist zugleich auch der Name der besitzenden Adelsfamilie.

Von diesen Namen enden 35 Prozent auf -stein, -berg oder -burg. Häufig sind auch Endungen wie -au und -bach, die wie -stein, -fels und -eck auf die topographische Lage der betreffenden Burg hindeuten. Auch die Lage an oder in Orten wird durch Endsilben angezeigt wie -dorf, -hausen, -heim, -hofen, -stetten und ähnliche. Andere Endungen als die hier genannten sind ausgesprochen selten.

Die ersten Silben der Burgnamen benutzen oft populäre Tiere des Mittelalters, wie Bären, Falken, Greifen, Raben und Wolf, ja sogar den Hasen, zuweilen in anderer Schreibweise. Falken waren die Lieblinge der Ritter auf der Jagd, und so wundert es sicher niemanden, daß dieser Name der am häufigsten verwendete war, verbunden mit einer Endsilbe wie -berg, -burg, -fels oder -stein. Der Greif muß sich als Wappentier ungeheurer Beliebtheit erfreut haben, denn er erscheint immer wieder im Zusammenhang mit Burgnamen. Oft wird die Lage mit Hoh-, Hoch- oder Hohen- gekennzeichnet, was immer bedeutete, daß die Burg relativ hoch lag, wohlgemerkt relativ, was aber nicht unbedingt bedeuten muß, unten im Tal habe auch eine Burg existiert. Wenn dies der Fall war, benutzte man gern die Vorsilbe Nieder-, wie bei *Hoch-* und *Niederkraig* in Kärnten, aber auch Ober- und Unter-, die man immer wieder in den verschiedensten Regionen findet, wie *Ober-* und *Untermontani* im Südtiroler Vinschgau. Auch die Vorsilben Neu- und Alt- kommen relativ oft vor, womit zum Ausdruck gebracht wird, daß es eine alte und neue Burg gab, die nacheinander erbaut wurden, wie zum Beispiel *Alt* und *Neu Leonroth* in der Steiermark. Nicht selten verfiel die alte Burg, nachdem die neue bezogen worden war. Jedoch wurden oft beide Burgen von verschiedenen Mitgliedern einer Familie gleichzeitig bewohnt. Die Vorsilbe Alt- ist sogar zum Präfix adliger Namen geworden, wie *Alt Stutterheim*.

Burgen und Burgruinen sind in erfreulich großer Zahl als konkrete Zeugen der feudalen Vergangenheit erhalten geblieben. Viele von ihnen liegen abseits, fast vergessen, verfallen weiter oder werden Opfer von Vandalismus, wenn nicht der einsichtige Eigentümer oder ein eifriger Heimatverein für ihre Sicherung und Erhaltung sorgen. Man darf sich nicht der Illusion hingeben, es seien ja noch einige tausend Burgen vorhanden, da komme es auf eine mehr oder weniger nicht an. In einer Zeit, die Gebäude oder Siedlungen unter Denkmalschutz stellt, die noch keine fünfzig Jahre alt sind, darf man nicht zulassen, daß Burgen, die ja viel eher ein *Baudenkmal* sind als Bauten aus der jüngsten Vergangenheit, dem Verfall preisgegeben werden. Auch sie verdienen den Schutz des Gesetzes, aber nicht nur den, sondern auch aktive Unterhaltung, wofür die Mittel vorhanden sein müssen. Um Burgen vor dem zerstörerischen Zugriff von Interessenten aller Couleur zu schützen, dürfen sie notfalls nur kontrolliert zugänglich gemacht werden. Romantische Lagerfeuer auf Burgen darf es nur unter Aufsicht geben. Zuständig hierfür sind letztlich die Eigentümer, die vom Staat unterstützt werden müssen. Burgen, die bisher ohne Schutz geblieben sind, haben es verdient, künftig richtig geschützt zu werden.

Burgen in Skizzen

Abb. 184 **Altendorf**
Essen-Burg, Altendorf, Nordrhein-Westfalen
Die Turmburg aus dem 13. Jahrhundert wurde zum Kern einer größeren Wasserburg, die durch Hinzufügen einer Vorburg entstanden ist.

Abb. 185 **Altwied**
Neuwied, Nordrhein-Westfalen
Die Burg wurde 1129 durch die späteren Fürsten Wied begonnen. Dieser Wohnturm am östlichen Ende der Burg stammt aus der 1. Hälfte des 13. Jahrhunderts. Die vermauerten Bögen lassen erkennen, daß er später verändert worden ist.

Abb. 186 **Andlau**
Ct. Barr, Bas Rhin, Unterelsaß
Die Burg wurde ab 1344 erbaut. Der gezeigte Innenraum des Palas läßt noch ein wenig von der alten Pracht ahnen.

Abb. 187 **Beilstein**
Greifenstein-Beilstein, Lahn-Dill-Kreis, Hessen
Hier erinnert der Wohnturm des 14. Jahrhunderts mit seinen vier Ecktürmen an einen französischen Donjon.

Abb. 189 **Berneck**
Altensteig, Kr. Calw, Baden-Württemberg
Von der zwischen 1230 und 1240 begonnenen Burg ist nur die sehr beeindruckende Schildmauer von circa 27 m Höhe erhalten.

Abb. 190 **Brömserburg**
Rüdesheim, Rheingaukr., Hessen
Die kleine und enge Burg ist vielleicht schon um die Jahrtausendwende begonnen worden. Sie gilt als eine der ältesten Burgen. Die Mauern sind 2,5–4,0 m stark.

Abb. 191 **Burgsinn**
Main-Spessart-Kr., Bayern
Die noch im 12. Jahrhundert begonnene Wasserburg träumt vor sich hin. Der Bergfried stammt aus der Zeit der Gründung, die Mauern wurden erst 1399 erbaut.

Abb. 192 **Campbell**
Sils im Domleschg, Kt. Graubünden
Die kleine Burg wurde im frühen 13. Jahrhundert als eine Turmburg mit nur 13 m Länge angefangen und später erweitert.

Abb. 193 **Derneck**
Hayingen-Münzdorg, Kr. Reutlingen, Baden-Württemberg
Am besten erhalten ist die Schildmauer aus dem 14. Jahrhundert, die aus der Ruine herausragt.

Abb. 194 **Deutschlandsberg**
Steiermark
In die ältere Kernburg wurde im 14. Jahrhundert ein Torturm eingebaut, der zugleich als Wohnturm fungiert. Bis dahin war die Kernburg ohne Turm ausgekommen.

Abb. 195 **Eltz**
Wierschem, Kr. Mayen-Koblenz, Rheinland-Pfalz
Die bereits am Beginn des 13. Jahrhunderts begonnene Burg erhielt ihr heutiges Aussehen erst im 15. Jahrhundert. Sie besteht fast nur aus Wohntürmen, in denen verschiedene Zweige der Familie von Eltz lebten.

Abb. 196 **Ehrenburg**
Brodenbach, Kr. Mayen-Koblenz, Rheinland-Pfalz
Der Doppelturm wurde wohl nachträglich im 14. Jahrhundert in die Burg hineingesetzt. Doppeltürme wie diese sind im Burgenbau recht selten.

Abb. 197 **Falkenberg**
Kr. Tirschenreuth, Bayern
Ein Mönch dieses Namens wird schon 1154 urkundlich genannt. Die Burg erhielt ihr heutiges Aussehen aber erst durch Umbauten seit dem 14. Jahrhundert. 1937 wurde die verfallene Felsenburg wiederhergestellt.

Abb. 198 **Flossenbürg**
Kr. Neustadt a. d. Waldnaab, Bayern
Der Kern der umfangreichen Burg ist eine typische Felsenburg aus Wohnturm und Palas vom Anfang des 12. Jahrhunderts.

Abb. 199 **Fracstein**
Seewies, Kt. Graubünden
Die Burg aus dem 13. Jahrhundert drückt sich unter den überhängenden Felsen. Der Felsen diente als Rückwand.

Abb. 200 **Genovevaburg**
Mayen, Rheinland-Pfalz
Angefangen wurde mit dem Bau der Burg um 1280. Der Bergfried stammt aus dieser Zeit. Die Burg wurde immer wieder um- und ausgebaut und nach ihrer Zerstörung 1689 schließlich im Jahre 1918 als Museum wiederhergestellt.

Abb. 201 **Gilgenberg**
Zulwil, Bz. Breitenbach, Kt. Solothurn
Auf einem Felsklotz steht ein festes Haus, das Ende des 13. Jahrhunderts errichtet wurde. Es wurde leider 1798 in Brand gesetzt und ist seitdem Ruine.

Abb. 202 **Gräfenstein**
Merzalben, Kr. Pirmasens, Rheinland-Pfalz
Der schöne Kern der Burg liegt auf einem 10 m hohen Felsen. Im 13. Jahrhundert wurde sie aus schönen Buckelquadern erbaut.

Abb. 203 **Greifenstein**
Lahn-Dill-Kr., Hessen
Der Doppelbergfried der Burg entstand im 13. Jahrhundert. Er ragt aus der Burg heraus, die im 16. und 17. Jahrhundert zur Festung umgebaut wurde. Sie war lange Zeit Residenz der Grafen von Solms.

Abb. 204 **Groppenstein**
Obervellach, Bz. Spittal a. d. Drau, Kärnten
Diese schöne Burg ist 1873 rekonstruiert worden, stammt aber aus dem 13. Jahrhundert, der Wohnturm vielleicht noch aus dem 12. Jahrhundert. Obwohl erneuert, wirkt die Anlage echt.

Abb. 205 **Hagenwil**
Amriswil, Bz. Bischofszell, Kt. Thurgau
Die malerische Wasserburg ist zwar im 13. Jahrhundert mit dem Wohnturm begonnen worden, wurde aber vom 16. bis 18. Jahrhundert schlossartig umgebaut und dient heute als Gastwirtschaft.

Abb. 206 **Hardegg**
Bz. Hollabrunn, Niederösterreich
Erbaut wurde die Burg um 1200 durch die Grafen von Plaien. Nach mehreren Zerstörungen und Wiederaufbauten ist die Burg eine malerische Teilruine.

Abb. 207 **Hoch Egisheim**
Ct. Wintzenheim, Haut Rhin, Oberelsaß
Blick von der Wahlenburg zur Dagsburg. Die Gruppe aus drei Burgen entstand wohl im 12. und 13. Jahrhundert. Die gleichnamigen Grafen waren damals sehr bedeutend. 1466 wurden alle drei zur gleichen Zeit als Raubnester zerstört.

Abb. 208 **Henneberg**
Stadtprozelten, Main-Spessart-Kr., Bayern
Am Ende des 12. Jahrhunderts wurde die Burg begonnen. 1320 kam sie in den Besitz des Deutschen Ordens, der sie erweitert und umgebaut hat.

Abb. 209 **Ingolstadt**
Der Übergang von der Burg zum Schloß wird hier besonders deutlich. Das schöne und feste Burgschloß wurde Anfang des 15. Jahrhunderts als Sitz bayrischer Herzöge erbaut. Heute ist es Museum.

Abb. 210 **Kapellendorf**
Kr. Apolda, Thüringen
Die Wasserburg wurde zwischen 1100 und 1150 begonnen. Die Vorburg, deren Tor hier dargestellt ist, stammt aus dem 14. Jahrhundert.

Abb. 211 **Karneid**
Bozen, Südtirol
Um 1235 wurde der Bau begonnen. Die kleine Kernburg wurde später ausgebaut und ist noch heute bewohnt.

Abb. 212 **Katzenstein**
Dischingen, Kr. Aalen, Baden-Württemberg
Die im 13. Jahrhundert gegründete Burg besitzt einen schönen Bergfried, der beim Ausbau zum Schloß aufgestockt wurde. Im 20. Jahrhundert wurde die Burg gründlich renoviert.

Abb. 213 **Kropfsburg**
Reith im Alpachtal, Bz. Kufstein, Tirol
Die hier gezeigte romanische Hochburg ist Ende des 12. Jahrhunderts begonnen worden. Sie wurde dann mit einer riesigen Vorburg-Zwingeranlage versehen und ist nach 1592 verfallen. Die Türme sind weit zu sehen.

Abb. 214 **Lahr**
Kr. Offenburg, Baden-Württemberg
Von der viertürmigen Wasserburg aus der Zeit um 1200 sind nur die Ecktürme und ein Mauerstück erhalten, die eine Idee von der Pracht der einstigen Burg vermitteln.

Abb. 215 **Landsberg-Elsaß**
Heiligenstein, Ct. Barr, Bas Rhin
Der schöne staufische Palas mit dem hübschen Kapellenerker wurde Ende des 12. Jahrhunderts durch die gleichnamigen Grafen erbaut. Die 1633 durch die Schweden zerstörte Burg ist auch als Ruine noch beeindruckend.

Abb. 216 **Lieli, auch Nünegg genannt**
Bz. Hochdorf, Kt. Luzern
Die Kleinburg ist wohl im 1. Drittel des 13. Jahrhunderts erbaut und nie erweitert worden. Sie ist ein besonders schönes Beispiel für eine Kleinburg mit rund 370 m² Gesamtfläche.

Abb. 217 **Maretsch**
In Bozen steht die fast quadratische Wasserburg, die in der Mitte des 13. Jahrhunderts begonnen und später ausgebaut wurde. Ab 1973 hat man sie umfassend erneuert. Heute ist sie im Besitz der Bozener Kurverwaltung.

Abb. 218 **Nassenfels**
Kr. Eichstätt, Bayern
Diese Burg fällt durch ihre vier Türme auf, von denen der Bergfried aus der Zeit um 1300 stammt. Sie wurde im 16. Jahrhundert in ein Schloß umgebaut und ist heute teilweise renoviert.

Abb. **Neuburg, Neuenburg**
Untervaz im Oberlandquart, Kt. Graubünden
Die Burg besteht aus Palas und Hof. So wurde sie um 1300 erbaut und nicht erweitert. Seit dem 16. Jahrhundert ist sie eine Ruine, aber gut erhalten.

Abb. 219 **Ortenburg**
Scherweiler, Ct. Sélestat (Elsaß), Bas Rhin
Die Burg wurde um 1200 in einem Zug erbaut. Die Kernburg steht auf einem etwa 7 m hohen Felsen. Ihr fünfeckiger Bergfried richtet sich gegen den höher hinaufreichenden Hang.

Abb. 220 **Rapottenstein**
Bz. Zwettl, Niederösterreich
Die Kernburg lehnt sich, hier nicht erkennbar, gegen einen Felsblock, auf dem der Bergfried steht. Sie wurde zwischen 1157 und 1176 begonnen und dann über Jahrhunderte erweitert. Sie ist, in ein Schloß verwandelt, noch heute gut erhalten.

Abb. 221 **Rauchenkatsch**
Kremsbrücken, Bz. Spittal a. d. Drau, Kärnten
Diese Kleinburg stand einst hoch über der Lieser-Klamm, wo sie vermutlich in der Mitte des 13. Jahrhunderts erbaut wurde. Beim Bau der Autobahn Salzburg – Spittal an der Drau wurde sie samt dem Hügel abgebrochen. Ich habe sie 1951 gezeichnet.

Abb. 222 **Rothenfels**
Main-Spessart-Kr., Bayern
1148 wurde Rothenfels zunächst als Jagdhaus begonnen. Ringmauer und Bergfried entstanden noch im 12. Jahrhundert. Die wiederhergestellte Burg ist heute eine beliebte Jugendherberge.

Abb. 223 **Runkel**
Kr. Limburg, Hessen
Die Kernburg, um die Mitte des 12. Jahrhunderts erbaut, stellt mit ihren drei Bergfrieden aus dem 13. Jahrhundert eine Rarität dar. Die Burg wurde ständig erweitert und nach Zerstörung von 1634 schloßartig wiederhergestellt. Sie ist heute teilweise privat bewohnt, teilweise Museum.

Abb. 224 **Schönburg**
Oberwesel, Rhein-Hunsrück-Kr., Rheinland-Pfalz
Die heutige Halbruine wird 1149 erstmals erwähnt. Im Zuge des Ausbaus kam um 1350 die hier gezeigte hohe Mauer hinzu.

Abb. 225 **Schrofenstein**
Stanz, Bz. Landeck, Tirol
Begonnen wurde die Kleinburg vor 1200 auf einer steilen Felsnase, die vom Hang bedroht wird. Torturm und Wohnturm bilden eine Einheit. Nach 1957 wurden sie wieder bewohnbar.

Abb. 226 **Strahlenburg**
Schriesheim, Rhein-Neckar-Kr., Baden-Württemberg
Begonnen wurde die Burg 1235. Der Palas erhielt 1340 ein drittes Stockwerk. 1773 wurde die Burg leider teilweise abgebrochen.

Abb. 227 **Spesburg**
Andlau, Ct. Barr, Bas Rhin
Die recht kleine Burg aus staufischer Zeit wurde leider im 16. Jahrhundert zerstört. Die Reste zeigen aber immer noch schöne elsässische Burgenarchitektur.

Abb. 228 **Talheim**
Kr. Heilbronn, Baden-Württemberg
Die Burg ist seit 1240 urkundlich bekannt. Ihr heutiges Aussehen verdankt sie jedoch dem Wiederaufbau nach 1365 und weiteren Umbauten.

Abb. 229 **Tittmoning**
Kr. Traunstein, Bayern
Die 1234 begonnene Burg wurde im 15. und 16. Jahrhundert durch Umbauten verändert. 1616 wurde sie als Jagdschloß wiederaufgebaut. Der Bergfried wurde 1803 abgebrochen. Heute dient die Anlage als Museum.

Abb. 230 **Veyenau**
Mechernich, Kr. Euskirchen, Nordrhein-Westfalen
Die schöne Wasserburg wurde um 1340 begonnen, aber später zum Schloß umgebaut. Sie ist eine der zahlreichen Wasserburgen, die stark verändert als Schloß weiterleben.

Abb. 231 **Wernerseck**
Ochtendung, Kr. Mayen-Koblenz, Rheinland-Pfalz
Erbaut wurde die Burg erst um 1400 durch den Trierer Erzbischof. Sie ist eine spätgotische Anlage, die auch noch als Ruine ansehnlich ist, insbesondere der Wohnturm.

Abb. 232 **Wehrburg**
Prissian, Burggrafenamt, Südtirol
Begonnen wurde die Burg mit den zwei Wohntürmen um 1220. Nach 1900 wurde die verfallene Burg in guter Manier wiederhergestellt; sie ist heute Hotel.

Abb. 233 **Wildenberg**
Amorbach, Kr. Miltenberg, Bayern
Der Bergfried der schönen Ruine der um 1200 erbauten staufischen Burg steht über Eck und betont mit Buckelquadern Wehrhaftigkeit und Repräsentanz gleichermaßen.

Abb. 234 **Wolkenstein**
Grödnertal, Südtirol
Die Burg steht auf einem fast unzugänglichen Felsband unter überhängendem Felsen. Erbaut wohl im 13. Jahrhundert, ist sie im 16. Jahrhundert eingestürzt.

Abb. 235 **Zwingenberg**
Rhein-Neckar-Kr., Baden-Württemberg
Die noch immer bewohnte Burg wurde im 19. Jahrhundert umfassend renoviert. Ihre Anfänge liegen in der 2. Hälfte des 13. Jahrhunderts.

Abb. 236 **Allenstein**
Diese schöne Ordensburg in Ostpreußen hat den Krieg fast unversehrt überstanden. Gegründet wurde sie relativ spät, nämlich erst 1335.

Abb. 237 **Bäslack**
Kr. Rastenburg, Ostpreußen, jetzt Polen
Die hübsche Burg wurde am Ende des 14. Jahrhunderts erbaut. Ihr Torhaus zeigt die typische Backsteingotik des Ordens.

Literatur

Hier wird nur Literatur genannt, die nicht zu speziell ist und in jeder größeren Bibliothek gefunden werden kann. Von den gleichnamigen Autoren Werner Meyer ist einer entsprechend seiner Nationalität mit D gekennzeichnet.

Antonow, Alexander
»Burgen des südwestdeutschen Raumes«, Bühl 1979
Antonow, Alexander
»Planung und Bau von Burgen im süddeutschen Raum«, Frankfurt/M 1983

Bender, Helmut / Knappe, Karl-Bernhard / Wilke, Klauspeter
»Burgen im südlichen Baden«, Freiburg 1979
Biller, Thomas
»Die Adelsburg in Deutschland«, München 1993
Billig, Gerhard / Müller, Heinz
»Burgen, Zeugen sächsischer Geschichte«, Neustadt/A 1998
Bitterli-Waldvogel, Thomas
»Schweizer Burgenführer«, Basel und Berlin 1995
Böhme, Horst Wolfgang (Hrsg.)
»Burgen in Mitteleuropa«, 2 Bände, Stuttgart 1999
Borchert, Friedrich
»Burgenland Preußen«, München 1987
Bornheim, Werner (gen. Schilling, Werner)
»Rheinische Höhenburgen«, Neuss 1964

Clasen, Karl Heinz
»Die Burgbauten«, Reprint Frankfurt/M 1979
Clavadetscher, Otto P. / Meyer, Werner
»Das Burgenbuch von Graubünden«, Zürich 1984
Cohausen, August von
»Die Befestigungsweisen der Vorzeit und des Mittelalters«, Reprint Frankfurt/M 1979

Durdík, Thomás
»Kastellburgen«, Wien, Köln, Weimar 1994

Ebhardt, Bodo
»Der Wehrbau Europas im Mittelalter«, 2 Bände, Reprint Frankfurt/M 1977-1980

Grundmann, Günther
»Burgen, Schlösser und Gutshäuser in Schlesien«, Frankfurt/M 1982

Hartmann, Georg
»400 Burgen um Zürich«, Zürich 1967
Herrmann, Christofer
»Wohntürme des späten Mittelalters auf Burgen im Rhein-Mosel-Gebiet«, Espelkamp 1995
Holst, Nils von
»Der deutsche Ritterorden und seine Bauten«, Berlin 1981
Hotz, Walter
»Kleine Kunstgeschichte der deutschen Burg«, Darmstadt 1965

Kaltenbach, Roland
»Châteaux d'Alsace«, Colmar 1978
Kohla, Franz Xaver u. a.
»Kärntens Burgen, Schlösser, Ansitze und wehrhafte Stätten«, Klagenfurt 1973
Knappe, Rudolf
»Mittelalterliche Burgen in Hessen«, Gudensberg 1994
Krahe, Friedrich-Wilhelm
»Burgen des deutschen Mittelalters – Grundrißlexikon«, 3. ergänzte Auflage Würzburg 2000

Löwis of Menar, Karl von
»Burgenlexikon für Alt-Livland«, Riga 1922

Merkt, Otto
»Burgen, Schanzen und Galgen im Allgäu«, Kempten 1951
Meyer, Werner
»Burgen der Schweiz«, 9 Bände, Zürich 1981–1983
Meyer, Werner
»Burgenlexikon der Regio«, Basel 1981
Meyer, Werner / Widmer, Eduard
»Das große Burgenbuch der Schweiz«, München 1977
Meyer, Werner (D)
»Deutsche Burgen«, Frankfurt/M 1977
Meyer, Werner (D) / Lessing, Erich
»Deutsche Ritter, deutsche Burgen«, München 1976

Nessler, Toni
»Burgen im Allgäu«, 2 Bände, Kempten 1984

Pfistermeister, Ursula
»Burgen und Schlösser der Oberpfalz«, Regensburg 1984
Piper, Otto
»Burgenkunde«, Reprint Augsburg 1990

Salch, Charles Laurent
»Dictionnaire des châteaux d'Alsace«, Straßburg 1975

Schmidt, Richard
»Burgen des deutschen Mittelalters«, München 1954

Schmitt, Günter
»Burgenführer Schwäbische Alb«, 6 Bände, Biberach 1988ff.

Schneider, Hugo (Hrsg.)
»Burgen und Schlösser in Mittelbaden«, Kehl 1984

Schuchhardt, Carl
»Die Burg im Wandel der Weltgeschichte«, Reprint Frankfurt/M 1981

Stolberg, Friedrich
»Befestigungsanlagen in und am Harz«, Hildesheim 1983

Tillmann, Curt
»Lexikon der deutschen Burgen und Schlösser«, 4 Bände, Stuttgart 1960

Torbus, Tomasz
»Die Konventsburgen im Ordensland Preußen«, München 1998

Trapp, Oswald Graf von
»Tiroler Burgenbuch«, 8 Bände, Bozen und Wien 1980ff.

Tuulse, Armin
»Burgen in Estland und Lettland«, Dorpat 1942

Wäscher, Hermann
»Feudalburgen in den Bezirken Halle und Magdeburg«, Berlin (DDR) 1962

Weingartner, Josef / Hörmann-Weingartner, Magdalena
»Die Burgen Tirols«, Innsbruck u. a. 1981

Wolff, Felix
»Elsässisches Burgenlexikon«, Reprint Frankfurt/M 1979

Zeune, Joachim
»Burgen, Symbole der Macht«, Regensburg 1996

Zimmer, John
»Die Burgen des Luxemburger Landes«, 2 Bände, Luxemburg 1996

Wichtige Begriffe

Abtrittserker An vielen Burgen findet man Reste von Erkern, die als Abtritte dienten.
Angstloch Bezeichnung für eine Öffnung in der Decke zum Verlies in einem Burgturm, durch die ein Gefangener hinabgelassen wurde.

Backstein Ziegelsteine, die vor allem im Norden und Osten, insbesondere im ehemaligen Ost- und Westpreußen, bei Burgen verwendet wurden.
Balkenloch Im Mauerwerk freigelassene Öffnung, in die man Deckenbalken einfügte.
Balkensperre Bewegliche Sperre aus Holzbalken auf der Innenseite von Burgtoren.
Balkenwechsel Im Burgenbau häufiger Wechsel der Richtung der Deckenbalken von Stockwerk zu Stockwerk.
Barbakane Eine vorgelagerte Torfestung, die man aber im Burgenbau sehr selten sieht.
Bergfried Hauptturm einer Burg, gehört gewissermaßen zur Standardausstattung. Etwa 80 Prozent aller Burgen besitzen einen Bergfried.
Blide Mittelalterliche Bezeichnung für eine Wurfmaschine.
Brunnenturm Turm, der zum Schutz eines Brunnens errichtet wurde, der am Rande oder außerhalb der Burg tief unterhalb des Burgniveaus liegt.
Buckelquader Bearbeitete Natursteine, deren Sichtseite außer einem Kantenschlag unbehandelt blieb. Besonders in der Zeit der Stauferkaiser verbreitet.
Burgstadt Kleine Stadt, die mit einer Burg zusammen eine Einheit bildet.
Butterfaßturm Außen abgetreppter Bergfried oder Wohnturm.

Danzker Außerhalb der Kernburg einer Ordensburg stehende, aus Stein erbaute turmartige Latrine, die mit der Burg durch einen Brückengang verbunden ist.
Donjon Französische Bezeichnung für den Hauptturm einer Burg, meist ein Wohnturm.
Doppelkapelle Ein Kapellenbau mit einer oberen Kapelle für die Herrschaft und einer unteren für das Gesinde. Ein Loch in der Decke verbindet beide miteinander.
Dynastenburg Bezeichnet eine meist große Burg einer bedeutenden adligen Familie.

Eckquader Behauene Steine, die in den Ecken von Bauwerken sichtbar übereinander die Gebäudekante markieren.
Ecktürme Wehrtürme in den Ecken von Ringmauern.

Fachwerkaufsatz Ein oberstes Geschoß aus Fachwerk, das einem Gebäude aufgesetzt ist und oft auskragt.
Fallgitter Im Notfall als zusätzlicher Schutz schnell herablaßbares festes Gitter auf der Innenseite eines Burgtores.
Feldstein Baumaterial des Mittelalters, das nahezu unbehauen, also wie auf dem Feld gefunden, verarbeitet wurde, kein Zeichen für ein besonders hohes Alter einer Burg.
Fenstergruppe Bei Wohngebäuden der Burgherrschaft vorkommende Kombination vieler Fenster nebeneinander, im Prinzip nur für Räume gedacht, die im Winter nicht benutzt wurden.
Festes Haus Ein befestigtes Wohngebäude ohne Ringmauer als Rittersitz.
Feudal Abgeleitet von »feudum«, dem Lehen des Adligen.
Filterzisterne Eine Zisterne, in der das aufgefangene Regenwasser durch verschiedene Sandschichten gereinigt wird.
Fischgrätenmauer Dieses Mauerwerk, auch »opus spicatum« genannt, besteht aus schieferähnlichen Bruchsteinen, die von Schicht zu Schicht schräg in Gegenrichtung gesetzt werden.
Fluchtburg Eine Burg in abgelegener, unzugänglicher Lage, in die sich die Bewohner eines Ortes in Notzeiten zurückziehen konnten. Vor allem vor dem Mittelalter mit Erdwall oder Steinwall häufig.

Ganerbenburg Eine Burg, die gemeinsam von mehreren Rittern bewohnt und auch vererbt wurde. Diese Ritter gehörten keineswegs immer zur gleichen Familie.
Gußerker Ein Erker über dem Burgtor, durch den man geschützt Angreifer mit Unrat oder heißer Flüssigkeit begießen konnte.

Halsgraben Bezeichnung eines trockenen Grabens, der die Burg von dem Bergsporn trennte, auf dem sie lag.
Hauptturm Hier Bezeichnung für den Bergfried oder Wohnturm in einer Burg.
Hocheingang Nur über eine Holzleiter zugänglicher hochgelegener Eingang von Bergfrieden, seltener von Wohntürmen.
Hochschloß Bezeichnung der Kernburg mancher Ordensburgen.

Kastellburg Mit diesem Begriff wird eine Burg mit regelmäßigem Grundriß und auf allen Seiten gleich starken und gleich hohen Mauern bezeichnet.
Keep Englische Bezeichnung für den Hauptturm einer Burg, meist ein Wohnturm. Wird auch für Wohntürme ohne Ringmauer benutzt, die in England sehr häufig sind.
Kemenate Ursprünglich mit einem Kamin heizbarer Raum einer Burg, daher »caminata«, später heizbarer Raum überhaupt, auch Bezeichnung für ein Gebäude. Die Kemenate war vor allem Aufenthaltsort der Frauen.
Kernburg Der Kern einer Burg, meist zugleich der älteste Teil. Ergänzt wird die Kernburg sehr oft durch Vorburg und Zwinger.
Kirchenburg Eine Burg, in deren Mittelpunkt eine Kirche steht. Eine Wehrkirche ist in Deutschland keine Kirchenburg, jedoch in Siebenbürgen, wo eine hohe Ringmauer die Kirche umgab.
Kleinburg Hier Definition für eine Burg mit einer Gesamtfläche unter 500 m^2.
Kleinstburg Hier Definition für eine Burg mit einer Gesamtfläche unter 250 m^2.

Lagerburg Eine Burganlage im Ordensland, die vor allem zur Lagerung von Vorräten und Kriegsgerät und zum Versammeln einer militärischen Einheit diente.

Mantelmauer Eine hohe, jedoch nicht allzu starke Mauer, die eine ganze Kernburg wie ein Mantel umgibt.
Maschikuli Schwach auskragende Einrichtungen zur Bedrohung von Feinden am Fuß einer Mauer.
Mauerkrone Oberster Abschluß einer Mauer.
Motte Künstlicher Hügel für einen Wohnturm, meist von einem Graben umgeben, der beim Ausheben der Erde entstand.
Motte and Baily Englische Bezeichnung für eine Turmhügelburg mit einer weiteren umwallten Vorburg.

Opus spicatum Siehe Fischgrätenmauer.
Ordensburg Bezeichnung für die Burgen des Deutschen Ordens.

Palas Bezeichnung für das Herrenhaus einer Burg, abgeleitet vom lateinischen »palatium«. Paläste waren die Wohnungen der Ritter auf den Burgen in den seltensten Fällen.
Parcham Bei Ordensburgen ein regelmäßiger, meist breiter Zwinger, der die Kernburg vieler Burgen umgab.

Quadersteine Allseits bearbeitete, aus Steinbrüchen stammende Mauersteine.

Ringmauer Mauer, die eine Kernburg allseitig umgibt. Die Bezeichnung ist irreführend, denn nur wenige Burgen besaßen runde oder angerundete Grundrisse.
Ringgraben Ein Graben, der eine Burg ringförmig als erstes Hindernis umgab. Üblicherweise findet man solche trockenen Gräben in Berglagen.
Röhrenturm Turm ohne vertikale Aufteilung in Geschosse.

Schalenturm Wehrturm, dessen burginnere Seite offen ist.
Schießscharte Bezeichnung für eine enge Öffnung in einer Burgmauer oder einem Gebäude, durch die man Angreifer beobachten und mit Pfeilen beschießen konnte. Das späte Mittelalter kannte sehr viele verschiedene Ausführungen, im Früh- und Hochmittelalter waren es meist vertikale Schlitze.
Schildmauer Eine starke Mauer, wesentlich höher als die übrigen Ringmauern, die sich wie ein Schild an der schwächsten topographischen Stelle vor eine Burg stellt.

Torhaus Ein Gebäude für das Burgtor in der Ringmauer oder der Mauer der Vorburg.
Torturm Turm für das Burgtor, in gleicher Lage wie das Torhaus.
Torzwinger Ein meist enger Zwinger als Zugang zum Tor, der ein weiteres Tor besitzt.
Trockengraben Graben an einer oder um eine Burg, der kein Was-

ser führt, wie die meisten Gräben von Burgen in Berglagen.

Turmburg Eine meist kleine Burg, die lediglich aus einem Wohnturm und eine ihn umgebende Ringmauer besteht.

Turmhügel Ein meist, jedoch nicht immer künstlicher Hügel (Motte), auf dem ein Wohnturm steht.

Verlies Gefängnis im Sockel eines Bergfriedes, seltener eines Wohnturmes. Nicht in allen Bergfrieden vorhanden.

Vorburg Ein weiterer ummauerter Bereich vor der Kernburg, oft durch einen Graben von ihr getrennt. Nicht selten als Bauernhof oder Gutshof benutzt.

Warte Einzeln stehender Turm, der in kritischen Situationen als Ausguck diente. Bei Burgen kaum vorhanden, eher in Städten zu finden.

Wasserburg Burg, die von einem künstlich angelegten Wassergraben umgeben ist oder in einem Teich liegt.

Wassergraben Graben, der mit Wasser gefüllt wurde, indem man ihn an einen Bach, Fluß oder Teich anschloß.

Wehrgang Offener oder überdachter Gang für die Verteidiger auf oder hinter der Mauerkrone, der Schießscharten oder Zinnen zugänglich machte.

Wehrplattform Fläche auf einem Turm, auf der sich Verteidiger aufhalten konnten.

Weiherhaus Festes Haus in einem Teich oder See.

Wehrturm Hier Bezeichnung für die neben dem Hauptturm vorhandenen Türme einer Burg.

Widder Mittelalterliche Bezeichnung für einen Rammbock.

Wohnturm Ein Turm, der anders als der Bergfried zum Wohnen geeignet war. Wohntürme kamen einzeln, in Turmburgen oder als Teile von Burgen vor. Mir sind etwa 1.300 Wohntürme im deutschen Mittelalter bekannt, aber es waren ursprünglich sicher weitaus mehr.

Zangenloch In die Außenseiten von Quadern geschlagene Löcher, in die der Kran mit der Zange hineingreifen konnte.

Zinnen Eine Kombination von einer Mauer und mehr oder weniger breiten Öffnungen auf Mauerkronen oder Türmen

Zisterne Kammer zum Auffangen von Regenwasser als Wasservorrat.

Zugbrücke Brücke über den Halsgraben oder den Wassergraben, die man im Notfall hochziehen konnte.

Zwinger Zusätzliche Mauern vor der Kernburg oder Vorburg als vorgezogene Verteidigung oder Schikane gegen Angreifer.

Verzeichnis der Burgen

Abbildungen sind durch * markiert.